江苏省“十四五”首批职业教育规划教材
高等职业教育“互联网+”创新型系列教材

现代生产管理

第2版

主　编　周桂瑾　于云波
副主编　俞　林　瞿孙平
参　编　赵焕焕　唐荣华
主　审　冯　臻

机械工业出版社

本书在编写过程中坚持以习近平新时代中国特色社会主义思想为指导，全面贯彻党的教育方针，落实立德树人根本任务，培养德智体美劳全面发展的社会主义建设者和接班人。本书围绕工业企业基层生产管理岗位所需要的知识、能力、素质要求，结合工业企业生产管理工作过程的系统化设计思路编写。本书内容包括主生产计划（MPS）、物料需求计划（MRP）、能力需求计划（CRP）、生产作业计划、采购管理、库存管理、设备管理、质量管理及生产现场管理、ERP 生产管理等，并融入了国内外生产管理研究的最新成果和现代企业管理 ERP 系统的生产管理模块。

为贯彻实施国家文化数字化战略，本书配有大量数字化资源，力求打造立体化、多元化、数字化教学资源，打通纸质教材与数字化教学资源之间的通道，为混合式教学改革提供保障。本书也是中国大学 MOOC 平台国家在线精品课程生产管理课程的配套教材，扫描右侧生产管理在线开放课程二维码，或登录网址 http://www.icourse163.org/course/WXIT-1206220802 即可进入本课程，并可以免费使用本书配套的所有教学资源。本书适用于应用型本科、高等职业教育、成人高校及民办高校工商管理类、机电类等专业生产管理课程的教学，也可作为工业企业生产管理人员的岗位培训参考用书。

图书在版编目（CIP）数据

现代生产管理 / 周桂瑾，于云波主编. —2 版. —北京：机械工业出版社，2024.5（2025.2 重印）
高等职业教育“互联网 +”创新型系列教材
ISBN 978-7-111-75061-1

Ⅰ. ①现… Ⅱ. ①周… ②于… Ⅲ. ①企业管理—生产管理—高等职业教育—教材 Ⅳ. ① F273

中国国家版本馆 CIP 数据核字（2024）第 038467 号

机械工业出版社（北京市百万庄大街 22 号 邮政编码 100037）
策划编辑：孔文梅　　责任编辑：孔文梅　董宇佳
责任校对：潘　蕊　刘雅娜　　封面设计：鞠　杨
责任印制：单爱军

保定市中画美凯印刷有限公司印刷

2025 年 2 月第 2 版第 4 次印刷
184mm×260mm · 16 印张 · 375 千字
标准书号：ISBN 978-7-111-75061-1
定价：49.00 元

电话服务
客服电话：010-88361066
010-88379833
010-68326294

网络服务
机　工　官　网：www.cmpbook.com
机　工　官　博：weibo.com/cmp1952
金　　书　　网：www.golden-book.com
机工教育服务网：www.cmpedu.com

前　言

工业是技术创新的主战场，是创新活动活跃、创新成果丰富、创新应用集中、创新溢出效应强的发展领域。工业企业生产管理是指以工业产品的生产过程为对象的管理活动，即对企业的生产技术准备、原材料投入、工艺加工直至产品完工的具体活动过程的综合管理。

本书围绕工业企业基层生产管理岗位所需要的知识、能力、素质要求，以学生的全面发展为培养目标，融“知识学习、技能提升、素质培育”于一体，结合工业企业生产管理工作内容与过程的系统化设计教学内容，严格落实立德树人根本任务。全书包括绪论、确定生产任务、确定物料需求、实现产能平衡、落实生产任务、实施经济采购、优化库存管理、优化设备管理、优化质量管理、推进文明生产和生产管理技术发展共11个部分的内容，结合现代化企业生产管理工作岗位设计了相应的知识点。

党的二十大报告指出：“教育、科技、人才是全面建设社会主义现代化国家的基础性、战略性支撑。”深入实施人才强国战略，坚持尊重劳动、尊重知识、尊重人才、尊重创造。通过本书的学习，旨在培养适应信息化时代企业生产管理岗位、具备ERP生产管理系统操作能力的生产管理人才。

本书是校企合作、产教融合完成的教学成果，由无锡职业技术学院周桂瑾教授、于云波教授担任主编，无锡职业技术学院俞林教授和瞿孙平副教授担任副主编，无锡职业技术学院赵焕焕副教授以及无锡透平叶片有限公司副总经理唐荣华参与编写。具体编写分工如下：周桂瑾、于云波共同负责教材整体内容体系和结构设计，周桂瑾编写绪论、项目一、项目九，于云波编写项目二、项目三、项目四，俞林编写项目七、项目十，瞿孙平编写项目五、项目八，赵焕焕编写项目六并开发本书案例，唐荣华参与本书内容设计和案例开发。最后由无锡职业技术学院冯臻教授对全书内容进行审阅。

为方便教学，本书配备了电子课件等教学资源。凡选用本书作为教材的教师均可登录机械工业出版社教育服务网（www.cmpedu.com）免费下载。如有问题请致电010-88379375，服务QQ：945379158。

本书在编写过程中，参考了大量中外文参考书和文献资料，并得到了无锡职业技术学院各级领导的大力支持和帮助，在此一并表示衷心的感谢。实践没有止境，理论创新也没有止境。由于编者精力有限，书中难免存在不妥之处，敬请广大读者批评指正。

编　者

二维码索引

微 课

动　画

序号	动画名称	二维码	页码	序号	动画名称	二维码	页码
1	生产管理的内容		5	7	编制采购计划前期准备工作		119
2	安排产品出产进度的方法		36	8	ABC 分类法		137
3	主生产计划与物料需求计划的理解		51	9	仓库管理的内容		139
4	电子挂钟拆分与组装		52	10	6S 管理		209
5	切割视频		55	11	定置管理		211
6	SPT 规则		103				

小　测　验

序号	任务名称	二维码	页码	序号	任务名称	二维码	页码
1	认识生产管理		8	4	认识企业资源计划（ERP）		24
2	划分生产类型		11	5	认识主生产计划(MPS)		28
3	了解流水生产		16	6	确定产品的品种		29

（续）

序号	任务名称	二维码	页码	序号	任务名称	二维码	页码
7	确定生产的产量		35	18	认识生产作业计划及期量标准		95
8	安排产品的出产进度		38	19	编制生产作业计划		100
9	编制主生产计划（MPS）		41	20	生产车间作业排序		106
10	ERP 系统中 MPS 的处理		49	21	ERP 系统中生产订单的处理		110
11	建立产品物料清单（BOM）		53	22	认识采购		114
12	确定物料消耗定额		58	23	定量采购的实施		116
13	编制物料需求计划（MRP）		63	24	定期采购的实施		119
14	ERP 系统中 MRP 的处理		71	25	编制采购计划		124
15	认识生产能力		76	26	ERP 系统中采购业务的处理		129
16	生产能力的核定		81	27	确定物料储备定额		135
17	ERP 系统中产能平衡的处理		86	28	库存控制		138

（续）

目　　录

绪　论

学习目标

知识目标

- 理解生产及生产管理的内涵。
- 掌握生产管理的内容和生产管理的任务。
- 理解生产类型的概念及划分。
- 了解流水生产的概念及单一品种流水线的组织设计。

能力目标

- 会分析生产管理的具体内容。
- 能掌握不同生产类型对企业管理的影响。
- 会计算流水线的节拍及工作地数。

素质目标

- 弘扬中国精神，培养诚实守信、勇于创新的职业素养。
- 培养统筹兼顾、精益求精的职业素养。

引导案例

张先生所在的YYB管理有限公司是一家专门生产电子挂钟的企业，他的工作是通过ERP系统的销售订单模块的报价单功能向客户针对电子挂钟生产提供一个详细的报价，等客户认为价钱合理，可以成交，并将信息反馈给张先生后，张先生只需在计算机ERP系统中点击几下，报价单便自动转换为订单，同时张先生不用自己跑到库房查询存货情况，ERP系统会告诉他是否有足够的存货，是否还需组织生产。如果客户催货比较紧，张先生可通过批次管理知道该货出厂是第几批，系统会提交一份交货时间表。不过由于电子挂钟生意的确不错，库存明显不够，需要组织生产。这时生产管理系统主生产计划模块会根据本厂的实际情况向张先生提供一个长期的生产计划，然后生产管理系统物料需求计划模块将这个计划转换为具体的生产和采购建议。该系统还能将物料清单分解、细化，比如生产一个电子挂钟需要的机芯、电池、字模、铝材等，当这些原材料库存不足，需要采购时，对于采购多少，生产多少，生产管理系统物料需求计划模块会在建议中给出。企业ERP系统根据销售订单和成品、半成品的期初库存余额，给出企业各种规格电子挂钟和零部件的生产计划，其中编码10000号的电子挂钟年产量是100万个，电子挂钟长针年生产量是102万根。电子挂钟长针的生产要建立一条流水线，长针日产量为4 080根，采用两班制生产，每班规定有20分钟停歇时间，计划废品率为1%，各道工序时间定额分别为：T_1=13s，T_2=26s，T_3=13s，以满足社会需求。

问题：

1. 什么是生产管理？张先生开展的生产管理包括哪些内容？生产管理的任务是什么？
2. 生产类型有哪几种？张先生所在的企业属于什么样的生产类型？不同生产类型对企业管理有什么影响？
3. 电子挂钟长针的流水线节拍是多少？各工序的工作地数是多少？
4. ERP 系统具有哪些模块？生产管理模块具有哪些功能？

任务 1　认识生产管理

一、生产的理解

按照马克思主义的观点，生产是以一定生产关系联系起来的人们利用劳动资料，改变劳动对象，以适合人们需要的过程。这里所说的生产主要指物质资料的生产，即通过生产过程，使一定的原材料转化为特定的有形产品。

随着服务业的发展，生产的概念发生了延伸和扩展。一般将制造业提供有形产品的活动称为生产（Production），将服务业提供服务的活动称为运作（Operation）。制造业与服务业的特征见表 0-1。

表 0-1　制造业与服务业的特征

特　征	制 造 业	服 务 业
输出品的形态	有形的产品	无形的服务
产品 / 服务的储藏	可库存	无法储藏
生产 / 运作设施规模	大	小
生产 / 运作场地数	少	多
生产资源的密集度	资本密集	劳动密集
生产和消费	分开进行	同时进行
与顾客的接触频度	少	多
受顾客的影响度	低	高
对顾客要求的反应时间	长	短
质量 / 效率的测量	容易	难

从一般意义上讲，我们可以将生产定义为：生产是一切社会组织将输入（生产要素，主要包括人、财、物、信息）通过加工、增值为输出（产品或服务）的过程，如图 0-1 所示。因此，生产实际上是一种加工转化过程，组织投入必要的生产要素，生产出满足人们不同需

要的产品或服务。

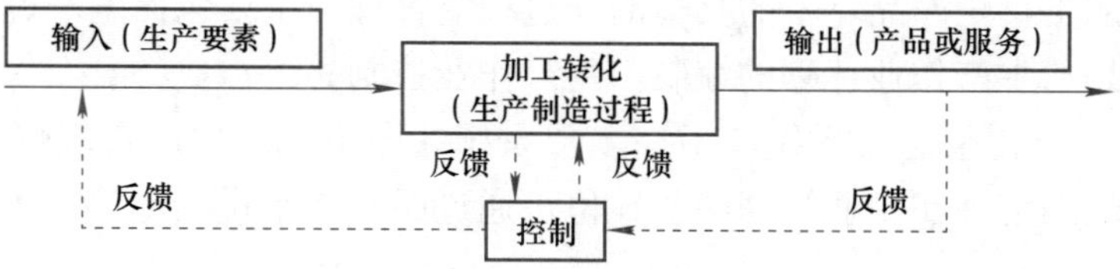

图 0-1　生产活动模型

（1）输入。输入的生产要素主要有人、财、物、信息等。其中，人是指生产人员，包括直接生产人员（工人、技术人员）和间接生产人员（生产管理人员、后勤服务人员）；财是指生产的资本，包括机器设备、厂房、工艺装备等；物是指生产的对象，包括原材料、燃料、零部件等；信息包括生产计划（加工数量、进度等）、产品图样、订单、生产统计资料报表等。

（2）加工转化。加工转化是指产品的生产制造过程，即通过合理组织，使原材料等生产要素转化为产品或服务的这个过程，包括各道工序、工艺等。

（3）输出。输入的生产要素经过加工转化，提供满足社会和用户需要的产品或服务，即为输出，在这个过程中，企业希望有较大的增值部分。例如，电子挂钟生产企业，合金材料等生产要素在加工中心，经过各道工艺，最终输出满足社会需求的各种规格和型号的电子挂钟。

（4）反馈。反馈是指将生产过程中各环节的信息（如产品产量、质量、过度、消耗、成本等）返回到输入的一端或生产过程中，与输入的信息（如计划、标准等）进行比较，发现差异，查明原因，采取措施，及时解决，以保证生产过程的正常运行和生产计划的完成。

表 0-2 列出了几种典型社会组织的输入、转化和输出的内容。

表 0-2　“输入—转化—输出”典型系统

社会组织	主要输入资源	转　化	输　出
汽车制造企业	钢材、零部件、设备、工具	制造、装配汽车	汽车
学校	学生、教师、教材、教室	传授知识、技能	受过教育的人才
医院	病人、医师、护士、药品、医疗设备	治疗、护理	健康的人
商场	顾客、售货员、商品、库房、货架	吸引顾客、推销商品	顾客的满意
餐厅	顾客、服务员、食品、厨师	提供精美食物	顾客的满意

二、生产管理的理解

生产管理是管理职能在生产领域的运用，而管理包括计划、组织、领导、控制四大职能。因此，生产管理就是对企业生产系统的设计、运行与维护等环节的管理，包括对生产活动的计划、组织、领导和控制。生产管理有广义和狭义之分：

广义的生产管理是指对企业生产活动的全过程进行综合性的、系统的管理，即以企业生产系统作为对象的管理。其内容非常广泛，包括生产过程的组织、劳动组织与劳动定额管理、生产技术准备工作、生产计划和生产作业计划的编制、生产控制、物资管理、设备和工具管理、能源管理、质量管理、安全生产、环境保护等。

狭义的生产管理是指以产品的生产过程为对象的管理，即对企业的生产技术准备、原材料投入、工艺加工直至产品完工的具体活动过程的管理。主要包括生产过程组织、生产技术准备、生产计划与生产作业计划的编制、生产作业控制等。

企业管理是一个完整的大系统，由许多子系统共同组成，生产管理仅是这个大系统中的一个子系统。生产管理在企业管理中的地位可通过图 0-2 来说明。

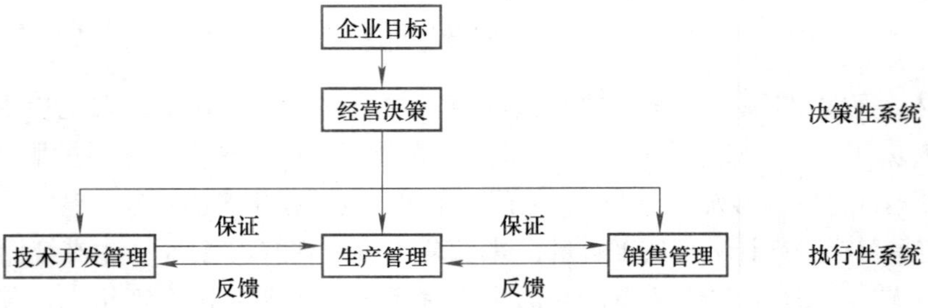

图 0-2　企业管理系统

企业通过内外部环境分析来确定企业的经营目标，从而制定经营决策，生产管理要根据经营决策所确定的经营方针、计划、策略等来组织生产活动，以保证经营决策的贯彻落实。对企业管理系统进行分层观察，经营决策属于上层，即领导层（决策层），属于决策性系统；生产管理属于中层，即管理层，属于执行性系统。

世界上很多国家经济的振兴，主要靠的是制造业的高效率、低成本与高质量。例如 20 世纪初，美国开始推行泰勒（F.W.Taylor）的科学管理理论，使其制造业的劳动生产率高于欧洲各工业发达国家，制造业的领先也促进了农业和服务业的发展。随着科学技术的发展和市场经济体制的不断完善，生产管理越来越成为构成企业竞争力的关键内容。制造业企业面对竞争与挑战，要非常重视生产与运作的管理，把注意力放在生产管理上，通过生产管理来充分调动员工的工作效率，从而提高总体的生产效率，使企业管理系统能够更好地运行。生产管理是企业得以健康发展的重要环节，对企业管理而言具有其不可替代的作用，主要体现在：

（1）生产管理是实现企业经营目标的基本保证。如今的市场竞争非常激烈，市场需求多变，因此，明确生产什么样的产品、生产多少产品来满足市场需求就成为企业经营的一项重要目标，而这个目标需要生产管理来实现。因此，生产管理是企业经营管理的物质基础，是实现经营目标的重要保证。

（2）加强生产管理有利于企业经营管理者做好经营决策。在市场竞争日趋激烈的情况下，只有企业生产管理比较健全、有力，生产、工作秩序正常，企业的经营管理者才能没有后顾之忧，才能从日常大量的烦琐事务中摆脱出来，集中精力做好经营决策。所以，强化生产管理十分必要。

（3）环境变化和技术进步对生产管理提出了更高的要求。面对环境污染、原材料涨价、消费者个性化需求、信息技术带动的企业经营方式变革等新的形势，企业生产管理如何在全球范围内优化资源，高效、灵活、准时、清洁地生产个性化的产品和提供顾客满意的服务，日益成为企业能否赢得市场的关键所在。

三、生产管理的内容

从生产管理职能的角度来分类，生产管理的内容可归纳为生产技术准备和组织、生产计划以及生产控制三个方面，如图 0–3 所示。

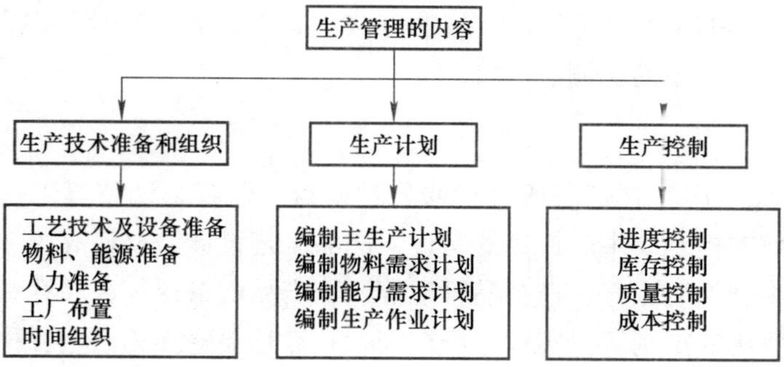

动画：生产管理的内容

图 0–3　生产管理的内容

1. 生产技术准备和组织

生产技术准备和组织是企业正常生产活动所必备的基本条件，是实现生产计划的重要保证，也是决定企业经济效益的关键所在。

（1）生产技术准备。生产技术准备是指企业设计和开发新产品、改造老产品、采用新技术以及改变生产组织时所进行的一系列生产技术上的准备工作，主要包括：产品和技术的调查、研究和试验；产品的设计、试制和鉴定；工艺技术及设备方面的准备，如编制工艺文件、进行工艺方案的选优、设备选择的评价、设计和补充工艺装备等；物料、能源的准备，如对原材料、辅料、燃料、动力、外购或外协件的准备等。

（2）生产组织。其主要任务是在时间和空间上将各生产要素合理有效地组织起来，寻求以最小的投入获得最大的产出。生产组织主要包括生产过程的组织和劳动过程的组织，其中：生产过程的组织主要解决产品生产过程各阶段、各环节、各工序在时间和空间上的配合、衔接，以最经济的方式满足生产经营的要求；劳动过程的组织主要解决劳动者之间，以及劳动者与劳动工具、劳动对象之间的协调，调动各方面的积极性、主动性和创造性。

2. 生产计划

管理的首要职能就是计划。生产计划的编制和执行直接决定了企业能否充分利用生产能力和各种资源，实现生产管理的任务。生产计划主要包括主生产计划、物料需求计划、能力需求计划和生产作业计划。

（1）主生产计划（MPS）。主生产计划主要规定企业在一定时期（一般为一年）内各个生产阶段需生产的产品品种、产量、质量、产值等计划，以及保证实现生产计划的技术组织措施计划。

（2）物料需求计划（MRP）。物料需求计划是指在产品生产前对构成产品的各种物料的需求量与需求时间所做的计划。其基本思想是围绕物料转化组织制造资源，实现按需、准时生产。在企业的生产计划管理体系中，它一般被排在主生产计划之后，属于实际作业层面上的计划。

（3）能力需求计划（CRP）。能力需求计划则是要确定为完成生产任务具体需要多少劳动力和设备资源，是企业分析物料需求计划后产生的切实可行的能力执行计划。

（4）生产作业计划。生产作业计划是生产计划的具体执行计划，是根据企业的生产计划与市场形势的变化，按较短的时间（月、旬、周、日等）为企业的各个生产环节（车间、工段、班组、工作地）规定具体的生产任务以及实现的方法，并保证生产过程中各阶段、各环节、各工序之间在时间上和数量上的协调、衔接。

3. 生产控制

生产控制是指围绕着完成生产计划任务所进行的各种检查、监督、调整等工作。具体来说，生产控制包括：投产前的控制（生产计划的制订、产品工艺设计、材料等生产物料的准备等）、生产过程控制（生产调度工作、在制品管理等）、产品质量控制、库存和资金占用的控制、物料消耗及生产费用的控制等。实行生产控制，重点是要建立和健全各种控制标准，加强信息收集和信息反馈，以做到将各种可能的失控消灭在萌芽状态，实现预防性控制。

深思话题

生产是一种社会责任

食品安全是民生之本，要从源头抓起。食品公司要有严密的生产质量安全控制体系，对微生物、化学和物理危害进行全面的安全控制，加工过程全封闭无菌化，切实保证食品安全。严格控制不合格品的流出，确保提供给消费者安全、健康、放心的食品。

山东春雷食品有限公司从事肉鸡养殖加工，拥有丰富的肉鸡养殖加工管理方面的经验。公司秉持着“诚信谦和、敬业、创新”的企业精神，以履行社会责任为核心，坚持创新发展的道路。作为行业龙头企业，公司拥有先进的工艺控制和食品安全保障体系，加工车间实施全封闭无菌化食品卫生管理，实行全程低温控制。公司遵循“一高二低三无”（即高蛋白、低脂肪、低胆固醇、无激素、无药残、无污染）的绿色健康食品观念，对产业链的各个环节严格把关，真正做到了从源头到餐桌的全过程有效控制。

湘潭康奕达油茶生物科技有限公司在湖南湘潭创建并投产的全球第一条采用“水酶法”提取油茶籽油工艺的生产线，不仅保留了全部营养成分，更保证了食品安全。“水酶法”提取油茶籽油关键技术已列为国家高科技研究发展（863）计划。该公司获得“全国食品安全诚信经营示范单位”。

诚信是食品企业各种先进管理体系有效实施的基础。雨润集团董事局主席祝义财认为“食品工业是道德工业”。原蒙牛集团董事长牛根生认为“产品质量的好坏，就是人格品行的好坏”。生产无小事，生产出的产品质量事关人民群众的安全、健康等，政府各监管部门必须加强监管，不管什么企业，只要违法，都必须依法严惩。所以，一个企业要想能够持续健康发展下去，诚信是最根本的信条，必须依法生产、安全生产。从生产的原材料输入环节抓起，直至产品完工入库，每个环节严格把关，让我们牢记生产是一种社会责任。

思考：阅读上述案例后，在工作岗位上，你会怎么做？

四、生产管理的原则与任务

1. 生产管理的原则

现代工业企业的生产，从生产管理的角度看，具有两个基本特点：一是从事的是商品生产；二是从事的是现代化大机器工业的生产。为此，搞好生产管理必须遵循以下指导原则：

（1）讲求经济效益。即要用最少的劳动消耗和资金占用，生产出尽可能多的适销对路的产品。在生产管理中贯彻讲求经济效益的原则，具体体现在实现生产管理的目标上，做到数量多、质量好、交货及时、成本低等，研究它们彼此间的联系和影响，在满足各自不同要求的前提下，达到综合经济效益的最优化，而不能只追求某一方面的高水平。然而追求综合经济效益的最优化不能否定企业在不同时期内，根据市场要求、产品特点、企业生产技术条件，制定适当的生产决策和管理重点。突出重点、兼顾一般也是提高经济效益、加强生产管理的有效方法。

（2）坚持以销定产。即要根据销售的要求来安排生产。在市场经济的今天，坚持这条原则尤为重要，否则企业就有被淘汰的危险。因此，应加强对生产管理人员的教育，树立正确的经营观念，面向市场，克服埋头生产的单纯生产观点。

（3）实行科学管理。即要在生产过程中运用符合现代化大工业生产要求的一套管理制度和方法。现代化大工业生产主要依靠在生产中系统地应用科学技术知识，因此必须实行科学管理，具体包括以下工作：①建立统一的生产指挥系统，进行组织、计划、控制，保证生产过程的正常进行；②做好基础工作，即建立和贯彻各项规章制度、建立和实行各种标准、加强信息管理等，这是做好科学管理的前提条件；③加强员工培训，使其不断增加科学技术知识和科学管理知识，养成适应科学生产和科学管理要求的工作作风。

（4）组织均衡生产。均衡生产是指在相等时间内，出产的产品或完成的某些工作，在数量上基本相等或稳定递增，即是有节奏、按比例的生产。组织均衡生产是科学管理的要求，因为均衡生产有利于保证设备和人力的均衡负荷，提高设备利用率和工时利用率；有利于建立正常的生产秩序和管理秩序，保证产品产量和安全生产；有利于节约物资消耗，减少在制品占用，加速资金周转，降低产品成本；有利于控制产品质量。总之，组织均衡生产能够取得比较好的经济效益。

总体来说，生产管理的原则就是经济性、适应性、科学性和均衡性，其中经济性是最根本的，其他三项是为经济性服务的。

2. 生产管理的任务

产品的质量（Quality）、成本（Cost）和交货期（Delivery），简称 QCD，是衡量生产管理成败的三要素，保证 QCD 三方面的要求是生产管理最主要的任务。这三项任务是相互联系、相互制约的，例如：提高产品质量，可能引起成本增加；增加数量，可能降低成本；为了保证交货期而过分赶工，可能引起成本的增加和质量的降低。为了取得良好的经济效益，需要在生产管理中加以合理的组织、协调和控制。

因此，生产管理的任务首先是按照规定的产品品种和产品质量完成生产任务，其次是按照规定的产品计划成本完成生产任务，最后是按照规定的产品交货期限完成生产任务。

思考题

生产包括输入—加工转化—输出三个环节，输入环节是生产控制的首要环节。根据引导案例，思考：张先生所在企业的生产管理的内容是什么？生产电子挂钟输入的生产要素有哪些？

认识生产管理小测验

任务 2　划分生产类型

一、生产类型的概念及分类

生产类型是指企业的各个生产环节按照其在一个较长时期内生产的品种的多少及同种产品数量的多少而划分的一种生产类别。

1. 按生产方法划分

（1）合成型。将不同的成分（零件）合成或装配成一种产品，如机械制造企业等。

（2）分解型。将原材料经加工处理后生成多种产品，如炼油厂等。

（3）调制型。通过改变加工对象的形状或性能而制成产品，如轧钢厂等。

（4）提取型。直接从自然界提取产品，如煤矿、油田等。

2. 按接受生产任务的方式划分

（1）订货型生产（Make-to-Order，MTO）。完全根据用户提出的订货要求进行生产，即没有订单就不生产，企业基本上没有库存，如船舶制造企业、飞机制造企业等。

（2）存货型生产（Make-to-Stock，MTS）。又称备货型生产。企业组织生产是以一定的订单和科学的预测为基础，有计划、连续均衡地生产，产成品有一定的库存，一般适用于通用性强、标准化程度高的企业，有很多企业是存货型生产类型，如汽车制造企业、手机生产企业等，这类产品的市场需求量大，企业是根据客户订单和市场需求预测安排生产，通过库存进行调节。

3. 按生产的连续程度划分

（1）连续生产。在计划期内连续不断地生产一种或很少几种产品，工序之间没有在制品储存。

（2）间断生产。间断性地输入各种生产要素，设备和运输装置能适应多品种加工的需要，工序之间要求有在制品储存，如机械制造企业等。

4. 按生产任务的重复程度和工作地的专业化程度划分

（1）大量生产。其特点是产品固定、品种少、生产量大、生产的重复性高，通常每个工作地上固定完成一道或少数几道工序，工作地专业化程度很高。这类生产类型的企业生产的产品需求量非常大，如螺母、螺丝等标准件，或各类饮料等产品。

（2）单件生产。其特点是品种多而不稳定，每种产品的产量也低，每个工作地上所担负的品种数和工序数都很多，因此工作地专业化程度较低。这类生产类型的企业生产的产品需求量小，产品个性化要求高，如飞机制造企业、船舶制造企业等。

（3）成批生产。其特点是产品的品种较多，各种产品往往是成批轮番生产，工作地专业化程度较高。这类生产类型的企业生产的产品有的需求量小，有的需求量大，如钟表生产企业、手机生产企业等。

在实际生产中，一般都是成批生产。成批生产通常又可分为大批生产、中批生产和小批生产。由于大批生产与大量生产特点相近，习惯上合称为大批大量生产；同理将小批生产与单件生产合称为单件小批生产。

不同的生产类型对企业的经营管理工作和各项技术经济指标有着显著的影响（见表 0-3），大批大量生产的经济效益最好，成批生产次之，单件小批生产较差。

表 0-3　不同生产类型对企业经营管理的影响

项　　目	生 产 类 型		
	大批大量生产	成 批 生 产	单件小批生产
产品品种	很少或单一	较多	很多
每种产品的产量	很大	较大	很少或单个
工作地担负的工序数目	很少	较多	很多
生产设备	广泛采用专用设备	部分采用专用设备	主要采用通用设备
生产设备的布置	按对象专业化原则布置	既有按对象专业化原则布置，也有按工艺专业化原则布置	主要按工艺专业化原则布置
设备利用率	高	较高	低
工艺装备	采用高效或自动化工装	专用或通用工装兼有	主要采用通用工装
产品设计	三化（标准化、通用化、系列化）程度高，零件互换性好	三化程度低，零件在一定范围内可以互换	按用户要求单独设计
适应能力	差	较好	好
对工人生产技术要求	低	一般	较高
对劳动定额制定的要求	高	一般	较低
劳动生产率	高	较高	低
计划管理工作	简单	比较复杂	复杂多变
生产控制	易	较难	难
产品成本	低	较高	高
经济效益	最好	较好	较差

二、提高多品种小批量生产类型效率的途径

为适应消费者个性化需求和市场竞争的加剧，要求企业尽可能采取多品种小批量生产。例如，某电子挂钟厂的主要业务是根据客户的需求进行电子挂钟的个性化定制，一年生产了 36.4 万个电子挂钟，其中有 4 个基本型号，3.21 万种具体型号，平均每种型号的产量

为 11 个，最高的为 20 个，最少的为 3 个。但如何克服市场需求多样化和小批量生产效率低的矛盾是现代企业生产管理的一个重大课题。生产管理的任务之一就是要通过一切可能的措施来改变生产类型，以获得较好的经济效益。我们应尽可能从各个方面去扩大批量，以提高工作地的专业化程度，这样就有可能在单件小批生产的企业组织成批生产，在成批生产的企业组织大批大量生产，以提高企业生产的经济效益。提高多品种小批量生产类型效率的途径有：

1. 加强生产管理，推进生产专业化和协作

在全面规划、统筹安排的原则下，积极发展工业生产的专业化和协作，包括产品专业化、零部件专业化、工艺专业化、辅助生产专业化以及相应的各种形式的生产协作，为减少重复生产、增加同类产品产量、简化企业的生产结构和提高企业的专业化水平创造条件。

在工艺设计方面，积极开展工艺过程典型化工作，使同类零件或结构相似的零件能具有相同或大致相同的工艺加工过程，减少工序数目，提高工作地的专业化水平，增加工序的加工批量，为采用成组加工工艺或先进的生产组织形式创造条件；在生产组织方面，加强订货管理，在保证订货的前提下，合理搭配品种，以减少同期生产的产品品种。

2. 积极推行“三化”，减少零件变化

进行产品结构分析，改进产品设计，加强产品系列化和零部件标准化、通用化工作。推行产品系列化可以减少产品的品种数，用户的多种需求可通过产品系列得到满足。例如，脚的尺寸是一个连续的量，而制鞋企业不可能生产无限多不同尺码的鞋，但可生产一系列尺码的鞋，顾客可根据自身需要选择合适尺码的鞋来满足使用要求。零部件标准化、通用化可以直接减少零部件的变化，从而可以组织大批量生产来降低成本、提高质量、缩短顾客订货周期。

例如，A 公司的计算机生产采取的是大规模定制方式（也称按订单装配式生产），即通过零部件标准化、通用化实现大批量生产，模块化是其获得规模效益的关键，接到顾客订单后，根据顾客的要求，选择相应模块装配成顾客所需的计算机。

又如，B 油漆工厂不是生产各种颜色的油漆来满足顾客的不同需求，而是通过生产通配漆和多种色素，供五金店储备。商店使用套色板来分析顾客的油漆样本，并决定采用什么比例的通用漆与色素来与之匹配。这一工艺为顾客提供了无穷多且连续的颜色选择，同时，也大大减少了为满足顾客对颜色的需求而持有的油漆库存。

3. 提高生产系统的柔性

一般而言，系统柔性是指系统处理外界变化的能力。生产系统的柔性包括两个方面的含义：一是指能适应不同产品的加工要求，即能加工的产品种类越多，柔性越好；二是指转换时间，即加工不同产品之间的转换时间越短，柔性越好。提高生产系统的柔性可以采用以下两种办法：

（1）提高机床的柔性。目前加工中心的数控设备实现了机床的柔性，即通过由数字、字符构成的指令程序控制工件加工。通过改变指令程序来适应不同产品的加工要求，随着网络与信息化技术的发展，数控机床的柔性不断提高，极大地满足了消费者的个性化需求。

但单台数控机床的生产效率低，利用率一般也低于 50%，因此它适合多品种小批量生产。自动生产线生产率很高，但缺乏柔性，适合于大量大批生产。而对于中等批量生产，两者均不太合适，可以采用柔性制造系统（Flexible Manufacturing System，FMS）。FMS 是由自动化物料传送系统连接起来的，由计算机控制下运行的一组数控机床构成，能完成多个零件族加工的制造系统。

（2）采用成组技术（Group Technology，GT）。从设计和制造属性考虑，很多不同零件具有相似性，成组技术即将相似零件归并为零件族，采用相同或相近的方法处理，从而减少重复工作，节省设备的调整准备时间，提高效率，使生产系统能较快地从生产一种零件转向另一种零件。

将提高机床的柔性和采用成组技术相结合，对提高生产系统的柔性效果最好。

思考题

根据引导案例，思考：张先生所在企业采用的是什么生产类型？分析不同生产类型对企业管理产生的影响。

划分生产类型
小测验

任务 3　了解流水生产

一、流水生产的特点

流水生产是指劳动对象按一定的工艺路线和统一的生产速度，连续不断地通过各个工作地，有序地进行加工并出产产品（零件）的一种生产组织形式。它具有以下特点：

（1）流水线上固定生产一种或少数几种产品（零件），其生产过程是连续的。

（2）流水线上各个工作地是按照产品工艺顺序排列的，产品按单向运输路线移动，每个工作地只固定完成一道或少数几道工序，工作地的专业化程度很高。

（3）流水线按照规定的节拍进行生产。

（4）流水线上各工序之间的生产能力是平衡的、呈比例的。

（5）流水线上各工序之间的运输采用传送带、轨道等传送装置，使上道工序完工的制品能及时地运送到下道工序继续进行加工。

二、流水生产的分类

由于具体的生产条件不同，组织流水生产可以有多种多样的形式，主要有以下几类（见图 0-4）：

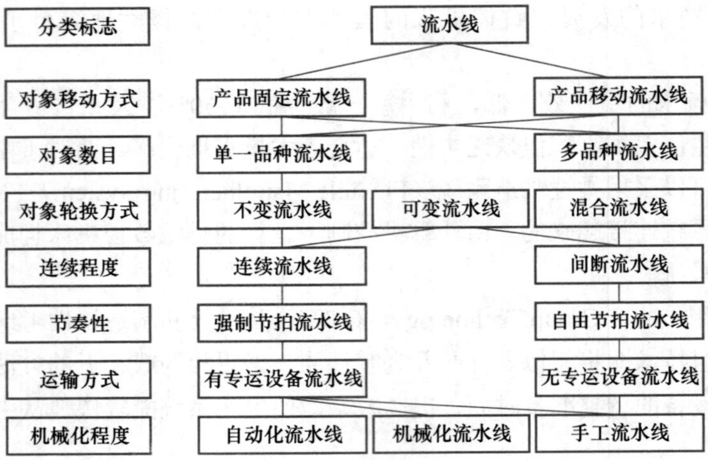

图 0-4　流水生产的分类

三、流水生产的评价

1. 主要优点

流水生产能使产品的生产过程较好地符合连续性、平行性、比例性以及均衡性的要求；由于是专业化生产，流水线上采用专用的设备，因而可提高劳动生产率，缩短生产周期，及时地提供市场大量需求的产品；能减少在制品占用量，加速资金周转，降低生产成本；可以简化生产管理工作，促进企业加强生产技术准备和生产服务工作。

案例

YYB 管理有限公司的电子挂钟流水线

YYB 管理有限公司在刚成立时生产效率不高，当时电子挂钟的产量很低，一天只有 100 个左右，市场有订单，但公司不敢接。经过充分的市场调研，公司决定贷款组建电子挂钟组装流水线，配备高效率的专用生产设备，以提高电子挂钟的生产效率，降低产品成本，从而提高电子挂钟产品的市场占有率。该公司通过应用创新理念和反向思维逻辑提出在电子挂钟组装过程中，使电子挂钟的盘体在传送带上以一定速度从一端向另一端前行，逐步装上字模、长针、短针、秒针、钟框、电池、机芯，一直到一个完整的电子挂钟组装完成。从此，流水线作业使一个电子挂钟的组装生产效率提高了 400 多倍。

流水线极大促进了生产工艺过程和产品的标准化，电子挂钟被大量生产出来。该公司电子挂钟生产流水线以标准化、大批量生产来降低生产成本，提高生产效率的方式适应了市场需求，创建了自己的品牌，提高了市场占有率，使公司迅速发展。

2. 主要缺点

流水生产不够灵活，不能及时地适应市场对产品产量和品种变化的要求，以及技术革新和技术进步的要求；对流水线进行调整改组需要花费较多的资金和时间成本；工人在流水线上工作比较单调、紧张，容易疲劳，不利于提高生产技术水平。

由于上述原因，组织流水生产必须满足下列条件：

（1）所生产的产品必须具有需求量大、旺盛期长的市场特点，这是首要考虑的条件。

（2）所生产的产品在结构和工艺上比较先进，设计已经定型，并已实现标准化。

（3）有可靠的原材料、能源、协作件等物资供应。

（4）机器设备必须长期处于完好状态，严格执行计划预修制度。

（5）工作必须符合质量标准，产品检验能随生产在流水线上进行。

（6）厂房建筑和生产面积允许安装流水线的设备和传送运输装置。

实践证明，建立流水生产线之前充分进行技术上和经济上的可行性分析，并据此制订有效而又充分的实施方案，是保证流水线建成投产后取得成功的关键。具备了上述条件，并通过技术经济的论证或可行性研究做出决策，决定采用流水线生产方式后，就可以进行流水线的具体组织设计。

四、单一品种流水线的组织设计

流水线的设计包括技术设计和组织设计两个方面，前者是指工艺规程的制定、专用设备的设计、设备改装设计、专用工装夹具的设计等，后者则是指流水线节拍的确定、设备需要量的确定、工序同期化、人员配备、传送方式设计、流水线平面布置、流水线工作制度、服务组织和标准计划图表的制订等。

单一品种流水线的组织设计主要包括确定流水线的节拍、计算工作地数和负荷系数、组织工序同期化、配备工人、设计运输传送装置、进行流水线的平面布置、编制流水线标准计划图表等内容。

1. 确定流水线的节拍

节拍是指流水线上连续出产两个相同制品的间隔时间。节拍是流水线的重要工作参数，是设计流水线的基础，它决定了流水线的生产能力，以及生产的速度和效率。确定节拍（R）的依据是计划期的产量和有效工作时间，计算公式如下：

$$R=\frac{\text{计划期的有效工作时间（min）}}{\text{计划期的产品产量}}=\frac{F_e}{Q}$$

其中，计划期的有效工作时间（F_e）是指制度规定时间减去必要的停歇时间，如维修设备、更换工具、工人休息等时间。也可用制度工作时间（F_0）与时间有效利用系数（K，一般取 0.9 ～ 0.96）来确定，即 $F_e=F_0K$。

计划期的产品产量（Q）包括计划出产量和预计废品量。

注：若计算出的节拍很小（只有几秒或十几秒），同时零件的体积也很小，不便于一件一件地运输，而需要按批量来运输，这时就要计算流水线的节奏。所谓节奏，就是顺序出产两组相同制品的时间间隔，等于节拍乘以运输批量。

例 0-1

YYB 管理有限公司的 A 型号字模计划日产量为 70 件，采用两班制生产，每班工作 8h，每班规定有 20min 停歇时间，计划废品率为 2%。各道工序时间定额分别为：T_1=13min，T_2=26min，T_3=12min。则节拍为

$$R=\frac{F_e}{Q}=\frac{8\times2\times60-20\times2}{70/(1-2\%)}=12.88\approx13\ (\text{min})$$

2. 计算工作地数和负荷系数

流水线各道工序所需要的工作地数（S_i）应当是工序单件时间与流水线节拍之比，计算公式如下：

$$S_i=\frac{\text{工序单件时间}}{\text{节拍}}=\frac{T_i}{R}$$

上例中，各道工序时间定额分别为：T_1=13min，T_2=26min，T_3=12min。则各道工序所需的工作地数为：S_1=13/13=1，S_2=26/13=2，S_3=12/13≈0.92。

计算出的工作地数若为整数，就可以确定它是该工序实际采用的工作地数（S_{ei}）；如计算出的工作地数不是整数，则应向上取整数作为实际采用数。

上例中，实际采用的工作地数分别为：S_{e1}=1，S_{e2}=2，S_{e3}=1。

各道工序的工作地平均负荷系数（K_i）按下式计算：

$$K_i=\frac{\text{工作地计算数}}{\text{工作地采用数}}=\frac{S_i}{S_{ei}}$$

上例中，各道工序的工作地平均负荷系数分别为：K_1=1/1=1，K_2=1/2=0.5，K_3=0.92/1=0.92。

整个流水线的平均负荷系数（K）按下式计算：

$$K=\frac{\sum\text{各工作地计算数}}{\sum\text{各工作地采用数}}=\frac{\sum S_i}{\sum S_{ei}}$$

上例中，整个流水线的平均负荷系数为

$$K=\frac{1+2+0.92}{1+2+1}=\frac{3.92}{4}=0.98$$

流水线的负荷系数越大，表明流水线的生产效率越高。一般机器工作流水线的负荷系数应不低于 0.75，以手工为主的装配流水线的负荷系数应在 0.85 以上。

3. 组织工序同期化

工序同期化是指通过技术组织措施来调整流水线各工序时间，使它们与平均节拍相等或成整倍数关系。工序同期化是组织连续流水线的必要条件，也是提高劳动生产率，使设备充分负荷和缩短产品生产周期的重要方法。组织工序同期化的基本方法是将整个作业任务细分为许多小工序（或称作业元素），然后将有关的小工序组合成大工序，并使这些大工序的单件作业时间接近于节拍或节拍的倍数。通过对工序的分解与合并，可达到初步的同期化。

在此基础上，为进一步提高工序同期化的水平，在关键工序上还可采取以下措施：

（1）提高设备的机械化、自动化水平，采用高效率的工艺装备，减少工序的作业时间。

（2）改进操作方法和工作地的布置，减少辅助作业时间。

（3）提高工人的操作熟练程度和工作效率，改进劳动组织，如调熟练工人到高负荷工序工作，组织相邻工序协作，或选拔一名或几名工人沿流水线巡回，协助高负荷工序完成任务等。

（4）对作业时间很长而又不能分解的工序，增设工作地数，组织平行作业。

（5）建立在制品储备。

4. 配备工人

首先计算某道工序所需要的工人数，然后再确定整条流水线所需要的工人数。

某道工序所需工人数的计算公式为

$$P_i=S_{ei}GW_i$$

式中　P_i——某道工序所需要的工人数；

S_{ei}——某道工序实际采用的工作地数；

G——工作班次；

W_i——该工序的工作地上同时工作的工人数。

例 0-1 中，若各道工序的工作地上同时工作的工人数为 1，各道工序所需工人数分别为：$P_1=1\times2\times1=2$（人），$P_2=2\times2\times1=4$（人），$P_3=1\times2\times1=2$（人）。

整条流水线所需工人数的计算公式为

$$P=\sum P_i\times(1+a+b)$$

式中　P——整条流水线所需要的工人数；

a——预计不能参加工作的工人（包括因病、轮休、社会活动等缺勤）的百分比；

b——预备人数的百分比，一般可取 2% ～ 3%。

例 0-1 中，各工序预计不能参加工作的工人的百分比为 1%，预备人数的百分比为 2%，整条流水线所需工人数为：$P=(2+4+2)\times(1+1\%+2\%)=8.24\approx9$（人）。

5. 设计运输传送装置

流水线上运输传送装置的选择，主要取决于加工对象的重量与外形尺寸、流水线的类型、实现节拍的方法等因素。通常在连续流水线上，工序间的传送大多采用传送带。传送带的长度与速度一般可按以下方法确定：

传送带长度 =2×流水线上各工作地长度之和 + 技术上需要的长度

其中，工作地长度包括工作地本身的长度和相邻两个工作地之间的距离。

当传送带采用连续方式运输产品时：

$$\text{传送带的速度}=\frac{\text{流水线上两件产品间的中心距离（m）}}{\text{节拍（min）}}$$

6. 进行流水线的平面布置

流水线的平面布置应使机器设备、工具、运输装置和工人操作有机地结合起来，合理安排各个工作地，使产品的运输路线最短，便于工人操作和生产服务部门进行工作，充分利用车间的生产面积。

流水线平面布置的形式，一般有直线形、直角形、开口形、蛇形、山字形、环形等（见图 0-5）。排列工作地时，又有单列式与双列式之分。

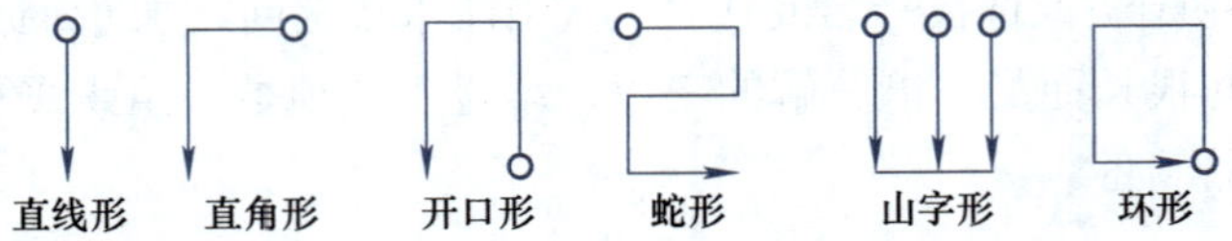

图 0-5　流水线平面布置形式

应根据车间的面积、产品的工艺、工装的合理使用等因素综合考虑，合理地选择流水线的布置形式。

7. 编制流水线标准计划图表

流水线标准计划图表规定了流水线的各项期量标准、工作制度和工作程序，是编制生产作业计划的依据。流水线标准计划图表的简繁与流水线的性质有关：连续流水线的生产节奏性强，故标准计划图表较简单，只要按整个流水线来编制即可；而间断流水线由于其工序同期化程度不高，生产的节奏性不是很强，其标准计划图表的编制较为复杂，需按各道工序来编制，并规定每一工作地的工作时间和程序。

做完上述工作后，还应当对流水线的经济效果进行估算和评价，看是否达到了预期目标。评价的指标主要有产品产量增加额及增长率、劳动生产率及增长速度、流动资金占用量的节约额、成本降低情况、追加投资回收期、劳动条件与环境的改善等。

思考题

根据引导案例，思考：张先生所在企业生产的长针的节拍是多少？每道工序需要多少工作地？各道工序的工作地负荷情况如何？

了解流水生产
小测验

任务 4　认识企业资源计划（ERP）

一、ERP 的概念及作用

企业资源计划（Enterprise Resource Planning，ERP）是一个以管理会计为核心的信息系统，识别和规划企业资源，从而获取客户订单，完成加工和交付，最后得到客户付款。ERP 通过运用最佳业务实践（Business Practice）以及集成企业关键业务流程（Business Processes）来提高企业利润和对市场需求的反应速度。

ERP 系统是一种主要面向制造行业进行物质资源、资金资源和信息资源集成一体化管理的企业信息管理系统。其所贯彻的主要是管理思想，是企业管理中的一条红线。它长期起作用、创效益，在不断深化中向管理要效益。厂房、生产线、加工设备、检测设备、运输工具等都是企业的硬件资源，人力、管理、信誉、融资能力、组织结构、员工的劳动热情等则是企业的软件资源。企业运行发展中，这些资源相互作用，形成企业进行生产活动、完成客户订单、创造社会财富、实现企业价值的基础，反映企业在竞争发展中的地位。ERP系统的管理对象便是上述各种资源及生产要素。企业资源计划是指建立在信息技术基础上，以系统化的管理思想为企业决策层及员工提供决策运行手段的管理平台。通过ERP的使用，使企业的生产过程能及时、高质地完成客户的订单，最大限度地发挥这些资源的作用，并根据客户订单及生产状况做出调整资源的决策。

企业发展的重要标志便是合理调整和运用上述的资源，在没有ERP这样的现代化管理工具时，企业资源状况及调整方向不清楚，要做调整安排是相当困难的，调整过程会相当漫长，企业的组织结构只能是金字塔形的，部门间的协作交流相对较弱，资源的运行难于把握。信息技术的发展，特别是针对企业资源管理而设计的ERP系统正是要解决上述问题，成功推行的结果必使企业能更好地运用资源，具体作用如下：

1. 实现管理系统运行集成化

ERP系统是对企业物流、资金流、信息流进行一体化管理的软件系统，其核心管理思想就是实现对供应链（Supply Chain）的管理。该软件的应用跨越多个部门甚至多个企业，实现集成化应用，建立企业决策完善的数据体系和信息共享机制，以达到以下目的：降低库存，提高资金利用率和控制经营风险；控制产品生产成本，缩短产品生产周期；提高产品质量和合格率；减少财务坏账、呆账金额等。

2. 实现绩效监控动态化

ERP的应用，能为企业提供丰富的管理信息。如何用好这些信息并在企业管理和决策过程中真正起到作用，是衡量ERP应用成功的另一个标志。在ERP系统完全投入实际运行后，企业应根据管理需要，利用ERP系统提供的信息资源设计出一套动态监控管理绩效变化的报表体系，以即时反馈和纠正管理中存在的问题。这项工作一般是在ERP系统实施完成后由企业设计完成，如果企业未能利用ERP系统提供的信息资源建立起自己的绩效监控系统，则意味着ERP系统应用没有完全成功。

3. 实现业务流程合理化，改善管理

ERP能够实现企业业务流程的重组，使企业业务流程趋于合理化，企业竞争力得到大幅度提升，企业管理水平也会明显提高，客户满意度显著改善。据统计，使用ERP系统，平均可以为企业带来以下经济效益：库存下降30%～50%，延期交货减少80%，采购提前期缩短50%，停工待料减少60%，制造成本降低12%，管理水平提高10%，管理人员减少10%，生产能力提高10%～15%。

二、ERP的发展历程

计算机技术特别是数据库技术的发展为企业建立管理信息系统，甚至对改变管理思想

起着不可估量的作用，管理思想的发展与信息技术的发展互成因果。实践证明，信息技术已在企业的管理层面扮演着越来越重要的角色。起初，信息技术在管理上的运用十分简单，主要是记录一些数据，方便查询和汇总，而现在已经发展到建立在全球互联网基础上的跨国家、跨企业的运行体系，ERP 的发展可分为以下五个阶段：

1. 时段式 MRP 阶段

20 世纪 40 年代，为解决库存控制问题，人们提出了订货点法，采用手工订货、发货，但导致生产缺货频繁。如何确定订货时间和订货数量成为企业需要解决的主要问题。随着计算机系统的发展，到 20 世纪 60 年代，人们提出了物料需求计划（Material Requirements Planning，MRP）理论，自此进入时段式 MRP 阶段。

时段式 MRP 是为解决订货点法存在的缺陷而提出的，传统的订货点法是彼此孤立地推测每项物料的需求量，而不考虑它们之间的联系，从而造成库存积压和物料短缺同时出现的不良局面。因此，时段式 MRP 首先通过产品结构把所有物料的需求联系起来，考虑不同物料的需求之间的相互匹配关系，从而使各种物料的库存在数量上和时间上均趋于合理。其次，时段式 MRP 将物料需求区分为独立需求和非独立需求并分别加以处理。独立需求是指一种物料的需求在数量上和时间上与其他物料的需求无关，只取决于市场和顾客的需求；非独立需求是指一种物料的需求在数量上和时间上直接依赖于其他物料的需求。独立需求可以通过预测进行估算，非独立需求可以根据独立需求精确地计算出来。

此外，时段式 MRP 在库存状态数据中引入了时间分段的概念。所谓时间分段，就是给库存状态数据加上时间坐标，即按具体的日期或计划时区记录和存储状态数据，从而解决了何时订货以及订货数量问题。在传统的库存管理中，库存状态的记录是没有时间坐标的，记录的内容通常只包含库存量和已订货量，当这两个量之和由于库存消耗而小于最低库存点的数值时，便是重新组织进货的时间。因此，在这种记录中，时间的概念是以间接的方式表达的。时段式 MRP 在库存状态记录中增加了两个数据项：需求量和可供货量。其中，需求量是指当前已知的需求量，而可供货量是指可满足未来需求的量。

2. 闭环式 MRP 阶段

为了解决时段式 MRP 存在的问题，MRP 系统在 20 世纪 70 年代发展为闭环 MRP 系统。闭环 MRP 系统除了物料需求计划外，还将生产能力需求计划、车间作业计划和采购作业计划也全部纳入 MRP，形成一个封闭的系统。因此，闭环 MRP 成为一个完整的生产计划与控制系统。

闭环 MRP 的基本目标是满足客户和市场的需求，因此在编制计划时，总是先不考虑能力约束而优先保证计划需求，然后再进行能力计划。经过多次反复运算、调整核实，才转入下一个阶段。能力需求计划的运算过程就是把物料需求计划订单换算成能力需求数量，生成能力需求报表。当然，在计划时段中也有可能出现能力需求超负荷或低负荷的情况。闭环 MRP 能力计划通常是通过报表的形式向计划人员报告，但是并不进行能力负荷的自动平衡，这个工作由计划人员人工完成。

各工作中心能力与负荷需求基本平衡后，接下来的一步就要集中解决如何具体地组织生产活动，既能合理利用各种资源又能按期完成各项订单任务，并将客观生产活动进行的状况及时反馈到系统中，以便根据实际情况进行调整与控制，这就是现场作业控制。它的工作内容一般包括车间订单下达（即核实 MRP 生成的计划订单，并转换为下达订单）、作业排序（即从工作中心的角度控制加工工件的作业顺序或作业优先级）、投入产出控制（是一种监控作业流通过工作中心的技术方法，利用投入 / 产出报告，可以分析生产中存在的问题，采取相应的措施）和作业信息反馈（主要是跟踪作业订单在制造过程中的运动，收集各种资源消耗的实际数据，更新库存余额并完成 MRP 的闭环）。

3. MRP Ⅱ阶段

20 世纪 80 年代，在闭环 MRP 系统的基础上，增加了对企业生产中心、加工工时、生产能力等方面的管理，以实现计算机进行生产排序的功能，同时也将财务的功能囊括进来，在企业中形成以计算机为核心的闭环管理系统，这种管理系统已能动态监察到产、供、销的全部生产过程，人们将其称为制造资源计划（Manufacturing Resource Planning），英文缩写也是 MRP，为了区别物料需求计划（MRP）而将其记为 MRP Ⅱ。

MRP Ⅱ的基本思想就是把企业作为一个有机整体，从整体最优的角度出发，通过运用科学方法对企业各种制造资源和产、供、销、财各个环节进行有效的计划、组织和控制，使它们得以协调发展，并充分发挥作用。

MRP Ⅱ的特点可以从以下几个方面来说明，每一项特点都含有管理模式变革和人员素质或行为变革两方面，这些特点是相辅相成的。

（1）管理的系统性。MRP Ⅱ是一项系统工程，它把企业所有与生产经营直接相关部门的工作联结成一个整体，使各部门都能从系统整体出发做好本职工作，每个员工都知道自己的工作质量同其他职能之间的关系。

（2）计划的一贯性与可行性。MRP Ⅱ是一种计划主导型管理模式，计划层次从宏观到微观、从战略到战术、由粗到细逐层优化，但始终保证与企业经营战略目标一致。它把通常的三级计划管理统一起来，计划编制工作集中在厂级职能部门，车间班组只能执行计划、调度和反馈信息。计划下达前反复验证和平衡生产能力，并根据反馈信息及时调整，处理好供需矛盾，保证计划的一贯性、有效性和可执行性。

（3）数据的共享性。MRP Ⅱ是一种企业管理信息系统，企业各部门依据统一的数据信息进行管理，任何一种数据变动都能及时地反映给所有部门，做到数据共享。在统一的数据库支持下，按照规范化的处理程序进行管理和决策，改变了过去那种信息不通、情况不明、盲目决策、相互矛盾的现象。

（4）动态应变性。MRP Ⅱ是一个闭环系统，能够跟踪、控制和反馈瞬息万变的实际情况。管理人员可以及时掌握各种动态信息，随时根据企业内外环境条件的变化迅速做出响应，及时调整决策，保证生产正常进行，保持较短的生产周期，因而有较强的应变能力。

（5）物流、资金流的统一。MRP Ⅱ包含了成本会计和财务功能，可以由生产活动直接产生财务数据，将实物形态的物料流动直接转换为价值形态的资金流动，保证生产和财务数据一致。财务部门能够及时得到资金信息用于控制成本，通过资金流动状况反映物料和经营情况，管理者可以随时分析企业的经济效益，调整策略，指导和控制经营和生产活动。

4. ERP 阶段

20 世纪 90 年代起，以计算机为核心的企业管理系统更为成熟，进入了 ERP 阶段，系统增加了包括财务预测、生产能力、调整资源调度等方面的功能，配合企业实现 JIT 管理、全面质量管理和生产资源调度管理及辅助决策，ERP 成为企业进行生产管理及决策的平台工具。

5. 电子商务时代的 ERP 阶段

互联网技术的不断发展与成熟，为企业信息管理系统增加了与客户或供应商实现信息共享和直接数据交换的能力，从而强化了企业间的联系，形成共同发展的生存链，ERP 系统相应实现了这方面的功能，体现了供应链管理思想，使决策者及业务部门实现跨企业的联合作战。

三、ERP 系统的管理思想

1. 体现对整个供应链资源进行管理的思想

现代企业的竞争已经不是单一企业之间的竞争，而是一个供应链与另一个供应链之间的竞争，即企业不但要依靠自己的资源，还必须把经营过程中的有关各方如供应商、制造工厂、分销网络、客户等纳入一个紧密的供应链中，才能在市场上获得竞争优势。ERP 系统正是适应了这一市场竞争的需要，实现了对整个供应链的管理。

2. 体现精益生产、并行工程和敏捷制造的思想

ERP 系统支持混合型生产方式的管理，其管理思想表现在两个方面：一是“精益生产”（Lean Production，LP）的思想，即把客户、销售代理商、供应商、协作单位纳入企业生产体系，与其建立起利益共享的合作伙伴关系，进而组成一个供应链。二是“敏捷制造”（Agile Manufacturing，AM）的思想。当市场上出现新的机会，而企业的基本合作伙伴不能满足新产品开发生产的要求时，企业组织一个由特定的供应商和销售渠道组成的短期或一次性供应链，形成虚拟工厂，把供应和协作单位看成是企业的一个组成部分，运用“并行工程”（Concurrent Engineering，CE）组织生产，用最短的时间将新产品打入市场，时刻保持产品的高质量、多样化和灵活性。

3. 体现事先计划与事中控制的思想

ERP 系统中的计划体系主要包括 MPS、MRP、CRP、生产作业计划、采购计划、销售执行计划、利润计划、财务预算和人力资源计划等，而且这些计划功能与价值控制功能已完全集成到整个供应链系统中。另外，ERP 系统通过定义事务处理相关的会计核算科目与核算方式，在事务处理发生的同时自动生成会计核算分录，保证了资金流与物流的同步记录和数据的一致性，从而可以根据财务资金现状追溯资金的来龙去脉，并进一步追溯所发生的相关业务活动，便于实现事中控制，实时做出决策。

四、ERP 的功能模块

ERP 是将企业所有资源进行整合集成管理，简单来说是将企业的物流、资金流、信息流进行一体化管理的管理信息系统。它的功能模块不同于以往的 MRP 或 MRP Ⅱ的模块，不仅可用于生产企业的管理，而且在许多其他类型的企业如一些非生产、公益事业的企业也可导入 ERP 系统进行资源计划和管理。下面以用友 U10 为例简介 ERP 各功能模块。

1. 生产管理系统

生产管理系统是一个以计划为导向的先进的生产、管理业务系统。首先，企业确定一个总生产计划，再经过系统层层细分后，下达到各部门去执行。即生产部门以此生产，采购部门按此采购，等等。生产管理系统是 ERP 系统的核心所在，将企业的整个生产过程有机地结合在一起，使企业能够有效地降低库存，提高效率。同时，各个原本分散的生产流程自动连接，也使生产流程能够前后连贯地进行，而不会出现生产脱节，耽误生产交货时间。其业务活动涉及企业的销售、计划、生产、采购、委外等业务内容。

用友 ERP 生产管理系统的总体结构是：企业销售部门业务员从产品、规格、价格、期限、折扣等方面了解客户的需求，对客户进行报价；当与客户签订了购销合同以后，将客户的实际需求和市场预测的需求相结合，由规划部门结合产能情况编制企业的采购计划、生产计划和物料需求计划；采购部门按照采购计划组织安排采购人员开展采购工作，生产部门根据生产计划组织车间完成生产任务，按照委外计划安排委外商来企业领料回厂加工生产；采购部门将采购到货的物料交给仓库，仓库负责入库处理；委外加工完成和生产完工的料品交给仓库，仓库负责入库处理；销售部门根据销售合同向客户发货，仓库负责出库处理。

（1）基础数据管理模块。基础数据的管理质量体现企业管理水平的高低，同时也是 ERP 系统应用效果的重要衡量标准。基础数据主要包括：

① 物料主文件。它包括成品、半成品、原材料、辅料的各项管理属性，是整个系统的基础。

② 物料清单（BOM）。产品的构成或配方，其中包含产品对各层物料的用量及相关管理属性，它是 MPS、MRP、定额领料控制及成本管理的基础。

③ 工作中心。即能力平衡及物料投放的场所，是组织生产、费用发生和作业成本管理的基本单元，该基础文件描述了有关现有能力信息及标准作业成本信息。

④ 工艺过程。即描述每种自制物品的加工顺序及过程，在每一工序中详细描述各种工时情况及分类信息，它是能力计划、车间作业管理、成本管理的基础。

⑤ 工厂日历。设定休假日，是计划计算及能力平衡的基础。

（2）启用系统模块。由系统管理员创建账套后，启用生产管理各系统，包括共用基础资料设置、客户订货、产能管理、采购业务、委外业务、生产业务、车间管理、销售发货、制单业务、期末处理、物料清单等模块。其中，共用资料设置包括设置部门档案，人员档案，供应商分类服及其档案，客户分类、级别及其档案，存货分类及计量单位，仓库档案，存货档案，结算方式，付款方式，银行档案，本单位开户银行，仓库收发类别，采购类型，销售类型，费用项目分类，费用项目，料品发运方式，工作中心，生产制造参数，时栅，时格，预测版本资料，资源资料，标准工序资料，物料清单资料维护，设置单据变化原因码，输入存货期初结存、客户信用额度、料品的价格级别及客户料品价格、供应商的料品价格、应交税金会计科目，应收与应付账款科目的受控设置，输入应收与应付账款的期初余额。

（3）客户订货模块。该模块中完成向客户进行报价以及与客户签订销售订单的业务工作。销售报价是指企业针对不同客户、不同存货、不同批量提出有关货品、规格、价格、结算方式、折扣率等信息，双方达成协议后，销售报价单转为销售订单。对报价单进行查询跟踪，可以为销售部门提供相关客户信息。销售订货是指企业与客户签订购销合同，主要对销售订单的执行进行管理、控制和追踪。销售订单是由购销双方确认的客户要货需求的单据，是企业销售合同中关于货物的明细资料。经审核确认的报价单可作为生成订单的依据，传递到销售订货系统；已审核的销售订单可增加库存管理中物品的预约量，减少物品的可用量，也可作为出货参照的依据，同时为销售分析系统提供了原始分析数据。

（4）排程业务模块。在该模块可以根据客户需求完成 MPS 和 MRP 的制作。MPS 是根据生产计划、预测和客户订单的输入来安排将来各周期中提供的产品种类和数量，它将企业生产计划转为产品计划，在平衡了物料和能力的需要后，精确到时间、数量的详细进度计划，是企业在一段时期内的最终产品生产计划的安排。在主生产计划决定生产多少最终产品后，再根据物料清单，将整个企业要生产的产品的数量转变为所需生产的零部件的数量，并对照现有的库存量，可得到还需加工多少、采购多少的最终数量，也就是确定 MRP。

（5）产能管理模块。在得出初步的物料需求计划之后，将所有工作中心的总工作负荷，在与工作中心的能力平衡后产生的详细工作计划，用以确定生成的物料需求计划是否是企业生产能力上可行的需求计划。从资源需求计划（RRP）、粗能力需求计划（RCCP）和能力需求计划（CRP）三个方面，对企业的工作中心和资源的产能与负载情况进行计算，以确保有足够的生产能力来满足企业的生产需求。主要根据生产订单工序资料中各工序经过的工作中心和资源，以及各工序的开工时间和完工时间，计算生产订单所需要的产能，然后对比该工作中心、该资源所能提供的产能及负载情况进行产能检核，以便进行产能调整，保证生产活动的顺利进行。

（6）采购业务模块。该模块主要针对由 MPS 和 MRP 生成的采购订单和由其他部门请购单转成的采购订单进行采购业务的处理，包括请购，根据请购单、MRP 规划生成采购计划与订货，采购到货，采购入库，采购发票、采购结算等。

（7）委外业务模块。该模块主要针对由 MPS 和 MRP 生成的委外订单进行委外加工业务的处理。委外管理包括从委外询价开始，到委外单的输入与审核、委外件的领料加工、完工验收入库，直至财务制单的全部业务处理程序。它兼有采购管理和生产订单的特点，既有询价和验收入库的环节，又有领料和发料等业务内容。

（8）生产订单模块。应用“生产制造”子系统中的“生产订单”模块，对生产订单业务进行操作，主要完成生产订单的生成、生产领料、生产完工入库等工作。该模块主要针对自制件的生产进行管理，自制件的生产要通过制订生产计划并核发可执行的生产订单，然后根据生产订单进行领料、加工生产、入库等作业。

（9）车间管理模块。根据生产订单编制工序计划，然后按照各个工序进行领料和加工生产，通过工序转移，完成末道工序，最后完工入库。车间是企业进行产品制造加工的单位，车间管理的具体内容包括随时了解与掌握产品的加工进度、完工状况，以及生产现场的用料和不良品的情况，进行必要的调度，以确保能适时完成生产订单的计划要求；统计各生产订单、各完工工序的实际加工工时、用料情况、不良品情况，提供给生产管理部门和财务部门计算料品成本和工作中心效率。

（10）销售发货模块。在该模块中主要完成根据销售订单进行发货的业务。销售发货是企业执行与客户签订的销售合同或销售订单，将货物发往客户的行为，是销售业务的执行阶段。发货单是销售方给客户发货的凭据，是“销售管理”的核心单据。

（11）制单业务模块。在该模块中主要完成销售、采购和委外业务与财务相联系的制单功能操作。根据所发生的销售、采购和委外业务，制作应收与应付款记账凭证，并传递给总账。

（12）期末处理模块。对销售业务、采购业务、委外业务、库存业务进行月末结账处理。月末结账是指将每月的单据数据封存，并将当月的业务数据记入相关报表。

（13）物料清单模块。该模块主要针对 BOM 进行建立和维护工作。BOM 是进行 MPS 和 MRP 规划的基础，同时也是编制生产与采购计划、配套领料、跟踪物流、把握生产、计算成本、投资报价、改变产品设计等环节需要参照的重要文件。

（14）工程变更模块。该模块可以对工程物料清单和工艺路线的变更过程进行管理。工程变更的目的是协助工程部门及物料管理部门，监控设计变更过程的各项工作，提供所需的相关信息，以减少设计变更造成的损失。

（15）设备管理模块。该模块提供设备的使用维护信息管理，将设备的预防性维修与事后修理相结合，建立起一个集设备计划、使用、保养、维修等功能为一体的设备管理系统。编制设备计划，并根据事先的计划或是故障产生作业单，形成维修记录。通过查询设备报表，提高设备的监督与管理水平。设备管理包括设备档案管理、设备维修保养计划管理、设备维修保养记录、设备状态分析、设备备件计划及管理等，通过与车间作业运转台时紧密结合自动完成维修保养计划的制订，并跟踪维修保养全过程。

2. 财务管理系统

财务管理系统的功能主要是基于会计核算的数据，再加以分析，从而进行相应的预测、管理和控制活动。它侧重于财务计划、控制、分析和预测。用友 U10 将财务管理系统分为两大层次：财务会计和管理会计。财务会计主要完成企业日常的财务核算，并对外提供会计信息；管理会计则灵活运用多种方法，收集整理各种信息，围绕成本、利润、资本三个中心，分析过去、控制现在、规划未来，为管理者提供经营决策信息，并帮助其做出科学决策。

（1）财务计划：根据前期财务分析做出下期的财务计划、预算等。

（2）财务分析：提供查询功能和通过用户定义的差异数据的图形显示进行财务绩效评估、账户分析等。

（3）财务决策：财务管理的核心部分是做出有关资金的决策，包括资金筹集、投放及资金管理。

3. 购销存系统

用友 U10 购销存系统主要由采购计划、采购管理、销售管理、库存管理、存货核算等模块组成，面向企业中三个主要层次（操作员层、部门经理层、企业决策层）的角色提供对应的功能。企业决策层需要根据前两个层次不断反馈的信息，进行综合的统计、分析，发现规律和问题，做出经营决策，使企业的管理模式更符合实际情况，制订出最佳的企业运营方案，实现管理的高效率、实时性、安全性、科学化、现代化、智能化。

4. 分销系统

分销系统是由一系列标准功能模块以及若干子模块组成的应用平台，通过模块化的组合和少量的客户化定制，构成完整的分销管理系统。标准功能模块主要分为三个大类：业务管理类（处理原始单据，描述业务流程，管理各类档案，实现动态数据的查询与分析），综合查询类（汇总下级系统上报的各类数据，生成静态销售数据库，供企业管理人员进行高效的查询、分析、决策），系统管理类（系统管理员专用，对整个系统进行管理和维护）。

5. 客户关系管理（CRM）系统

客户关系管理（CRM）系统是用于管理企业与当前和未来客户之间的互动关系的系统，是现代信息技术、经营思想的结合体。它以信息技术为手段，通过对以“客户为中心”的业务流程的重要组合和设计，形成一个自动化的解决方案，以提高客户的忠诚度，最终实现业务操作效益的提高和利润的增长。“以客户为中心”是 CRM 的核心所在，CRM 系统的目标主要有如何将潜在客户变为现实客户，如何管理渠道，如何随时间的推移不断地驱动客户，如何凝聚客户关系，使企业增加收入，提高盈利能力和用户满意度。

6. 人力资源系统

人力资源系统根据先进的人力资源管理理念、人力资源管理实践、人力资源信息化系统建设的经验，以信息技术实现对企业人力资源信息的集成化管理。核心价值在于将人力资源工作者从繁重的日常琐碎事务中解放出来，将更多的精力用于企业的人力资源职能管理和管理决策，保持企业的持续高效运营。该系统包括对人事管理、调动管理、合同管理、工资管理、培训管理、绩效考核、奖惩管理、辅助功能、基础设置、综合统计等业务处理。

人力资源系统的目标是让使用者不再为复杂、琐碎的人事管理事务所困，能够更好地进行人力资源的发展规划。该系统的重点是实现人力资源部门在员工素质管理、薪资管理、绩效考核等方面的需求。

思考题

在引导案例中，张先生所在企业的 ERP 系统应包括哪些模块？能够实现哪些功能？

认识企业资源计划（ERP）小测验

项目一 确定生产任务

学习目标

知识目标

- 理解主生产计划的内涵。
- 理解品种和产量的确定方法。
- 掌握产品出产进度的安排方法。
- 掌握主生产计划的编制方法。

能力目标

- 会用收入利润顺序法进行品种的确定。
- 会用盈亏平衡分析法和线性规划法进行产量的确定。
- 能够做出产品出产进度的安排。
- 会编制主生产计划。
- 能够完成 ERP 系统中 MPS 模块的操作。

素质目标

- 培养质量意识、创新意识。
- 培养勇于承担责任的品质。

引导案例

张先生所在的 YYB 管理有限公司引入 ERP 系统后，由于电子挂钟生意不错，企业库存不足，ERP 系统生成生产计划，提示需要组织生产。

年初，ERP 系统主生产计划模块根据销售订单和成品、半成品的期初库存余额，给出企业各种规格电子挂钟的生产计划。其中，编号 10000 的电子挂钟年产量是 100 万个。

企业 2023 年 1 月 1 日收到无锡华联商厦订购 35 万个电子挂钟的订单，要求 2023 年 4 月 10 日前交货，而 ERP 系统显示仓库有该型号电子挂钟 5 万个。企业生产电子挂钟的批量是 10 万个，生产周期是 1 个月，生产间隔期 = 生产周期。

企业通过 ERP 系统主生产计划模块，根据客户产品的质量要求、交货期的要求和订单产品数量，编制主生产计划，做出各种规格电子挂钟的出产进度安排，按计划进行生产，做到及时交货给客户。

问题:

1. 什么是主生产计划?
2. 如何安排电子挂钟产品的出产进度?
3. 如何编制主生产计划?

任务 1　认识主生产计划（MPS）

企业生产计划包括长期计划、中期计划和短期计划，生产计划体系如表 1-1 所示。

表 1-1　生产计划体系

计划层次	计划种类	说　明
长期计划 （3～5 年或 10 年规划）	生产战略计划	确定企业经营方向和经营领域、产品门类和系列
中期计划（年度计划）	年度生产计划	规定计划年度内产品品种、质量、产量和产值等生产指标
	生产进度计划	将年度生产计划具体化为按产品品种规格来规定的年度分月产量计划
短期计划	物料需求计划	将年度生产计划分解为构成产品和各种物料的需要数量和需要时间的计划，以及这些物料投入生产或提出采购申请的时间计划
	生产能力需求计划	即设备负荷计划，根据零件的工艺和工时定额来预计各工作中心在各时间周期中应提供的生产能力水平。经与实有能力平衡后，即可编制车间作业计划
	车间作业计划	包括作业分派、调度和生产进度的监控与统计工作。对外购物料则编制物料供应与实施控制计划

主生产计划（Master Production Schedule，MPS）是 ERP 系统计划的开始，是将企业的总体战略、生产计划大纲等宏观计划转变成可操作的微观作业计划，描述企业生产什么、生产多少以及什么时间完成的生产计划。它是根据企业产品销售计划制订的，是企业经营计划的重要组成部分，同时又是编制企业其他计划的主要依据。

MPS 是确定每一具体的最终产品在每一具体时间段内生产数量的计划。其中，最终产品是指对于企业来说最终制成、准备出厂的完成品，要具体到产品的品种、型号；具体时间段通常是以周为单位，在有些情况下，也可以是日、旬、月。MPS 是独立需求计划，根据客户合同和市场预测，将经营计划或生产大纲中的产品系列具体化，使之成为展开物料需求计划（MRP）的主要依据，起到了从综合计划向具体计划过渡的承上启下作用。

MPS 是企业生产管理的依据，它对企业的生产任务做出统筹安排，规定着企业在计划期内生产的产品品种、质量、数量和期限等指标，这些指标各有不同的经济内容，从不同的角度反映计划期内企业生产活动的要求，主要包括：

（1）品种指标。品种指标是指企业在计划期内出产的产品品名、型号、规格和种类数，它反映“生产什么”的决策。确定品种指标是编制生产计划的首要问题，关系到企业的生存和发展。品种一般按用途、型号和规格来划分，如不同型号的机床、不同规格的电子挂钟等。

（2）产量指标。产量指标是指企业在计划期内出产的合格产品的数量，它反映“生产多少”的决策，关系到企业能获得多少利润。产量指标通常采用实物单位或假定实物单位来计量，如机床用“台”表示，煤炭用“吨（t）”表示等。对于品种、规格很多的系列产品，也可以用主要技术参数计量，如拖拉机用马力计量等。产量指标是表示企业生产能力和规模的一个重要指标，是企业进行供产销平衡和编制生产作业计划、组织日常生产的重要依据。

（3）质量指标。质量指标是指企业在计划期内各种产品应该达到的质量水平。它反映产品的内在质量（如机械性能、工作精度、寿命、使用经济性等）及外观质量（如产品的外形、颜色、包装等）。例如对于电子挂钟来说，内在质量包括电子挂钟的时针、分钟和秒针的精准度等；外观质量包括电子挂钟外框的形状、颜色，以及长针、分针和秒针的形状和颜色等。一般采用统计指标来衡量，如一等品率、合格品率、废品率、返修率等。

深思话题

人人创新　造福社会

企业生产什么是企业制订年度计划的重要内容。企业生产的产品要满足社会的需求。在市场竞争异常激烈的情况下，如何才能在市场中取胜呢？某牛奶品牌告诉我们，企业要有创新意识，才能有创新成果。

牛奶是一种大众消费品，是被认定为“不可能做出花样来”的商品，然而某牛奶品牌推出的新款牛奶以跳跃性变革新产品为切入点和组合型产品创新策略推出，打破了保守的思维定式，剑指高端定位，在众人的质疑声中获得了市场的认可。之后该企业始终保持强劲的增长势头，并以开拓者的身份引领着高端液态奶市场。

这款牛奶除了典雅、高贵的包装外观，整箱不拆零的终端销售方式外，其奶蛋白含量超过国家标准，在营养成分上优于普通产品，其产品含有丰富的天然优质乳蛋白，整体营养含量更是高于普通牛奶，而且口味更香、更浓、更滑，吸引了大批关注营养和健康的消费者。企业以高科技突出品牌的技术优势，从而烘托出品牌价值。

在第 27 届 IDF 世界乳业大会上，该牛奶品牌获得 IDF 全球乳业“新产品开发”奖。这个奖项的获得展示了一个年轻的乳品企业战胜百年巨头的传奇，这也是中国企业代表首次登上全球乳业领奖台。IDF 大奖是全球乳业的最高荣誉。某牛奶品牌的获奖，对于中国乳业具有非常重大的意义，提升了中国乳业在全球乳业中的地位。现在企业又推出全球第一款“补钙又留钙”的 OMP 牛奶，这一尖端技术为其摘取 IDF“新产品研发”大奖投下了一颗厚重的砝码。

该牛奶品牌“创新”之路的案例告诉我们，有创新才能有进步。习近平总书记指出：“哲学社会科学创新可大可小，揭示一条规律是创新，提出一种学说是创新，阐明一个道理是创新，创造一种解决问题的办法也是创新。”可以说，这一重要论述适用于各个领域。创新具有丰富的内涵和多样的形式，只要能突破陈规、有所推进，无论大小都可以称得上是创新。只要积极进取、敢想敢做，就能进行不同程度、不同类型的创新。

思考：阅读上述案例后，对你有什么样的启发？

（4）产值指标。产值指标是用货币表示的产量指标，但又不同于产量指标，因为它还受质量因素影响，是企业生产成果的综合反映。企业产值指标分为工业总产值、工业增加值与工业销售产值三种形式。①工业总产值是指用货币表示的工业企业在报告期内生产的工业最终产品或提供工业性劳务活动的总价值量；②工业增加值是指用货币表示的工业企业在报告期内从事工业生产活动的最终成果，是企业生产过程中新增加的价值；③工业销售产值是指用货币表示的工业企业在报告期内销售的工业产品总量，包括已销售的成品、半成品价值，对外提供的劳务价值，对本单位基本建设部门、生产福利部门等提供的产品和劳务费及自制设备的价值。

（5）出产期。出产期是指为了保证按期交货确定的产品出产期限。正确地决定出产期对企业来说非常重要，因为出产期太紧，则无法保证按期交货，会给客户带来损失，也影响企业的信誉；出产期太松，则不利于争取客户，还会造成生产能力的浪费。

思考题

根据引导案例，思考：该企业 1 月安排无锡华联商厦订单的生产，如果不合格品率为 0，那么主生产计划应安排生产多少个电子挂钟？如果不合格品率为 5% 呢？

认识主生产计划（MPS）小测验

任务 2　确定产品的品种

对于大量大批生产类型的企业，其产品品种很少，而且既然是大量大批生产，所生产的品种一般是市场需求量很大的产品，因此没有品种选择的问题。而对于多品种批量生产，确定生产什么品种是十分重要的决策。

微课：如何确定产品的品种

确定产品品种可以采取收入利润顺序法。收入利润顺序法是将生产的多种产品按销售收入和利润排序，并将其绘在收入利润图上。

例如，YYB 管理有限公司 2023 年有六种产品，产品的销售收入和销售利润的排序如表 1-2 所示，确定六种产品的销售收入和利润顺序如表 1-3 所示，可绘制如图 1-1 所示的收入利润顺序图。

表 1-2　销售收入和利润表

产　品	销售数量（万个）	单价（元/个）	销售收入（万元）	利　润　率	销售利润（万元）
电子挂钟	91	110	10010	10%	1001
机械挂钟	43	200	8600	15%	1290
电子座钟	39	250	9750	12%	1170
机械座钟	2	450	900	9%	81
大众机械手表	1	400	400	10%	40
新智能手表	1	300	300	30%	90

表 1-3 销售收入和利润顺序表

产品类型	电子挂钟	电子座钟	机械挂钟	机械座钟	大众机械手表	新智能手表
销售收入排序	1	2	3	4	5	6
销售利润排序	3	2	1	5	6	4

在图 1-1 中，电子挂钟、电子座钟、机械挂钟、机械座钟、大众机械手表、新智能手表分别用字母 A、B、C、D、E、F 来表示。

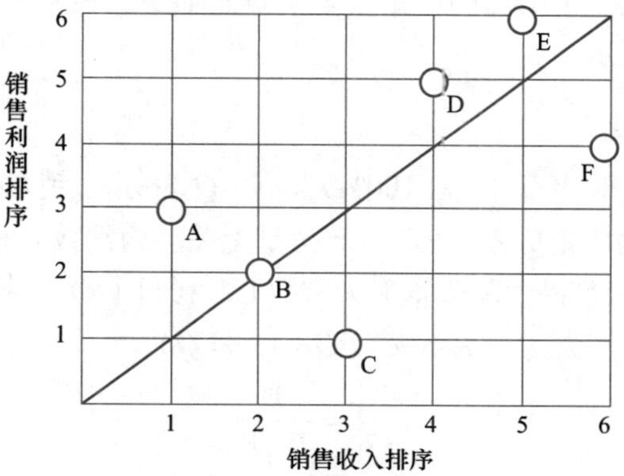

图 1-1 收入利润顺序图

对于销售收入高、利润也大的产品，即处于图 1-1 左下角的产品，应组织生产。而对于销售收入低、利润也小的产品（甚至是亏损产品），即处于图 1-1 右上角的产品，需要做进一步分析，其中很重要的因素是产品生命周期。如果是新产品，处于导入期，因用户不了解，销售额低；同时，由于设计和工艺未定型，生产效率低，成本高，利润少，甚至亏损，就应该继续生产，并做广告宣传，改进设计和工艺，努力降低成本。如果是老产品，处于衰退期，就不应继续生产。在分析时除了考虑产品生命周期因素以外，还须考虑其他因素，如质量不好，则需提高产品质量。

一般来说，销售收入高的产品，利润也高，即产品应在收入利润顺序图的对角线上，如产品 B。处于对角线上方的产品，如产品 A、D、E，说明其利润相对较低，需要考虑是售价低了，还是成本高了；反之，处于对角线下方的产品，如产品 C 和 F，说明其利润相对较高，可能是因为成本较低，可以考虑增加销售量，以增加销售收入。

确定产品的品种小测验

思考题

YYB 管理有限公司八种产品的销售收入和利润顺序如表 1-4 所示。

表 1-4 产品销售收入和利润顺序表

产品类型	电子挂钟	电子座钟	机械座钟	机械挂钟	电子手表	机械手表	儿童手表	成人智能手表
销售收入排序	1	2	3	4	5	6	7	8
销售利润排序	3	2	1	5	6	8	7	4

根据以上资料，请绘制八种产品的收入利润顺序图，确定要生产的产品品种。

任务 3　确定生产的产量

一、用盈亏平衡分析法确定总产量计划

盈亏平衡分析法是通过盈亏平衡点分析产品成本与收益平衡关系的一种技术方法。盈亏平衡分析法也称为量本利分析法、保本点分析法，是通过研究生产某种产品达到不盈不亏状态时的产量，即确定盈亏平衡点的产量，来了解企业生产销售产品数量的最低限度。盈亏平衡点一般用实物产量表示。

1. 盈亏平衡点的确定

设产量等于销量（即产销率为 100%），用 Q 表示；销售单价为 P，则销售收入 $S=PQ$；成本（C）可分为固定成本（F，与产销量无关，为常数）和变动成本（$V_C=VQ$，随产销量的变化而变化，其单位产品变动成本 V 为常数）；利润（R）= 收入（S）－成本（C）。即：

$$R=S-C=PQ-(F+VQ)$$

令 $R=0$，得

$$Q_0=\frac{F}{P-V}$$

其中，Q_0 为盈亏平衡点（保本点）产销量。

盈亏平衡分析图如图 1-2 所示。

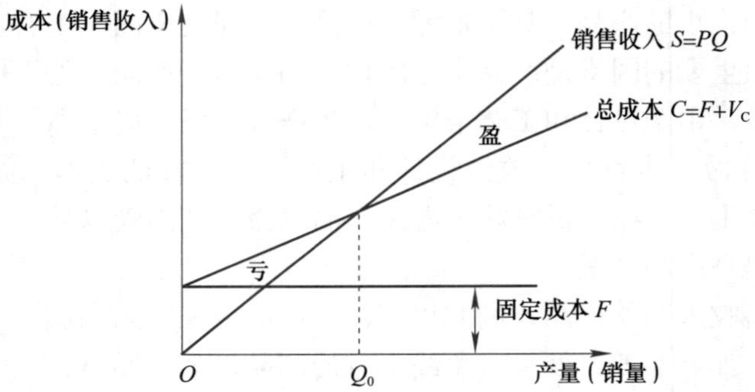

图 1-2　盈亏平衡分析图

例 1-1

YYB 管理有限公司计划生产编号为 20000 的电子挂钟，预定该产品的销售单价为 300 元，单位产品变动成本预计为 100 元，本年度由该电子挂钟承担的固定成本总额为 500 万元，试确定该产品在本年度需达到的最低产销量。

解：$Q_0=\dfrac{500}{300-100}=2.5$（万件）

该电子挂钟的盈亏平衡点产量为 2.5 万件，也就是说，该电子挂钟的计划产销量只有超过 2.5 万件，企业才能保本。

企业开展生产活动，一定是想获得利润，如果企业想获得的目标利润为 B，则产品产销

量的表达式如下：

令 $R=B$，得
$$Q_1=\frac{F+B}{P-V}$$

其中，Q_1 为获得目标利润 B 的产销量。

例 1-2

例 1-1 中 YYB 管理有限公司今年生产的编号 20000 的电子挂钟的盈亏平衡点产量为 2.5 万件，若 YYB 管理有限公司希望该产品在今年获得 100 万元利润，试确定该电子挂钟今年需达到的产销量。

解：$Q_1=\frac{500+100}{300-100}=3$（万件）

也就是说，编号 20000 的电子挂钟在今年的产销量达到 3 万件时，企业才能实现 100 万元的目标利润。

2. 经营安全状况分析

一般用经营安全率（r）来衡量企业的经营安全状况，具体判断方法如表 1-5 所示。r 的计算公式为
$$r=\frac{Q_1-Q_0}{Q_1}\times 100\%$$

其中，Q_1 为实际产销量。

表 1-5　经营安全状况判断表

经营安全率	≥ 30%	25% ～ 30%	15% ～ 25%	10% ～ 15%	<10%
经营安全状况	安全	较安全	不太好	要警惕	危险

例 1-3

例 1-1、例 1-2 中的 YYB 管理有限公司按每年 3 万件的产销量进行生产，企业的生产经营是否安全呢？

解：$r=$（30 000−25 000）/30 000×100%≈16.67%

根据表 1-5 判断，该企业经营状况“不太好”。

二、用线性规划法优化分品种产量计划

企业生产的品种往往不是单一的，当各品种产量受到工（台）时、材料、动力、资金等因素的制约时，为取得最大的经济效益，实现资源的最佳配置，可以运用线性规划来确定最优的分品种产量计划。其主要思路是在有限的生产资源和市场需求的约束下，计算出利润最大化的总产量，多用于处理多品种问题。

线性规划法一般包括三个步骤：

第一步，建立目标函数，如利润最大或成本最小。

第二步，在建立目标函数的基础上，确定约束条件。

第三步，求解各待定参数的具体数值。

在确定产量的过程中，需要综合考虑生产产品所需资源的数量、所需资源的拥有量、产品的最高及最低需求量、产品单价和单位成本。

例 1-4

YYB 管理有限公司生产两种不同规格的秒针 A 和秒针 B，每生产一个秒针 A 需要合金 10g，工时 8min，利润 60 元；每生产一个秒针 B 需要合金 20g，工时 6min，利润 70 元。可供资源合金为 1 000g，工时为 600min，试用线性规划确定企业利润最大时应生产秒针 A 和秒针 B 各多少个。

解：设生产秒针 A、秒针 B 产品的数量分别为 X、Y 时企业利润最大，则：

目标函数：$P_{max}=60X+70Y$

约束条件：$8X+6Y\leqslant 600$

$10X+20Y\leqslant 1\,000$

$X\geqslant 0$；$Y\geqslant 0$

图解如图 1-3 所示。

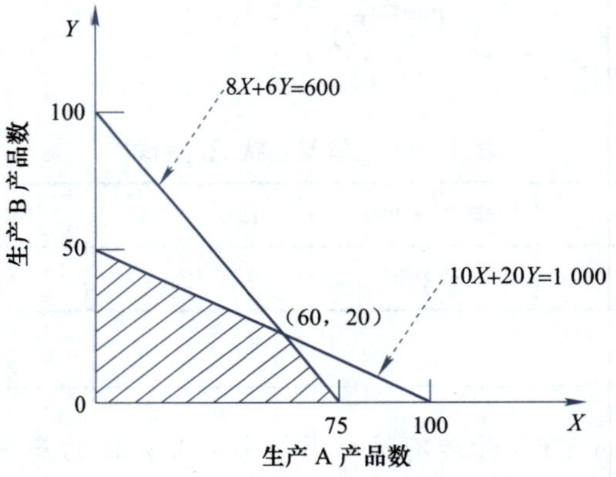

图 1-3　线性规划图解

可见，当 $X=60$，$Y=20$ 时，企业可获得最大利润。最大利润为

$$P_{max}=60X+70Y=60\times 60+70\times 20=5\,000\text{（元）}$$

三、用预测的方法确定产量

预测是指用科学的方法和程序，对未来可能发生的情况进行预计与推测。预测是联系过去和未来的桥梁，它以过去为基础推测未来，以昨天为依据估算今后，以已知预计未知。

计划是对未来行动的部署，是对未来事件的陈述，而未来却是不可知的。预测要说明的问题是将来会怎样，即在一定的条件下，如果不采取措施和行动，估计将会发生什么样的变化。因此，预测是决策的依据，是计划工作的前提。预测不仅是长期性战略决策的重要条件，也是短期的日常经营活动的重要依据。对于企业来说，品种与产量的确定只有建立在科学预测的基础上，才能保证经营目标的实现。

1. 预测的步骤

（1）提出课题和任务。根据社会要求、一般情报和创造性思维，提出预测的课题，规定目标、任务、对象和基本假设，确定研究方法、结构和组织工作等。

（2）调查、收集和整理资料。把与预测对象有关的，过去的和现在的资料尽量收集齐全。此外，还要大量收集预测的背景材料以及国内外同类预测研究的成果。

（3）建立预测模型。对于计量经济模式分析，建立表示因果关系的模型；对于时间系列分析，则抓住主要变动的成分，建立数学模型。

（4）确定预测方法。可采取多种方法进行预测，以互相验证。

（5）评定预测结果。对预测结果再次征询专家意见，并进一步检验预测模型。

（6）将预测结果交付决策，并对预测进行监控。

2. 定量预测方法

（1）简单算术平均法。即用历史上若干期的产量（销量）计算简单算术平均数，将其作为产量决策的依据。设 1 ～ n 期的产量（销量）为 Q_i，则 n+1 期的产量预测值为

$$Q_{n+1} = \frac{1}{n}\sum_{i=1}^{n} Q_i$$

例 1-5

YYB 管理有限公司 1 ～ 9 月份编号 30000 的电子座钟实际销量如表 1-6 所示，试确定 10 月份的产量。

表 1-6　企业产品销量表

时间（月份）	1	2	3	4	5	6	7	8	9
销量（个）	831	811	827	844	852	864	868	871	872

解：$Q_{10} = \frac{1}{9}\sum_{i=1}^{9} Q_i = \frac{831+811+\cdots+872}{9} \approx 849$（件）

当历史上各期数据比较稳定时，采用该方法比较合适。

（2）加权移动平均法。由于市场环境及企业条件的不断变化，一般而言，产量会随着时间的变化而变化，近期的数据更能反映需求的趋势。而简单算术平均法对数据不分远近地同等对待，预测结果可能会带来一定的误差。这时，可将比较远期的数据舍弃，并对近期的数据赋予较大的权重，来弥补简单算术平均法的不足。设将 1 ～ t−1 期的数据舍弃，仅用 n−t+1 ～ n 期的产量（即移动周期为 t）进行预测，则 n+1 期的产量预测值为

$$Q_{n+1} = \sum_{i=n-t+1}^{n} Q_i f_i$$

式中，f_i 为权数，且$\sum f_i=1$。

例 1-5 中，若按每 4 个月移动一次进行预测，并设 6～9 月份销量的权数依次为 0.1、0.2、0.3、0.4，则 10 月份的产量应确定为

$$Q_{10}=\sum_{i=6}^{9}Q_i f_i=864\times0.1+868\times0.2+871\times0.3+872\times0.4\approx870\text{（件）}$$

（3）一次指数平滑法。这是另一种形式的加权移动平均法，所不同的是，加权移动平均法仅考虑最近 t 期的实际数据，而指数平滑法则考虑 n 期所有的数据，只不过近期数据权重较大，而远期数据权重很小，其计算公式为

$$\tilde{Q}_t=\alpha Q_{t-1}+（1-\alpha）\tilde{Q}_{t-1}$$

式中，$\tilde{Q}_t$为 t 期的一次指数平滑预测值，Q_t 为第 t 期的实际值，α 为平滑系数。

注：预测的关键在于 α，α 越小，过去历年资料所占比重越大；α 越大，过去历年资料所占比重越小，预测值就越显得平滑而稳定。α 可以用试算法确定。

例 1-6

已知 YYB 管理有限公司 1～7 月份编号 30000 的电子座钟的销售量依次为 560 个、530 个、500 个、480 个、600 个、580 个、612 个，设平滑系数为 0.6，试确定 8 月份的产量（用 1～3 月份销售量的简单算术平均数作为初始值）。

解：$\tilde{Q}_4$=（560+530+500）/3=530（个）

$\tilde{Q}_5$=0.6×480+（1–0.6）×530=500（个）

$\tilde{Q}_6$=0.6×600+（1–0.6）×500=560（个）

$\tilde{Q}_7$=0.6×580+（1–0.6）×560=572（个）

$\tilde{Q}_8$=0.6×612+（1–0.6）×572=596（个）

（4）直线趋势法。在企业生产实际中，产品的产量（销量）往往呈现一定的发展趋势（如递增），用平均预测的方法可能会产生较大的误差。此时，可运用直线趋势法来进行预测，其基本公式为

$$Q=a+bt$$

式中，t 为时间变量，a、b 为回归系数，通常用最小二乘法来确定：

$$a=\frac{\sum Q_i-b\sum t_i}{n}$$

$$b=\frac{n\sum Q_i t_i-\sum Q_i\sum t_i}{n\sum t_i^2-\left(\sum t_i\right)^2}$$

根据最小二乘法的原理，对时间变量可根据规则重新取值，令$\sum t_i=0$，则上式可简化为

$$a=\frac{\sum Q_i}{n}$$

$$b=\frac{\sum Q_i t_i}{\sum t_i^2}$$

例 1-7

YYB 管理有限公司 2019～2023 年编号 40000 的机械座钟的产品销量如表 1-7 所示，试预测 2024 年的产量。

表 1-7　YYB 管理有限公司机械座钟产品销量表

时间（年份）	2019	2020	2021	2022	2023	合计
销量 Q（个）	30 000	36 000	39 000	41 000	46 000	192 000
t	−2	−1	0	1	2	0
t^2	4	1	0	1	4	10
Qt	−60 000	−36 000	0	41 000	92 000	37 000

解：a=192 000/5=38 400

b=37 000/10=3 700

则：$Q=a+bt$=38 400+3 700t

预测 2024 年产量，令 t=3，得

Q_{2024}=38 400+3 700×3=49 500（个）

注：一般来讲，时期数为奇数项时，令中间的一个时期取值为 0，其他分别用 −1、1、−2、2……代替；时期数为偶数项时，令中间的两个时期取值为 −1、1，其他分别用 −2、2、−3、3、−5、5……代替。预测时，也要按时期取值规律进行取值。

思考题

1. 企业生产自行车的固定成本总额为 30 万元，自行车的单位变动成本为 150 元，单位产品的售价为 500 元，求盈亏平衡点及生产量为 1 万辆时的经营安全率。

2. 某企业计划生产甲、乙两种产品，每种产品均需使用 A、B、C、D 四种设备，其加工时间及单位产品的利润各不相同（见表 1-8），试问如何安排两种产品的生产可使企业获得最大利润？

确定生产的产量小测验

表 1-8　甲、乙两种产品加工时间及单位产品利润表

指　标		产品品种		计划期的设备能力（台时）
		甲 产 品	乙 产 品	
单位产品加工时间（台时）	设备 A	4	6	20
	设备 B	2	2	10
	设备 C	5	0	25
	设备 D	1	5	18
单位产品利润（元）		30 000	50 000	

任务 4　安排产品的出产进度

一、产品出产进度安排的基本要求和基本措施

编制 MPS，不仅要确定全年的总产量任务，而且要进一步将全年生产任务具体安排到各个季度和各个月份，这就是产品的出产进度安排。合理安排产品的出产进度可以使企业的计划进一步落实，为完成用户订货合同提供保证。

1. 产品出产进度安排的基本要求

（1）必须满足订货合同规定的交货期限。

（2）要符合组织均衡生产的要求，保证设备和劳动力的负荷均匀。

（3）应与产品的生产技术准备工作相衔接。

2. 产品出产进度安排的基本措施

（1）通过增减劳动力数量来调整生产水平，以适应市场对产品需求的上下波动。

（2）通过增减工作班次或各班的工作时间来调整生产水平，劳动力数量保持稳定。

（3）通过增减库存量来吸收市场对产品需求的波动。

（4）利用厂外协作补充生产能力。

动画：安排产品出产进度的方法

二、不同生产类型产品的出产进度安排

1. 大批量生产企业的产品出产进度安排

大批量生产企业的产品品种单一或较少，生产又比较稳定，其出产进度安排主要是将全年任务按季、按月分配，安排的方式有：

（1）平均安排。各季、各月的平均日产量相等。其优点是充分利用人力和设备，产品质量稳定，管理工作稳定；缺点是成品库存量大，库存保管费用大，流动资金占用多。

（2）变动安排。各季、各月生产量的安排随市场销售量的预测而变动。其优点是成品库存量小，库存保管费用小，流动资金占用少，对市场的适应性好；缺点是需要经常调整设备和人力，设备利用程度差，不利于产品质量的稳定。

注：尽可能使各季、各月的产品产量与该种产品的生产批量相等，或成整数倍数关系，以简化生产管理；并要进行季度、月度的生产任务和可供应生产资源之间的平衡。

2. 多品种成批生产企业的产品出产进度安排

多品种成批生产企业不仅要合理安排产品的出产进度，而且要做好品种的搭配工作。对于每种产品而言，其出产进度的安排与大批量生产相似。而多品种成批生产的品种搭配，是要确定在同一时期内将哪些品种搭配在一起进行生产。合理组织各种产品的搭配生产，有利于按期、按品种完成生产任务，稳定生产秩序，提高生产的经济效果。搞好品种搭配，一般应该考虑下面几个问题：

（1）要首先安排经常生产的和产量较大的产品。对于这些产品应该在符合订货合同要求的前提下，采用“细水长流”的办法，尽可能在全年内做比较均衡的安排，使各个季度、月度都能生产一定量的此类产品，以保持企业生产上的稳定性。

（2）对于企业生产的其他品种，实行“集中轮番”的安排方式，加大产品的生产批量，在较短时间内完成全年任务，然后轮换其他品种。特别是对于同类型（同系列）的产品，宜采用这种方式，它能够在不减少全年产品品种的前提下，减少各季、各月同期生产的品种数，从而简化生产管理工作，提高经济效益。

（3）新老产品交替要有一定的交叉时间。在交叉时间内，新产品产量逐渐增加，老产品产量逐渐减少。这样可以避免由于“齐上齐下”带来产量的大幅波动，也有利于工人逐步提高生产新产品的熟练程度。

（4）尖端产品与一般产品、复杂产品与简单产品、大型产品与小型产品等，均应合理搭配，使各个工种、设备及生产面积得到均衡负荷。

（5）各个品种轮番时，应当考虑生产技术准备工作的完成期限、关键材料和外协件的供应期限等因素，以确定生产的先后次序。

例 1-8

YYB 管理有限公司收到如下产品订单：20000 号的电子挂钟的订单有 3 个，分别是 4 月交货 240 个，8 月交货 280 个，12 月交货 310 个；30000 号的电子座钟订单有 1 个，5 月交货 80 个；40000 号的机械座钟订单有 2 个，9 月交货 80 个，12 月交货 70 个；50000 号的机械挂钟订单有 1 个，4 月交货 60 个；60000 号的机械手表订单有 1 个，9 月交货 20 个；70000 号的儿童手表订单有 1 个，12 月交货 27 个。各产品的批量分别是：10 个、20 个、5 个、5 个、4 个、9 个。

试安排以上六种产品的出产进度。

根据上述的安排方法，本例中各产品进度安排如表 1-9 所示。

表 1-9　产品进度安排表

产品名称	全年任务（个）	每月进度安排（个）											
		1月	2月	3月	4月	5月	6月	7月	8月	9月	10月	11月	12月
电子挂钟	830	60	60	60	60	70	70	70	70	70	80	80	80
电子座钟	80		20	20	20	20							
机械座钟	150					10	10	20	20	20	20	25	25
机械挂钟	60	15	15	15	15								
机械手表	20					4	4	4	4	4			
儿童手表	27										9	9	9

3. 单件小批生产企业的产品出产进度安排

单件小批生产企业要根据不同客户的要求来生产，产品的品种多、规格多，在编制计划时，任务还不能全部具体落实，订单有时来得迟，要货急，并且有生产技术准备工作量大等问题。所以单件小批生产企业要根据这些特点灵活地安排产品出产进度。具体安排时要注意如下几点：

（1）进行全年产品生产任务安排时只具体安排那些明确的生产订单，对尚未明确的只做初步安排，随着陆续接到订单再加以具体化。

（2）在保证订货要求的前提下，尽可能使关键设备的负荷均衡。

（3）对于新产品的生产要交错安排，要有充分的时间进行生产技术准备。

（4）要做好归类搭配生产，可以采用集中轮番生产的安排方式，减少同一生产周期内生产的产品品种，简化生产管理工作。

总之，单件小批生产企业的出产进度要根据具体情况来安排，计划的弹性要大，要加强订单的管理。

思考题

根据引导案例，思考：YYB 管理有限公司应该如何安排电子挂钟的出产进度？

安排产品的出产进度小测验

任务 5　编制主生产计划（MPS）

一、MPS 编制的一般规定

微课：如何编制主生产计划（MPS）

（1）业务部于下年度开始前 3 个月提出年度销售计划，生产管理部依据年度销售计划制订年度生产计划，并针对物料需要、人力、设备负荷等拟订计划。

（2）依据年度生产计划、业务部开出的制造通知单以及现有库存量，拟订月生产计划。

（3）生产管理单位于接到业务部开出的制造通知单时，根据有关的生产资料安排生产进度预定表；计算出所需要的物料，通知仓库组织安排；将外协加工计划通知外协管理单位，以寻求适当的外协厂商。

（4）生产管理单位依据月生产计划、制造通知单、实际的生产进度以及现有的人力、设备资料，于每周定期安排次日起 10 天内的生产进度表。

（5）依预定和实际的生产进度，在开工前 3 天发出工作命令（发出前要确知物料情况）和发料单。①工作命令一联给现场制造各科组（同时要附工艺流程图、操作标准、检查标准等），一联通知质量管理单位；②发料单一联给现场制造各科组，一联通知仓库备料。

案例

A 水利工程的进度管理

A 水利工程是一个具有防洪、发电、航运等综合效益的巨型水利枢纽工程，主要由大坝、水电站厂房、通航建筑物三部分组成。其中，大坝的最大坝高 181m，水电站装机容量 18 200 MW，通航建筑物由双线连续五级船闸、垂直升船机、临时船闸及上下游引航道组成。

根据计划，A 水利工程分三个阶段实施：第一阶段 5 年，建成导流明渠，实现大江截流，基本建成临时船闸；第二阶段 6 年，建成永久船闸，第一批发电机组发电；第三阶段 6 年，全部机组发电，A 水利工程完工。

针对其特点，A 水利工程分三个层次进行管理：业主层、监理层、施工承包商层。具体采用统一进度计划编制办法：根据合同要求制定统一的工程进度计划编制办法，通过监理转发给各施工承包商，照此执行；分标段工程进度计划的编制必须服从总进度计划要求；统一进度计划提交、更新时间。此外，为提高工作效率、加强联系并及时互通信息，由业主出资建立了计算机局域网，统一了编制计划的软件和计划格式。通过建立工程进度日报系统，使监理等有关单位及时了解和掌握工程进展情况，确保了 A 水利工程的顺利进行。

二、MPS 编制的条件

MPS 是具体产品在具体时间段内的生产计划，制订完整的 MPS，必须依据一定的条件。

（1）客户交期。即销售合同上约定的产品交货时间，这是制订主生产计划首要考虑的因素。

（2）物料状况。包括订单物料齐备时间、物料上线与下线时间、上线前的物料追踪、生产中的进度跟进与品质异常协调处理等。

（3）生产能力。制订 MPS 必须要考虑订单与企业生产能力之间是否平衡，若订单量大于生产能力，企业需要考虑增加设备和人工，或寻求外协加工，或协商延期交货；若订单量小于生产能力，企业需要考虑承接外协加工，或减少人工等。

三、MPS 的编制步骤及车间生产任务安排

1. MPS 的编制步骤

在企业中，编制和检查 MPS 的主管单位一般为企业的计划部门或生产管理部门。在编制 MPS 的过程中，需要得到其他各个职能部门的协助和配合。

编制 MPS 的主要步骤可归纳如下：

（1）调查研究，收集资料。编制 MPS 的过程实质上就是一个信息处理的过程，所需的信息包括：反映社会需求方面的信息，如本企业的经营目标和经营方针、企业长远规划、计

划期应实现的利润指标；反映计划期产品销售量、上期合同执行情况及成品库存量、上期生产计划的完成情况；反映社会可能提供的生产资源方面的信息；反映产品开发进度和生产技术准备能力状况；反映企业实际生产水平的有关信息。

（2）制订计划草案。为更好地满足社会需要和提高生产的经济效益，对全年的生产任务做出统筹安排。其中包括：根据现有库存量确定产量指标；产品出产进度的合理安排；各产品品种的合理搭配；将企业的生产指标分解到各个分厂、车间。这些工作相互联系，实际上也是同时进行的。

（3）综合平衡，确定生产计划指标。把需要同可能结合起来，将初步提出的生产计划指标同各方面的条件进行平衡，使生产任务得到落实。综合平衡的内容主要包括：

① 生产任务与生产能力之间的平衡。其目的是按能力分配产品的生产任务，计算产品任务在各个能力单位的负荷分布，了解是否存在负荷过重或不足的情况，机器设备是否处于良好的状态，能否正常运转，从而进行调整，得到合理、可行的生产计划。

② 生产任务与劳动力之间的平衡。根据任务量确定需要的劳动力数量及工种，与现有的劳动力数量及工种进行协调。由于生产任务和生产条件的变化，有时各工种之间会出现人员配备不平衡的现象，要提前做好人员的调配，保证计划的执行。

③ 生产任务与物料供应之间的平衡。进行生产，必须具备品种齐全、质量合格、数量合适的各种原材料和外协件。生产部门在编制计划时，必须同物资供应部门进行配合，对物料进行检查，根据生产任务对物料的需求量与库存已有储备、物料采购与供应情况进行分析，确保生产对物料的需求能得以供应。

④ 生产任务与生产技术准备之间的平衡。生产技术准备包括技术文件的准备、工艺装备的设计与制造等。其中，技术文件包括产品和零件的图样、装配系统图、毛坯和零件的工艺规程、材料消耗定额和工时定额等；工艺装备是指产品制造过程中的各种工具、量具、夹具、模具等。

⑤ 生产任务与资金占用之间的平衡。生产活动的开展需要耗用资金，如购买材料、支付人工费用、维修设备等。为保证生产任务能顺利完成，必须要有足够的资金支持。

（4）进行有效性评估，最后确定生产指标。MPS 通过综合平衡初步拟订后，必须评估其有效性，最后完成编制。评估的主要依据有：

① 具体化。计划中的项目应具体可行。

② 项目最少化。有效的 MPS 应根据产品生产技术组织条件和产品结构制订，使产品生产过程中的零部件类型数目最少。

③ 全面性。计划应尽可能全面地代表企业的产品，特别是瓶颈资源或关键资源。

④ 稳定性。在计划期内，MPS 要相对稳定，不能随意改动。

⑤ 弹性。MPS 要考虑设备的预防性修理等，要留有修改余地。

2. 车间生产任务的安排

安排生产任务时不仅要对企业总的生产任务做出进度安排，而且要将总生产任务分解到各个车间（或分厂），规定车间的生产任务。安排车间生产任务，应该实现下列要求：①必须保证整个企业的生产计划得以实现，为此，规定给各个车间的生产任务，应当在品种、数量和进度上相互衔接，以保证企业计划的按期完成；②要缩短生产周期和减少流动资金占用量，以提高生产的经济效益；③要充分利用车间的生产能力，规定给各个车间的任务应当适合其机器性能和设备条件，并能充分利用这些机器设备，避免忙闲不均。

安排车间任务的方法，一般是先安排基本车间的生产任务，然后安排辅助车间的生产任务。

（1）基本车间生产任务的安排。安排基本车间生产任务的方法取决于各基本车间的专业化形式。对象专业化的基本车间，安排生产任务的方法比较简单，主要是考虑生产能力、生产技术条件对生产任务的适应情况。如果二者大体适应，就可将生产任务按各车间原有的专业分工范围进行安排。根据实际情况，必要时亦可对原有车间的分工进行某些适当的调整。工艺专业化的基本车间，安排车间任务的主要目的是解决车间与车间之间在品种、数量和期限方面的平衡衔接问题，采取的方法是“反工艺顺序法”，按照工艺顺序的相反方向，逐一决定各个车间的生产任务。以机械制造企业为例，首先根据装配车间产品装配的数量、时间要求，决定机械加工车间的生产任务；然后再根据机械加工车间产品加工的数量、时间要求，决定毛坯车间的生产任务。

（2）辅助车间生产任务的安排。若辅助车间的生产任务同基本车间的生产任务有着明显的、直接的联系，就要根据基本车间的生产任务来确定。例如，工具车间的生产任务，应当根据各个基本车间的产品加工数量和单位产品的工具消耗定额来确定，同时考虑其他辅助车间对工具的需要量、试制新产品对工具的需要量以及工具结存量变化等因素；运输车间的生产任务，应当根据厂内运输量和厂外货运量来确定，等等。若辅助车间的生产任务同基本车间没有明显的、直接的联系，例如机修车间，它的生产任务应该根据所服务的全部机器设备的使用程度，按照设备修理计划来确定。

思考题

MPS是具体产品在具体时间段内的生产计划，制订完整的MPS，必须依据哪些条件？在编制MPS过程中要进行综合平衡，确定生产计划指标，具体要进行哪些方面的平衡？

编制主生产计划（MPS）小测验

任务6　ERP系统中MPS的处理

微课：ERP系统中MPS的处理

生产是以销定产，在ERP系统中须先处理客户的订货信息，然后才能进一步安排生产，生成MPS等。

一、客户订货在 ERP 系统中的实现

处理客户订货主要是完成向客户进行报价和与客户签订销售订单的业务工作。

1. 生成报价单

业务：根据客户询价信息，销售人员向其报价，并审核报价单。

操作步骤：

（1）进入用友 ERP-U10 企业应用平台，选择“业务”→“供应链”→“销售管理”→“销售报价”→“销售报价单”，单击“增加”按钮，生成一个新的销售报价单，如图 1-4 所示。

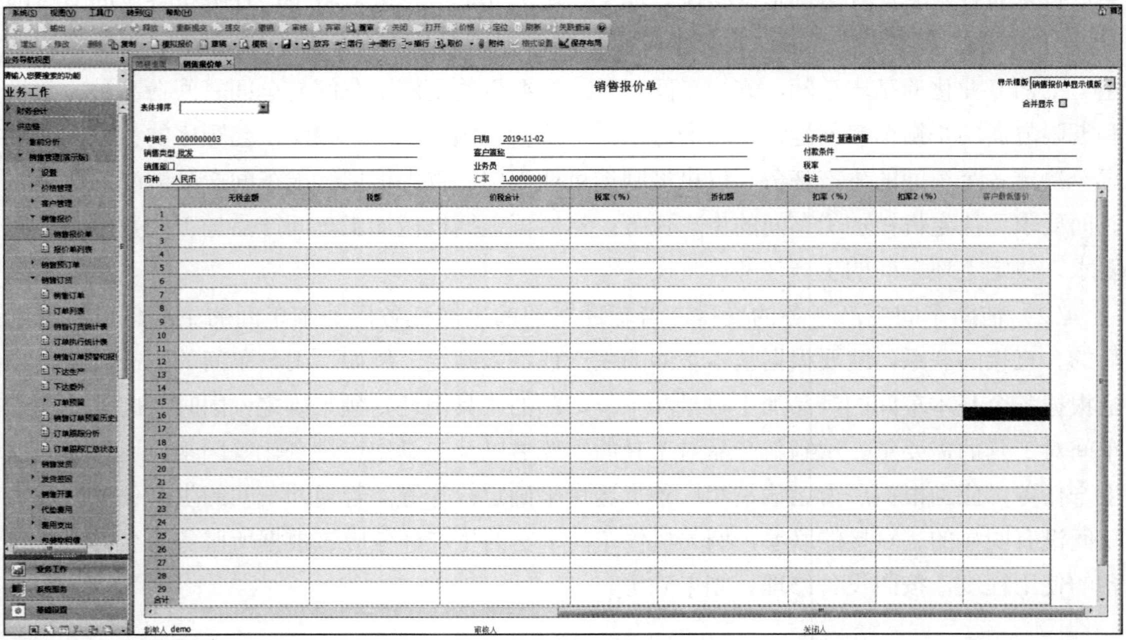

图 1-4　新增销售报价单

（2）填写相关信息，单击“保存”按钮，并审核。

2. 根据报价单生成销售订单

业务：参照报价单生成一张销售订单，并审核。

操作步骤：

（1）进入用友 ERP-U10 企业应用平台，选择“业务”→“供应链”→“销售管理”→“销售订货”→“销售订单”，单击“增加”按钮，生成一个新的销售订单。

（2）单击“生单”按钮，选择“报价”选项，弹出过滤条件选择窗口，单击“过滤”按钮，进入“参照生单”窗口，如图 1-5 所示。

（3）修改订单日期，单击“保存”按钮，生成销售订单并审核，如图 1-6 所示。

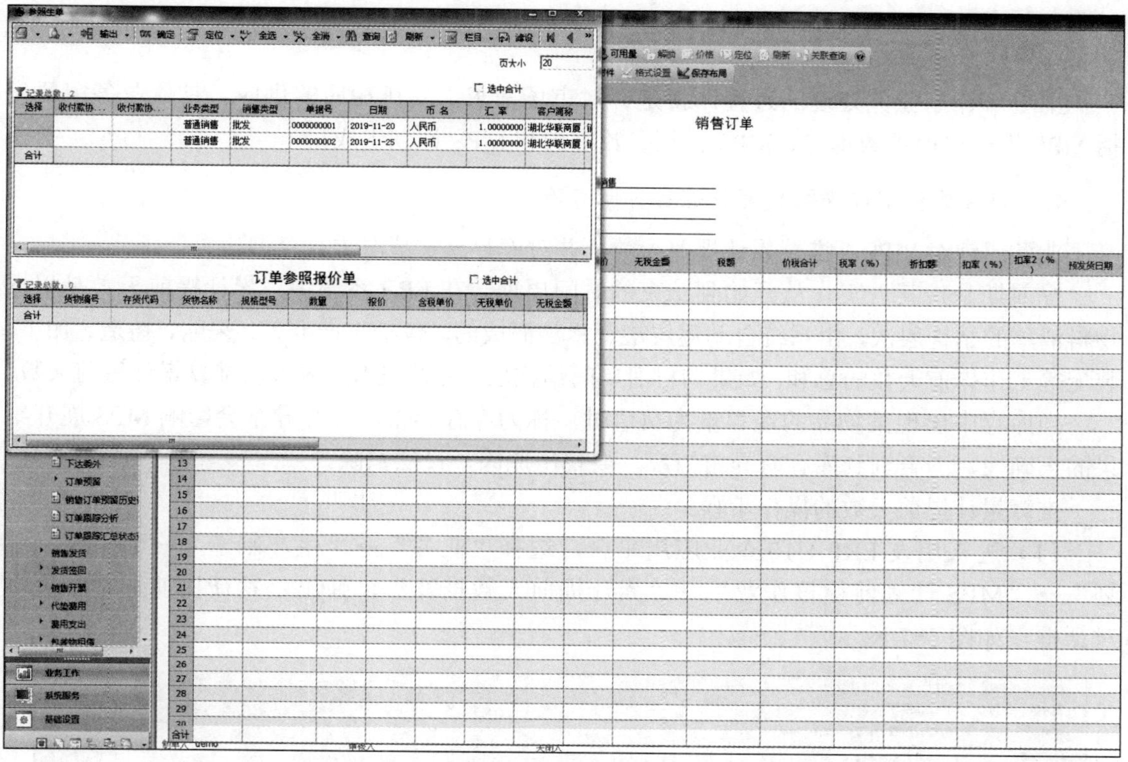

图 1-5　选择报价单

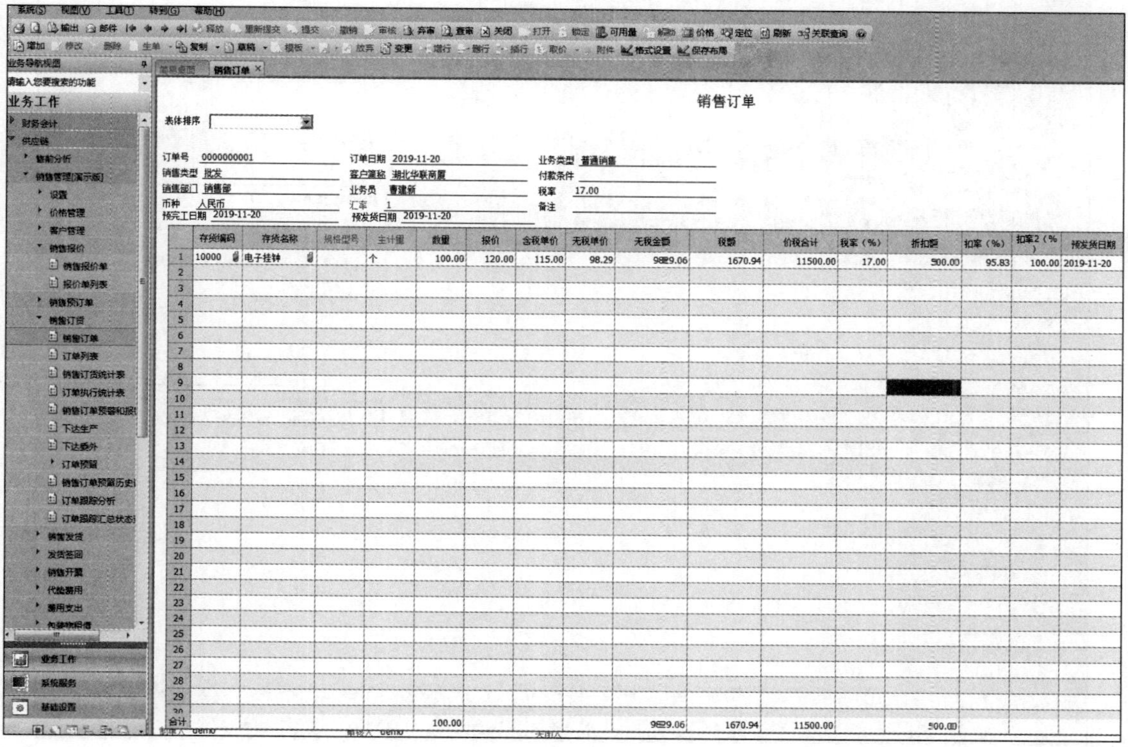

图 1-6　生成销售订单

二、MPS 在 ERP 系统中的实现

主生产计划业务处理的过程，就是针对市场需求，安排相应的供应。具体业务主要包括 MPS 累计提前天数推算、MPS 计划参数维护和 MPS 计划生成。

1. MPS 累计提前天数推算与库存异常查询

业务：针对 MPS，推算累计提前天数，并对库存异常情况进行查询。

提前期是指某一工作从开始到结束的时间周期。在 ERP 系统中，累计提前天数是根据物料清单的结构层次，由系统自动逐层滚动累加而成的，包括生产准备、采购、铸造、加工、装配等工作提前天数的总和。如果物料清单的结构层次发生变化，应重新推算累计提前天数。

当库存中出现某物品的现存量为负值时，称为库存异常。库存异常会影响 MPS 展开结果的正确性，当查询到库存有异常情况，要找出原因，设法消除。

推算累计提前天数的操作步骤：

（1）进入用友 ERP-U10 企业应用平台，选择“业务”→“生产制造”→“主生产计划”→“MPS 计划前稽核作业”→“累计提前天数推算”，弹出“累计提前天数推算”对话框，如图 1-7 所示。

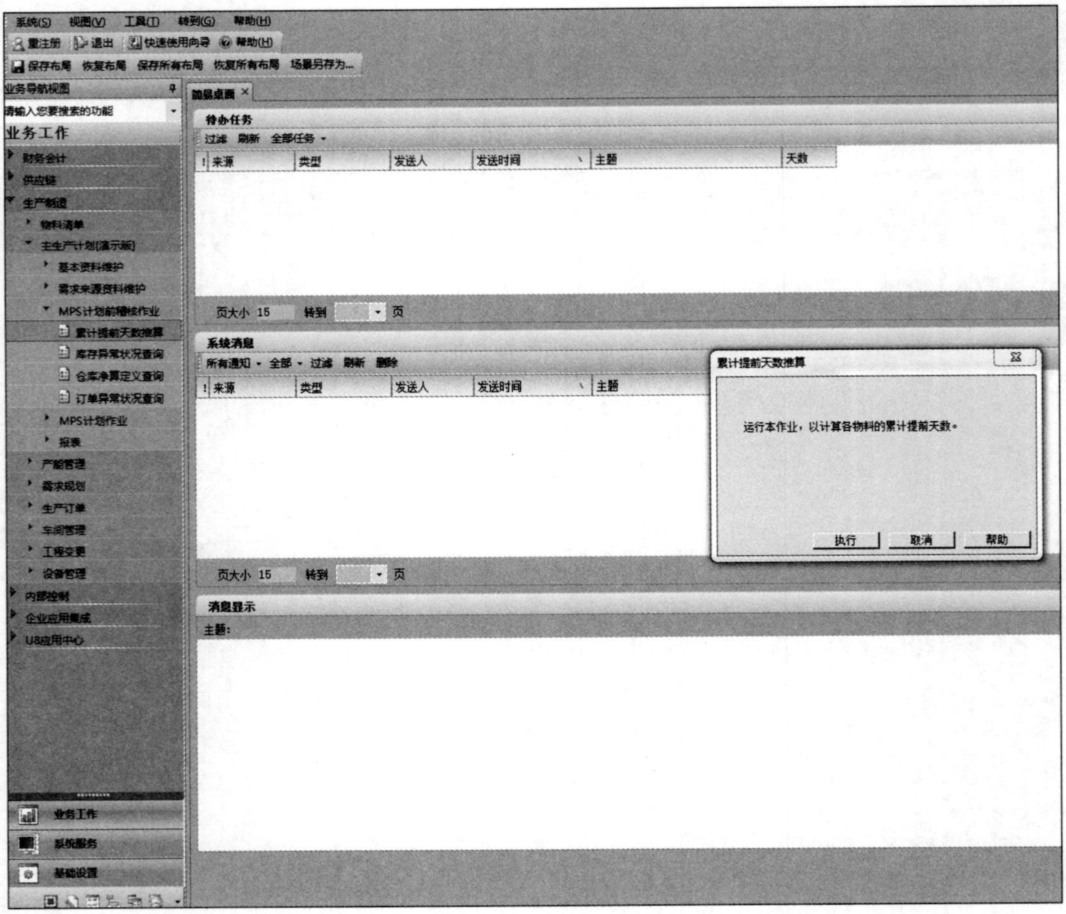

图 1-7　累计提前天数推算

（2）单击“执行”按钮，完成累计提前天数推算，弹出提示对话框，如图 1-8 所示。

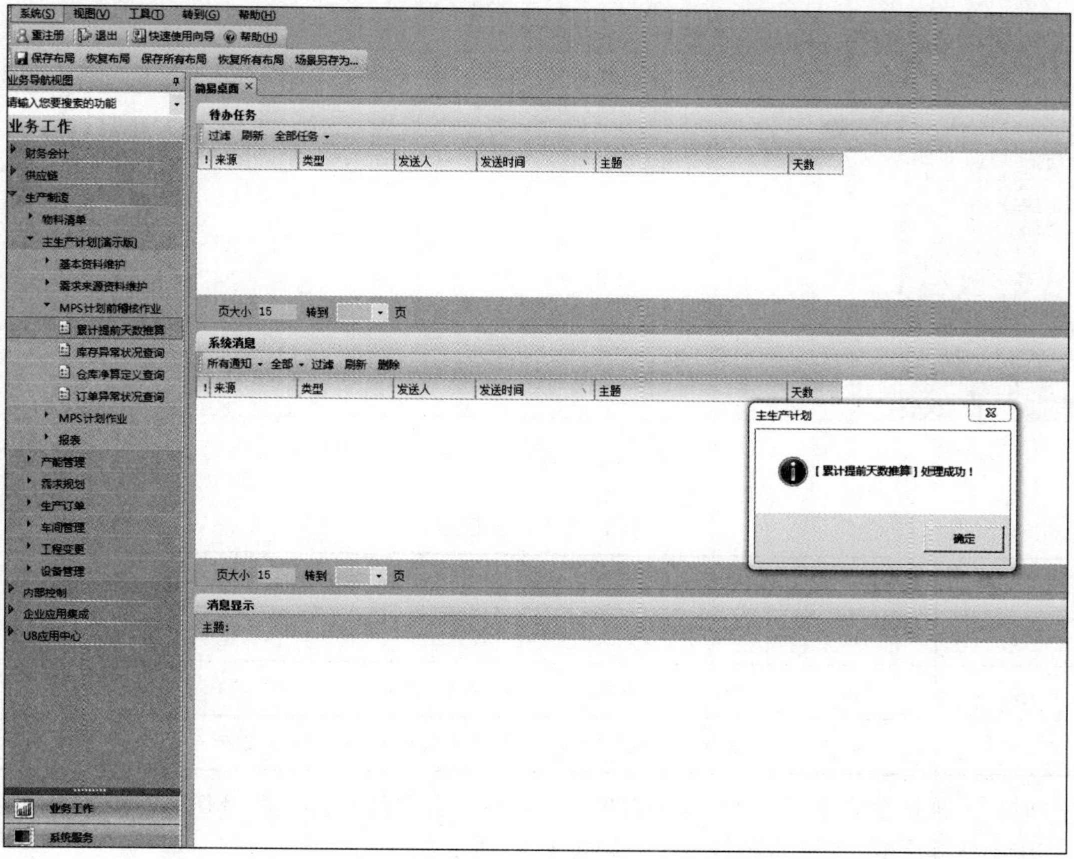

图 1-8　累计提前天数推算处理完成提示

（3）单击“确定”按钮，处理成功。

库存异常查询的操作步骤:

（1）进入用友 ERP-U10 企业应用平台，选择“业务”→“生产制造”→“主生产计划”→“MPS 计划前稽核作业”→“库存异状况查询”，弹出过滤条件选择窗口，单击“过滤”按钮，进入“库存异常状况查询”窗口。

（2）“包含非 MRP 仓”选择“是”，单击“确定”按钮，显示查询结果，如图 1-9 所示。

2. MPS 计划参数维护

业务: 设置 MPS 计划参数。

MPS 计划参数维护就是要设定企业生成 MPS 所依据的条件，如预测版本号、时栅代号、时格代号、计划期间起始日期、冻结日期、截止日期等。

预测版本号是用来说明 MPS 展开所用的产品需求预测资料的来源。在进行产品预测资料输入时，会套用此处设定的版本号。

时栅是决定预测和订单之间冲抵关系的时段划分，时栅分为三个时间段，每一个区段的天数可以由使用者自行决定，如表 1-10 所示。

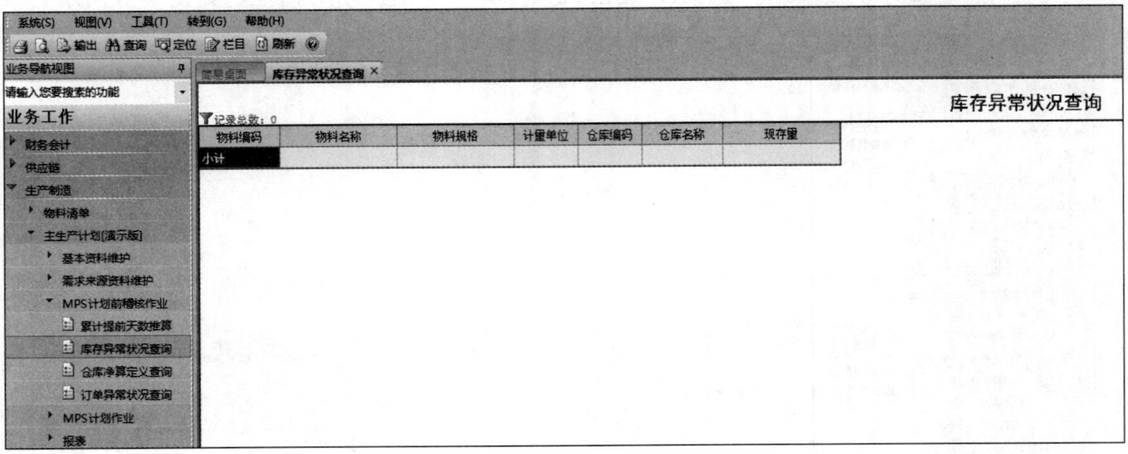

图 1-9　库存异常状况查询

表 1-10　时栅 0001

行　号	天　数	预测来源
1	10	客户销售订单
2	20	预测 + 客户销售订单，反向（往前）抵消
3	40	预测 + 客户销售订单，先反向（往前）再正向（往后）抵消

时格是根据企业生产特性确定的时间单元，供查看物料可承诺量、MPS/MRP 供需资料、工作中心资源产能 / 负载资料等使用，如表 1-11 所示。

表 1-11　时格 0001

行　号	类　别	天　数	起始位置
1	周		星期一
2	周		星期一
3	月		
4	月		

冻结日期是指主生产计划不允许变动、不允许插单的时间范围。

截止日期是指设定参与 MPS 的客户销售订单或者预测资料截止的日期。在截止日期之后的订单不作为规划对象。

操作步骤：

（1）进入用友 ERP-U10 企业应用平台，选择“业务”→“生产制造”→“主生产计划”→“基本资料维护”→“MPS 计划参数维护”。

（2）单击“增加”按钮，维护各项参数，如图 1-10 所示。

（3）单击“确定”按钮，即完成 MPS 计划参数的维护。

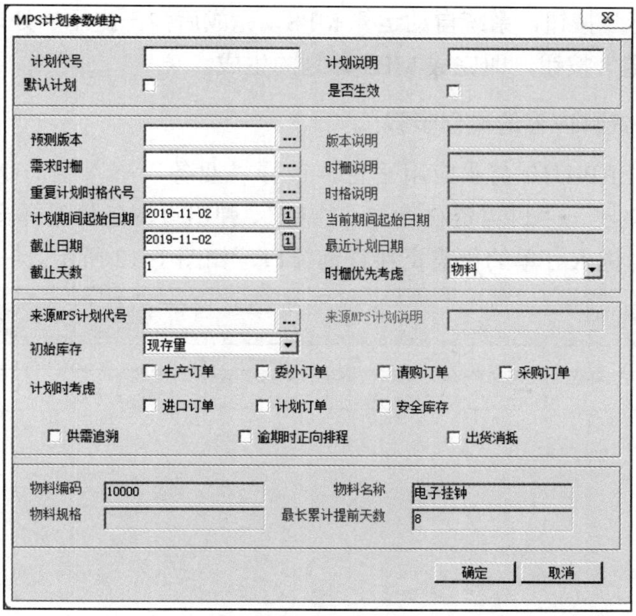

图 1-10 MPS 计划参数维护

3. MPS 计划生成

业务：生成 MPS 的供需规划并查询 MPS 的供需资料内容。

完成 MPS 参数设定和有关的核查工作后，执行 MPS 计划生成，系统根据产销排程系统参数中设定的需求来源，自动产生从系统日期开始到截止日期为止对所有 MPS 件的净需求的供应计划。主要包括最终产品、关键零部件、采购期较长的采购件、产能负荷占用较多的零部件等。

完成 MPS 运算后，可以查询 RCCP，了解资源是否能满足 MPS 的要求。若不能满足，则要修改 MPS 的时间和数量等资料。

生成 MPS 供需规划的操作步骤：

（1）进入用友 ERP-U10 企业应用平台，选择“业务”→“生产制造”→“主生产计划”→“MPS 计划作业”→“MPS 计划生成”，弹出“MPS 计划生成”对话框，如图 1-11 所示。

图 1-11 MPS 计划生成

（2）单击“执行”按钮，系统自动运算 MPS，完成后弹出提示“处理成功”的对话框。

（3）单击“确定”按钮，即完成 MPS 计划的生成。

查询 MPS 供需资料内容的操作步骤:

（1）进入用友 ERP-U10 企业应用平台，选择“业务”→“生产制造”→“主生产计划”→“MPS 计划作业”→“供需资料查询—物料”，弹出过滤条件选择窗口，填写计划代号，单击“过滤”按钮，进入订单的供需资料查询窗口，如图 1-12 所示。

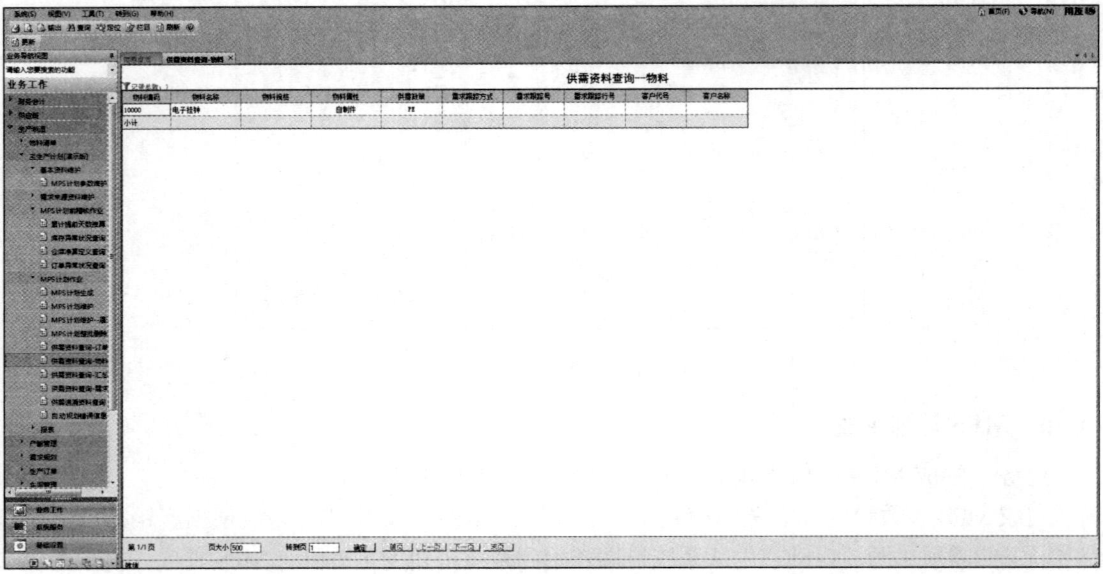

图 1-12　供需资料查询—物料

（2）双击任意一个销售订单，即可弹出该订单的明细资料，如图 1-13 所示。

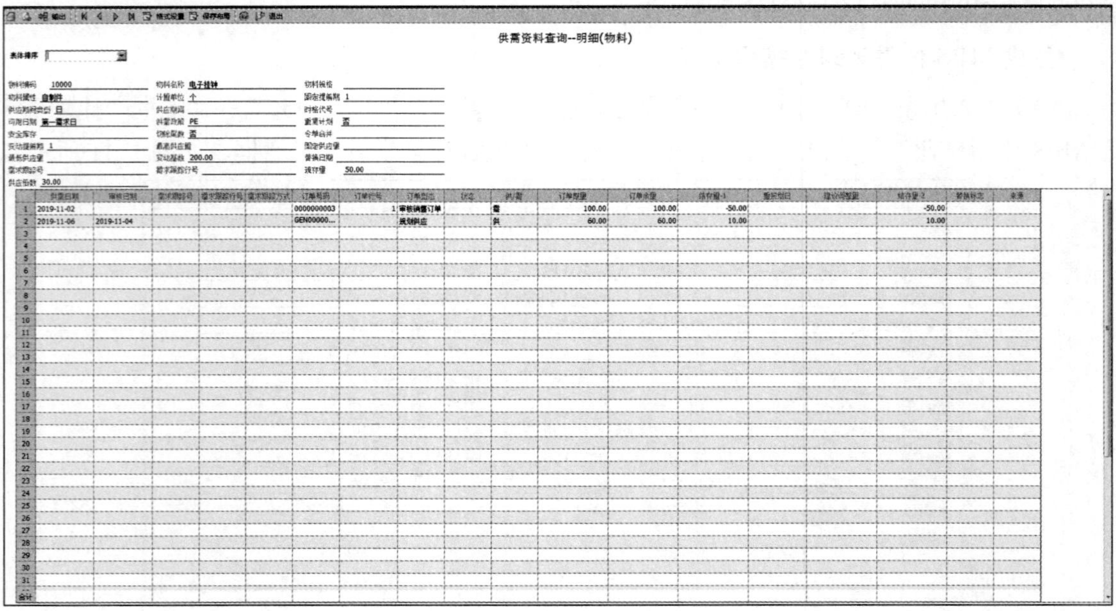

图 1-13　供需资料查询—明细（物料）

思考题

在 ERP 系统中进行销售业务的处理，并写出下面业务的操作路径：

ERP 系统中 MPS 的处理小测验

（1）向湖北华联商厦报价：产品编号 10000（电子挂钟），客户需要量 100 个，所报含税单价 120 元 / 个，预出货日期 202×-11-20。

（2）审核销售报价单。

（3）参照销售报价单生成一张新的销售订单。

（4）审核这张销售订单。

（5）湖北华联商厦要求降价，企业领导同意按客户要求降价，在生成的销售单上直接修改，将含税单价改为 115 元 / 个。

（6）手动输入一张销售订单：江西钟表公司购买编号 10000 电子挂钟，数量 400 个，所报含税单价 100 元 / 个。预出货日期 202×-11-22。

（7）审核这张手动输入的销售订单。

项目二 确定物料需求

学习目标

知识目标

- 理解 MRP 的含义。
- 掌握 BOM 的概念和建立方法。
- 理解物料消耗定额。
- 掌握 MRP 编制的步骤和方法。

能力目标

- 会根据产品结构建立 BOM。
- 能确定物料消耗定额。
- 会编制 MRP。
- 能够完成 ERP 系统中 BOM 维护和 MRP 处理模块的操作。

素质目标

- 培养勇于创新的职业精神和工匠精神。
- 培养成本意识和节约意识。

引导案例

YYB 管理有限公司也承接一些其他公司不愿生产，但消费者有特殊需求的挂钟。这些挂钟生产批量小、品种较多。今年 2 月，YYB 管理有限公司接到生产 100 个 Y 型电子挂钟的任务。生产科李科长要求新来的科员小张安排生产和采购计划。由于过去该公司生产过这种挂钟，尚有余下的零部件，经小张查点，库房里还有该挂钟可以使用的零部件。其中有钟盘 2 个，机芯和电池各有 10 个，长针 7 根，秒针 7 根，字模 15 个，合金 0.01kg。电子挂钟由 1 个机芯、2 个电池、1 个钟盘组装而成。子件钟盘由 1 根长针、1 根秒针、1 个盘体、12 个字模组装而成，长针和秒针各由 0.02kg 合金加工而成，字模由 0.05m 的薄膜加工而成。小张看了看零件清单和图样，计算出制造这批电子挂钟还需要 90 个机芯（100−10）、190 个电池（100×2−10）、98 个盘体（100−2）、93 根长针（100−7）、93 根秒针（100−7）、1185 个字模（100×12−15）。当小张兴致勃勃地找到李科长，告诉他需要生产和采购的零部件数量时，李科长连连摇头，说：“错了！错了！”小张顿时感到不解，心想：“我哪里算错了吗？”

问题：

1．产品生产所需各物料的需求量是如何确定出来的？

2．小张计算的物料需求量有哪些计算错误？正确的数量是多少？

MRP 是 20 世纪 60 年代发展起来的一种计划物料需求量和需求时间的系统。1965 年，奥列基（Joseph A. Orlicky）博士提出了独立需求和相关需求的概念，在此基础上产生了MRP，并不断得到应用和发展，从 MRP 到 MRP Ⅱ，发展到目前的 ERP 阶段。

动画：主生产计划与物料需求计划的理解

MRP 是指在产品生产中对构成产品的各种物料的需求量与需求时间所做的计划。其基本思想是围绕物料转化组织制造资源，实现按需、准时生产。在企业的生产计划管理体系中，它一般被排在 MPS 之后，属于实际作业层面上的计划。

在 ERP 系统中，MPS 是把企业的宏观计划转变成可操作的微观作业计划，描述企业生产什么、生产多少以及什么时段完成的生产计划，是把企业战略、生产计划大纲等宏观计划转化为生产作业和采购作业等微观作业计划的工具，是 MRP 的直接来源。根据 MPS 确定独立需求产品或备件、备品的需求数量和日期；依据 BOM 自动推导出构成独立需求物料的所有相关需求物料的需求，即毛需求；由毛需求以及现有库存量和计划接收量得到每种相关物料的净需求量；根据每种相关物料的提前期（采购或制造）推导出每种相关物料开始采购或制造的日期。MRP 的基本构成如图 2-1 所示。

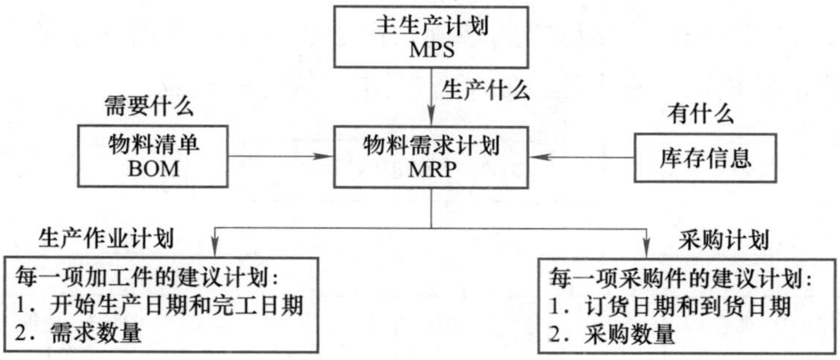

图 2-1　MRP 的基本构成

MRP 中的“物料”指的是构成产品的所有物品，包括部件、零件、外购件、标准件以及制造零件所用的毛坯与原材料等。这类物料的需求性质属于相关性需求，其特点是需求量与需求时间可求且相对稳定；需求量符合批量准则且可按时段均匀划分；可以按时、按量地保证供应。MRP 的主要作用如图 2-2 所示。

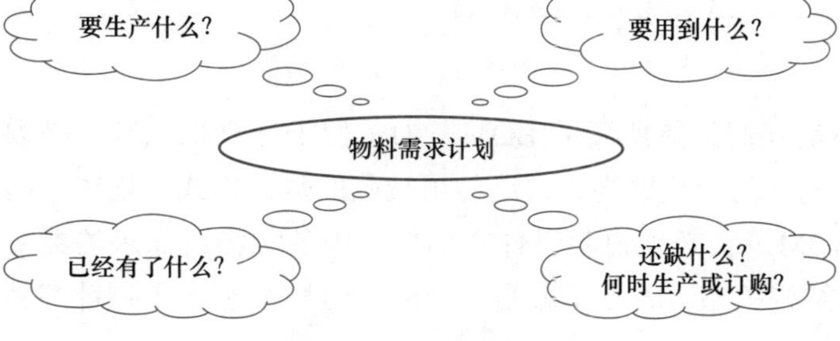

图 2-2　MRP 的主要作用

（1）为生产和供应部门提供准确和完整的物料需求数据，主要包括需求数量和需求时间。

（2）利用库存信息来调控采购量和购进时间，充分发挥库存信息在计划管理中的重要作用，在满足生产需要的前提下最大限度地降低库存，包括中间库存和在制品库存，以减少在库存方面的资金积压。

（3）根据产成品的需求、成品零部件的工艺路线及规定工时，计算出各时段内相关工作中心的生产能力需求量，为下一步能力需求计划（CRP）的制订提供依据。

（4）根据企业实际情况确定零件及半成品生产的优先级，列出每一时间段内应当完成的生产装配任务，从整体上确定产成品的出产进度，提高计划的可执行性，实现均衡生产。

任务 1　建立产品物料清单（BOM）

物料清单（Bill of Materials，BOM）是以计算机可识别的数据格式描述产品结构的文件，是 ERP 的主导文件，也是企业各主要业务部门都需要使用的重要管理文件。

要正确计算出物料需求的时间和数量，特别是相关需求物料的时间和数量，首先要使系统能够知道企业所生产的产品结构和所有要使用的物料。产品结构列出构成成品或装配件的所有部件、组件、零件等的组成、装配关系和数量要求，它是 MRP 产品拆零的基础。图 2-3 就是一个简化了的 Y 型电子挂钟的产品结构图，它大体反映了 Y 型电子挂钟的构成。

微课：建立产品 BOM

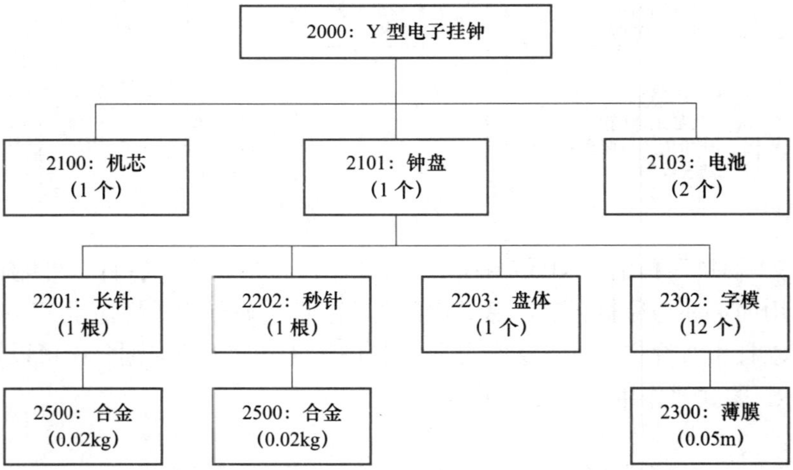

图 2-3　Y 型电子挂钟产品结构图

当然，这并不是我们最终所要的 BOM。为了便于计算机识别，必须把产品结构图转换成规范的数据格式，这种用规范的数据格式来描述产品结构的文件就是 BOM，它必须说明组件（部件）中各种物料需求的数量和相互之间的组成结构关系。表 2-1 就是一个简单的与 Y 型电子挂钟产品结构相对应的 BOM。

动画：电子挂钟拆分与组装

表 2-1　Y 型电子挂钟产品 BOM

子件阶别	母件编号	母件名称	子件编号	子件名称	子件计量单位	基本用量分子	基本用量分母	使用数量	子件属性
+	2000	Y 型电子挂钟	2100	机芯	个	1	1	1	采购
+	2000	Y 型电子挂钟	2101	钟盘	个	1	1	1	自制
+	2000	Y 型电子挂钟	2103	电池	个	2	1	2	采购
++	2101	钟盘	2201	长针	根	1	1	1	自制
++	2101	钟盘	2202	秒针	根	1	1	1	自制
++	2101	钟盘	2203	盘体	个	1	1	1	采购
++	2101	钟盘	2302	字模	个	12	1	12	自制
+++	2201	长针	2500	合金	kg	0.02	1	0.02	采购
+++	2202	秒针	2500	合金	kg	0.02	1	0.02	采购
+++	2302	字模	2300	薄膜	m	0.05	1	0.05	采购

思考题

引导案例中，根据 Y 型电子挂钟的产品结构和 BOM，思考 YYB 管理有限公司生产这批 Y 型电子挂钟产品还需生产和采购哪些物料。

建立产品物料清单（BOM）小测验

任务 2　确定物料消耗定额

一、物料消耗定额的含义及作用

所谓物料消耗定额，是指在一定的生产技术组织条件下，制造单位产品或完成单位生产任务所必需消耗的物料数量标准。

微课：确定物料消耗定额

物料消耗定额可分为单项定额和综合定额两种。单项定额是指制造单位零件的物料消耗定额，是加工前下料及核算各生产环节用料数量的依据，同时也可作为车间发放物料的标准；综合定额是指制造单位产品所消耗的全部物料定额，是企业核算物料需用量、计算产品成本、考核物料消耗水平的依据。

确定先进合理的物料消耗定额，具有以下重要作用：

（1）是确定企业物料需用量、编制物料供应计划的基础。

（2）是科学组织物料发放、对物料消耗实行有效控制的依据。

（3）是监督、促进企业内部合理使用和节约物料的有力工具。

（4）是促进企业提高生产技术水平、改善经营管理和提高工人操作水平的重要手段。

深思话题

资源有限　浪费可耻

周恩来总理勤俭节约的故事更是妇孺皆知，他一贯倡导勤俭建国、艰苦奋斗，要求一切招待必须是国货，必须节约朴素，切忌铺张华丽、有失革命精神和艰苦奋斗的作风。节约资源人人有责，同学们要认识到，节约资源要从一点一滴做起。但在我们日常生活中浪费的现象还有很多，有的同学吃饭时浪费饭菜；有的同学买饮料，喝一口感觉不好喝，随手一扔；买一块面包吃一口不好吃，也随手一扔；笔还没有用完就扔掉，手机还没有用 2 年就换新机，等等。

我们要倡导“以浪费为耻”，多乘坐公共交通工具，节约用电用水，垃圾分类管理，开展“文明餐桌”行动和“光盘”行动，养成节约的良好习惯，将来到企业中，也要养成节约物料资源的良好职业素养。

思考：阅读上述内容后，谈谈你在生活和工作中会如何节约资源。

二、确定物料消耗定额的方法

1. 经验估计法

经验估计法是指凭技术人员和生产工人的经验，并根据有关技术文件和技术条件确定消耗定额的方法。常采用三点估计法，用公式表达为

物料消耗定额=（最少消耗定额+一般消耗定额 ×4+最多消耗定额）/6

这种方法主要用于新产品或单件小批产品生产物料消耗定额的简单判断。

2. 统计分析法

统计分析法是按某一产品原材料消耗历史资料与相应的产量统计数据计算出单位产品的材料平均消耗量，并考虑到计划期内生产技术和生产组织条件的变化等因素，经过对比、分析、计算，从而确定物料消耗定额的方法。这种方法适用于批量生产。

单位产品的材料平均消耗量＝一定时期某种产品的材料消耗总量 / 相应时期的某种产品的产量

3. 实验测定法

实验测定法是运用现场称重、量尺寸和计算等方式，对工人操作的物料消耗数量进行测定，然后通过分析研究，最终确定物料消耗定额的方法。运用这种方法时，应注意生产条件和操作工人的典型性、代表性，测定次数一般不少于三次，以便较为真实地反映出物料的实际消耗水平，避免偶然性。这种方法适用于生产批量大、周期短、工艺简单、涉及加工工

种和人员较少的生产。

4. 技术计算法

技术计算法是按照构成定额的组成部分和影响定额的各种因素，如产品设计结构、配方、工艺要求、所用设备、原材料质量、生产工人的技术水平和熟练程度等，通过科学分析和技术计算来确定物料消耗定额的方法。它要求具备大量的、完整的技术资料，通过一定的计算程序，工作量较大，技术性较强。这种方法适用于大量大批生产物料消耗定额的确定。

三、各类物料消耗定额的确定

物料消耗定额按物料在生产中的作用可分为主要原材料消耗定额、辅助材料消耗定额、燃料消耗定额、动力消耗定额和工具消耗定额等。

1. 主要原材料消耗定额

（1）主要原材料消耗定额的构成。要确定主要原材料消耗定额，首先要分析其构成，即从原材料投入生产至制成成品的整个过程中，原材料被消耗在哪些方面。以机械产品为例，物料消耗定额包括以下三个部分：

动画：切割视频

① 产品净重消耗。即构成产品（零件）净重的消耗，它是构成消耗定额的主要部分。

② 工艺性消耗。指物料在加工过程中，由于工艺技术上的要求所产生的消耗。例如加工过程中的切屑、铸造中的烧损、下料过程中的料头等。这部分消耗是由工艺技术水平决定的，企业应不断改进技术、改善工艺，力求把工艺性消耗降到最低限度。

③ 非工艺性消耗。指由于生产中产生的废品、运输保管不善、材料供应不符合要求，以及其他非工艺技术原因产生的消耗。这部分消耗是由于管理不善造成的，并非产品制造必需，应力求避免和减少。

上述前两项组成工艺消耗定额，三项合计组成物料供应定额。物料消耗定额主要由产品净重消耗和工艺性消耗构成。

计算公式如下：

单位产品（零件）工艺消耗定额 = 单位产品（零件）净重消耗 + 各种工艺性消耗

单位产品（零件）物料供应定额 = 工艺消耗定额 ×（1 + 材料供应系数）

材料供应系数 = 单位产品非工艺性消耗 / 工艺消耗定额

工艺消耗定额与物料供应定额是相互联系又有所区别的。物料供应定额以工艺消耗定额为基础，是在其基础上按一定比例加上非工艺性消耗。

（2）主要原材料消耗定额的确定。机械工业企业主要原材料消耗定额通常是根据设计图纸和有关技术文件规定的产品尺寸、规格、重量等进行计算的。但在具体计算时，按照工艺过程的不同要求，对型材、板材、锻件等的计算方法也不相同。

1）型材、棒材零件消耗定额的确定。以棒材为例，其构成可用如下公式计算：

$$零件棒材消耗定额 = 锻件毛坯重量 + 锻造切割耗损重量 + 烧损重量 + 锯口重量 + 夹头重量 + 残料重量$$

① 当一根棒材用来制造同种零件时，其消耗定额可用如下公式计算：

$$零件棒材消耗定额 = \frac{一根棒材重量}{一根棒材可锯出的毛坯数}$$

$$一根棒材可锯出的毛坯数 = \frac{棒材长度 - 料头长度 - 夹头长度}{单位毛坯长度 + 锯口宽度}$$

② 当一根棒材用来制造几种不同零件时，可按下料部门材料利用率来计算，公式如下：

$$零件棒材消耗定额 = \frac{零件毛坯重量}{下料部门材料利用率}$$

$$下料部门材料利用率 = \frac{零件毛坯总重量}{制造零件所用棒材总重量} \times 100\%$$

例 2-1

用一根长 3 600mm、直径 5mm、比重 0.333kg/m 的铝材来制造长针，零件毛坯长 58mm，根据下料工艺，切一个毛坯切口 2mm，试计算这种棒材零件的消耗定额。

解：可切出的毛坯数 = 材料长度 /（单位毛坯 + 切口宽度）

=3 600/（58+2）=60（根）

每个零件的消耗定额 = 零件毛坯重量 + 切口重量

=58×0.333/1 000+2×0.333/1 000=0.02（kg/ 根）

或 = 一根棒材重量 / 一根棒材可切的毛坯数

=（3 600×0.333/1 000）/60=0.02（kg/ 根）

2）板材零件消耗定额的确定。按工艺规定的下料方法，首先画出合理的下料草图，并在图上注明零件名称和毛坯尺寸，据此计算从这块板材上裁出的零件毛坯的总重量，除以板材重量，求出板材下料利用率，然后再根据零件毛坯重量和板材下料利用率，计算零件板材消耗定额。公式如下：

$$板材下料利用率 = \frac{零件毛坯总重量}{板材重量} \times 100\%$$

$$零件板材消耗等额 = \frac{每个零件毛坯重量}{板材下料利用率}$$

3）锻件材料消耗定额的确定。锻件材料消耗定额由锻件毛坯重量、锻件工艺消耗和下料损耗三部分组成。一般分两步计算：首先按毛坯重量加上锻造工艺损耗（包括锻造切割损失和烧损重量），求出锻造前重量，也称为下料重量；然后在锻造前重量基础上，加上下料损耗（包括锯口、夹头、残料等）重量，即可求出锻件消耗定额。计算公式如下：

锻件材料消耗定额 = 锻造切割损耗重量 + 毛坯重量 + 烧损重量 + 锯口重量 + 夹头重量 + 残料重量

2. 辅助材料消耗定额

企业所需的辅助材料品种繁多，使用情况复杂，其消耗定额的确定应根据不同情况采用不同方法。与主要原材料消耗定额呈正比关系的辅助材料，可按主要原材料消耗量的一定比例计算；与设备开动时间或工作日有关的辅助材料，其消耗定额可根据设备开工时间或工作日来计算，如润滑油等；与使用期限有关的辅助材料，一般按规定的使用期限来确定，如劳保用品和清扫工具等；对于难以计算的辅助材料，可以按统计资料、经验估计或实际耗用来确定。

3. 燃料消耗定额

燃料在生产中使用广、需要量大，其消耗定额应根据不同用途和不同标准分别确定。例如动力用燃料消耗定额，是以发一度电、生产一吨蒸汽所需燃料为标准来确定的；工艺用燃料消耗定额，可以用生产一吨合格铸件所需燃料为标准；取暖用燃料消耗定额，通常是按每个锅炉或单位受热面积来确定的。但是，由于燃料品种不同，其物理形态和发热量也不一样，在确定定额时应以标准燃料为基础（1kg 标准煤发热量为 7 000 大卡），然后根据燃料消耗定额换算成实际使用燃料消耗定额。

4. 动力消耗定额

动力消耗定额通常按不同用途分别确定。例如用于发电机器的电力消耗定额，先按实际开动功率计算电力消耗量，再按每种产品消耗的机械小时数进行分摊，最后计算出单位产品的电力消耗定额；而电炉炼钢的耗电定额，可直接按单位产品来计算确定。

5. 工具消耗定额

工具消耗定额可用生产某种产品所需用某种工具的总工时与该工具的耐用期限的比值来确定，也可根据统计资料来确定。

四、如何降低物料消耗定额

（1）首先要在产品设计中贯彻节约原则，改革产品设计，减少构成产品或零件净重的物料消耗。

（2）采用先进工艺，尽可能地减少工艺性消耗。

（3）在保证产品质量的前提下，采用新材料和代用品，以减少物料的消耗，降低产品成本。

（4）加强运输保管工作，建立健全管理制度，尽量减少物料在流通过程中的损耗。

（5）着眼于全局需要，实行集中下料，推广套裁下料方法，最大限度地提高物料利用率。

（6）对生产过程中不可避免产生的废旧物料及时进行回收利用。

深思话题

传承工匠精神，服务生产管理

2015 年“五一”期间，中央电视台推出《大国工匠 • 匠心筑梦》系列节目，讲述了 8 位行业顶级技工的事迹。节目播出后，大国工匠们惊人的技艺、坚定的追求打动了无数观众，引起了极大反响。我们选取几个历史人物和故事了解一下。

蒯祥：蒯祥不论在用料还是施工等方面都精心筹划，在参与明代皇宫建筑群的设计和施工时，采用的榫铆骨架结合得十分准确、牢固。蒯祥还将江南的建筑艺术巧妙地运用上去，他采用苏州彩画，琉璃金砖，使殿堂楼阁显得富丽堂皇。蒯祥不仅木工技术纯熟，还有很高的艺术天赋和审美意识。据记载，蒯祥能以双手握笔同时画龙，合二为一，一模一样，技艺可谓是炉火纯青。在当时营建宫殿楼阁之时，他只需略加计算，便能画出设计图来，待施工完毕后，建筑与设计图样大小尺寸分毫不差。1420 年，承天门建筑完工后，他受到众口一词的赞扬，被称为“蒯鲁班”。

丁谓：祥符年间，宫中失火。丁谓奉命修缮被烧毁的宫室，但是取土很远是个困难，丁谓就命令工匠在大街上挖土。没过几日，大街就成了深沟。丁谓命令工匠将汴河河水引进沟中，再用很多竹排和船将修缮宫室要用的材料顺着沟中的水运进宫中。宫殿修完后，再将被烧毁的器材和多出来建筑材料填进挖出来的深沟里，重新将街道填平了。这可谓一举三得，节省下来的费用以亿万计。

通过以上故事，可知，关注和传承工匠精神，并将这种精神用到生产管理过程中，能够有效实施柔性生产管理。

思考：阅读了上述案例后，你认为在活动和学习中应该如何培养自己的工匠精神？

思考题

企业用直径 60mm 的钢材加工甲轴毛坯，毛坯要求长度 118mm，切口损耗为 4mm，现有同型号的钢材三种，其长度分别为 480mm、560mm、600mm，该种钢材比重为 10kg/m，下料后的余料 60mm 以上是好材料，不作为残料分摊。

问：用哪种长度的钢材下料最合适？甲轴毛坯的单位钢材消耗定额是多少？

确定物料消耗定额小测验

任务 3 编制物料需求计划（MRP）

一、MRP 编制的步骤

（1）根据产品的结构层次，逐层把产品展开为零件和部件，生成物料清单（BOM）。

（2）根据规定的期量标准（提前期），由产品的出产日期逆工序顺序倒排，编制零件的生产计划，并根据产品的计划产量计算零件的毛需求量。

（3）根据零件的毛需求量和待分配库存量计算净需求量，再根据选择批量的原则和零件的具体情况，确定其实际投产批量和投产日期。

（4）对于外购的原材料和零部件先根据 BOM 按品种规格进行汇总，再根据它们的采购提前期确定订购的日期和数量。

二、库存信息

库存信息是保存企业所有产品、零部件、在制品、原材料等存在状态的数据库。在 MRP 系统中，将产品、零部件、在制品、原材料甚至工装工具等统称为“物料”或“项目”。为便于计算机识别，必须对物料进行编码，物料编码是 MRP 系统识别物料的唯一标识。库存信息具体包括以下内容：

（1）期初库存量。指期初在企业仓库中实际存放的可供下期使用的物料库存数量。

（2）计划收到量（在途量）。指根据正在执行中的采购订单或生产订单，在本期将要入库或将要完成的物料数量。

（3）已分配量。指尚保存在仓库中但已被分配掉的物料数量。

（4）提前期。指执行某项任务由开始到完成所消耗的时间。不同类型和类别的库存项目，其提前期的含义是不同的。例如：外购件应定义采购提前期，指物料进货入库日期与订货日期之差；零件制造提前期，指各工艺阶段比成品出产要提前的时间。MRP 对生产库存的计划与控制就是按各相关需求的提前期进行计算实现的。

（5）订购（生产）批量。指在某个时段内向供应商订购或要求生产部门生产某种物料的数量。

（6）安全库存量。指为了预防需求或供应方面的不可预测的波动，在仓库中经常保持的最低库存数量。

根据以上各个数值，可以计算出某项物料的净需求量：

净需求量 = 毛需求量 + 已分配量 – 计划收到量 – 现有库存量

三、MRP 的编制方法

MRP 是以矩阵的形式展开的，其计算方法是根据反工艺路线的原理按照主生产计划规定的产品生产数量及期限要求，利用产品结构、零部件和在制品库存情况、生产（或订购）提前期、安全库存等信息，反工艺顺序推算出各个零部件的出产数量与期限。MRP 的基本运算逻辑如图 2-4 所示。

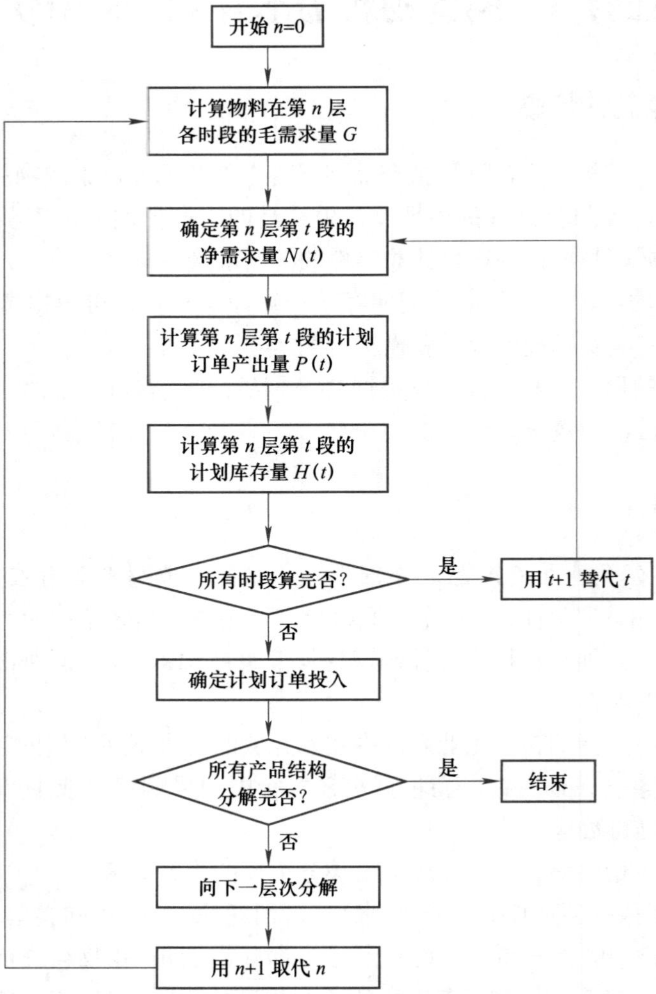

图 2-4　MRP 基本运算逻辑图

下面结合实例说明 MRP 的编制：

例 2-2

YYB 管理有限公司生产 10000 号的电子挂钟，根据合同要求，今年的各月度订单如表 2-2 所示（假设交货期都在月底），产品和各种零部件的年初库存量、生产周期以及批量如表 2-3 所示。电子挂钟的零部件组成情况如图 2-5 所示，图中括号内数字表示每一产品需要的零部件数。

表 2-2　各月度订单表

产品及零部件名称	单　位	各月度订单						
		6 月	7 月	8 月	9 月	10 月	11 月	12 月
电子挂钟	万个	30			31			30

表 2-3　年初库存量、生产周期、批量表

产品及零部件名称	年初库存量	生产周期	批量	今年第一批投产时间
电子挂钟	30 万个	3 个月	10 万个	1 月份
钟盘	30 万个	2 个月	20 万个	1 月份
长针	24 万根	1 个月	10 万根	1 月份
盘面	25 万个	1 个月	20 万个	1 月份
短针	26 万根	1 个月	10 万根	1 月份
字模	30 万个	1 个月	20 万个	1 月份

注：设生产周期 = 生产间隔期。

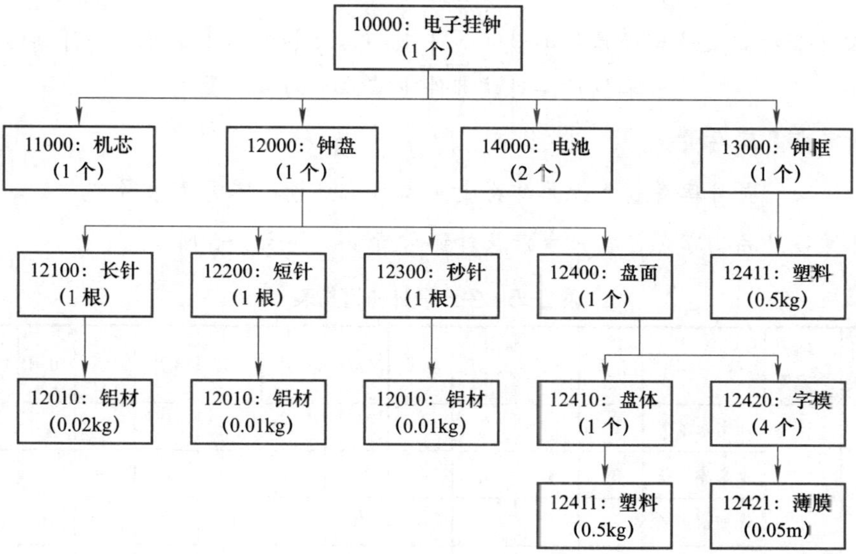

图 2-5　电子挂钟零部件组成

现根据上述资料，组织和安排电子挂钟、钟盘、盘面、字模的生产及外协订货计划。分析如下：

（1）整理各产品、部件对各部件、零件的单位直接需求量，如表 2-4 所示。

表 2-4　各产品、部件对各部件、零件的单位直接需求量

产品、部件名称		电子挂钟	钟盘	盘面
对部件的单位直接需求量	钟盘	1		
对零件的单位直接需求量	盘面		1	
对零件的单位直接需求量	字模			4

（2）计算各产品、部件、零件的总需求量。

电子挂钟：30+31+30=91（万个）

钟盘：91×1=91（万个）

盘面：91×1=91（万个）

字模：91×4=364（万个）

（3）计算各产品和零部件的净需求量。

电子挂钟：91−30=61（万个）

钟盘：61−30=31（万个）

盘面：31−25=6（万个）

字模：6×4−30=−6（万个）

（4）安排各产品和零部件的生产与外协计划。

① 确定各产品、部件、零件的每月需求量。

各产品的需求量 = 订货任务数

部件（零件）的需求量 = 外售任务数 + $\sum$[上一层次的产品（组件）的计划投产量 × 单位产品对该部件（零件）的需求量]

② 确定当月库存量。

当月库存量 = 上月库存量 + 本月出产量 − 本月需求量

③ 计算各产品、零部件各月生产及外协订货量，如表 2-5 所示。

表 2-5　生产及外协订货表

产品、零部件名称（单位）	年初库存量	项　目	1 月	2 月	3 月	4 月	5 月	6 月	7 月	8 月	9 月	10 月	11 月	12 月
电子挂钟（万个）	30	需求量						30			31			30
		期末库存量	30	30	30	40	50	30	40	50	29	39	39	9
		计划出产量				10	10	10	10	10	10	10		
		计划投产量	10	10	10	10	10	10	10					
钟盘（万个）	30	需求量	10	10	10	10	10	10	10					
		期末库存量	20	10	20	30	20	10	0	0	0	0	0	0
		计划出产量			20	20								
		计划投产量	20	20										
盘面（万个）	25	需求量	20	20										
		期末库存量	5	5	5	5	5	5	5	5	5	5	5	5
		计划出产量		20										
		计划投产量	20											
字模（万个）	30	需求量	20											
		期末库存量	10	10	10	10	10	10	10	10	10	10	10	10
		计划出产量												
		计划投产量												

思考题

某自行车厂收到两份订单，第一份要订 100 辆，4 周末交货；第二份订 150 辆，8 周末交货。交货计划如表 2-6 所示。每辆自行车包括 1 个车架、2 个车轮和 1 个车把。自行车的生产批量是 30 辆，车轮的批量是 50 个。产品结构图如图 2-6 所示。车轮为自制件，制作周期为 1 周；车架需要订购，订货提前期为 2 周；组装自行车需要 1 周。第 1 周时，自行车无库存，车轮已有库存 70 个，车架无库存。为保证交货期，求自行车和车轮的生产数量和时间（编制 MRP 计划）。

编制物料需求计划（MRP）小测验

表 2-6　自行车交货计划表

周　数	1	2	3	4	5	6	7	8
交货数量（辆）	0	0	0	100	0	0	0	150

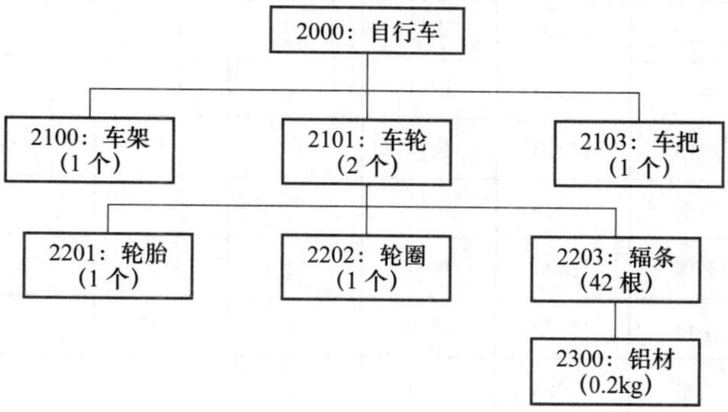

图 2-6　自行车产品结构图

任务 4　ERP 系统中 MRP 的处理

ERP 系统中的 MRP 是计算出要生产或采购的全部自制件、委外件和采购件的需求量，并按照各个产品的交货时间顺序，计算出全部自制件、委外件和采购件的需求时间，由系统自动生成建议性的规划令单。具体内容包括：建立产品物料清单（BOM）、MRP 累计提前天数推算、MRP 计划参数维护、MRP 计划生成。

微课：ERP 系统中 MRP 的处理

一、建立 BOM

建立 BOM 包括生成一个物料清单、物料清单逻辑查验和低阶码推算。

业务： 建立 YYB 管理有限公司的产品电子挂钟的物料清单（相关资料见表 2-7）。

表 2-7　电子挂钟结构表

子件阶别	母件编号	母件名称	子件编号	子件名称	子件计量单位	基本用量（分子）	基本用量（分母）	使用数量	子件属性
+	10000	电子挂钟	10001	机芯	个	1	1	1	采购
+	10000	电子挂钟	12000	钟盘	个	1	1	1	自制
+	10000	电子挂钟	15000	电池	个	2	1	2	采购
+	10000	电子挂钟	13000	钟框	个	1	1	1	委外
++	12000	钟盘	12001	长针	根	1	1	1	自制
++	12000	钟盘	12002	短针	根	1	1	1	自制
++	12000	钟盘	12003	秒针	根	1	1	1	自制
++	12000	钟盘	12200	盘面	个	1	1	1	自制
+++	12001	长针	12010	铝材	kg	0.02	1	0.02	采购
+++	12002	短针	12010	铝材	kg	0.01	1	0.01	采购
+++	12003	秒针	12010	铝材	kg	0.01	1	0.01	采购
+++	12200	盘面	12210	盘体	个	1	1	1	委外
+++	12200	盘面	12421	字模	个	4	1	4	自制
++++	12210	盘体	12400	塑料	kg	0.5	1	0.5	采购
++++	12421	字模	12423	薄膜	m	0.05	1	0.05	采购
++	13000	钟框	12400	塑料	kg	0.5	1	0.5	采购

母件编码：可参照存货主档输入（且必须输入），输入母件编码后可自动带出该母件名称、规格型号及主计量单位。输入的母件物料其属性应为非采购件；如果该“母件＋结构自由项”已引用公用清单，则不可输入；该“母件＋结构自由项”在建立主要清单前，不可建立替代物料清单。

子件编码：参照存货主档输入（且必须输入），输入子件编码后可自动带出该子件名称、规格型号及主计量单位。主要清单中的“子件”不可与“母件”相同，替代清单中的“子件”可与“母件”相同；相同工序行号中，“子件编码＋结构自由项”可重复，但其生效/失效日期不可重叠。

基本用量（分子）：每基本用量（分母）所对应的子件需求数量。例如，在某一母件下某种子件的基本用量为 1/27，则可以基本用量（分子）为 1 而基本用量（分母）为 27 来表达。系统默认值为 1，可改（必须输入）。

基本用量（分母）：表示基本用量（分子）的放大倍数。例如，在某一母件下某种子件的基本用量为 1/27，则可以基本用量（分子）为 1 而基本用量（分母）为 27 来表达。系统默认值为 1，可改（必须输入）。

使用数量：指考虑母件和子件耗损率后子件所需的数量。当子件“固定 / 变动”设为“变动”时，等于“基本用量（分子）/ 基本用量（分母）/（1− 母件损耗率）×（1+ 子件损耗率）”；当子件“固定 / 变动”为“固定”时，等于“基本用量（分子）/ 基本用量（分母）×（1+ 子件损耗率）”。

阶码：指在物料清单结构中按照由上而下为各层赋予的阶层代码，一般最上层为 0，向下依次递增。

低阶码：指记录物料层次的一个代码，如果某物料在不同的物料清单中所处的层次不一样，则取其中最大的层次为其低阶码。

低阶码推算：指计算机自动推算所有的料品在不同的 BOM 中最低的那个阶码。

物料清单逻辑结构查验：指检查物料清单中是否存在料品成为本身子件的逻辑错误，在进行查验时，可针对某一料品结构进行查验，也可以进行全结构的查验。

生成 BOM 的操作步骤：

（1）进入用友 ERP-U10 企业应用平台，选择“业务”→“生产制造”→“物料清单”→“物料清单维护”→“物料清单资料维护”。

（2）单击“增加”按钮，生成一个新的物料清单，单击“过滤”按钮，显示已有的物料清单，如图 2-7 所示。

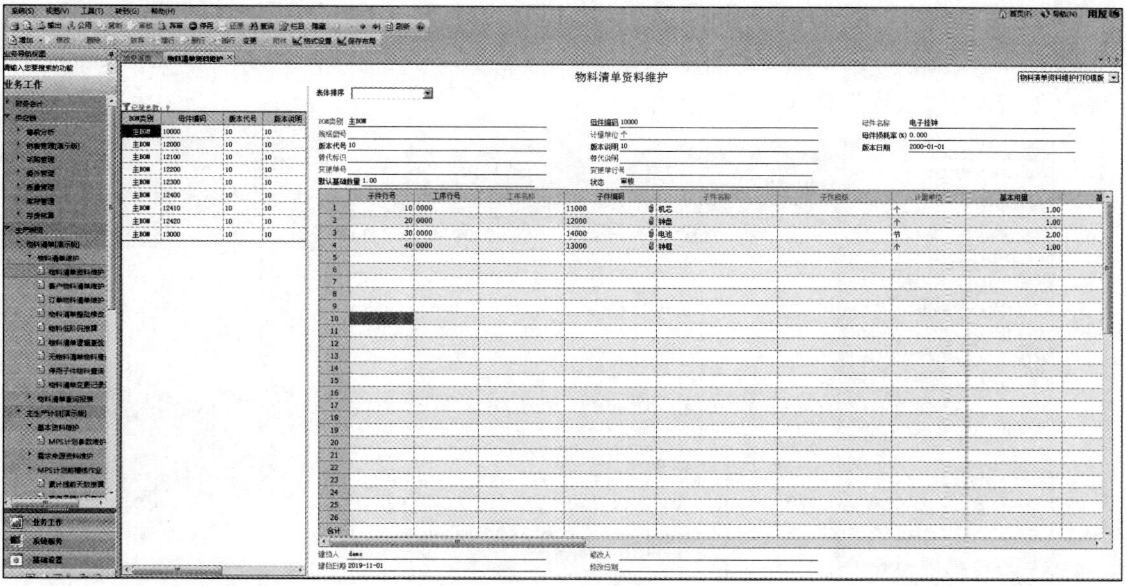

图 2-7　物料清单资料维护

（3）输入相关信息，单击“保存”按钮。

物料清单逻辑查验的操作步骤：

（1）进入用友 ERP-U10 企业应用平台，选择“业务”→“生产制造”→“物料清单”→“物料清单逻辑查验”，如图 2-8 所示。

（2）单击“执行”按钮，显示查验结果。

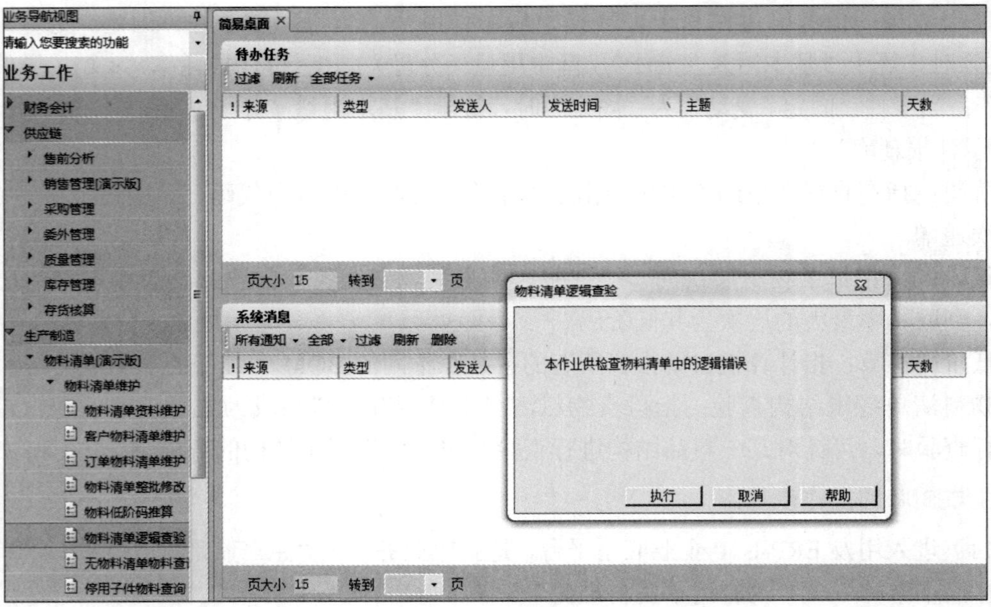

图 2-8　物料清单逻辑查验

低阶码推算的操作步骤:

（1）进入用友 ERP-U10 企业应用平台，选择“业务”→“生产制造”→“物料清单”→“物料低阶码推算”，如图 2-9 所示。

（2）单击“执行”按钮，完成操作。

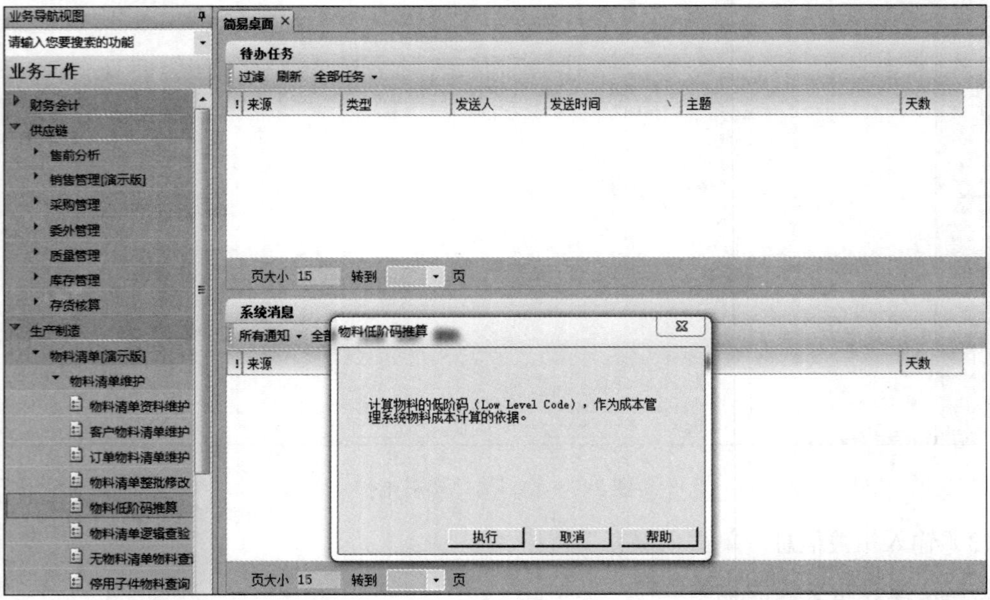

图 2-9　物料低阶码推算

二、MRP 累计提前天数推算

业务: 针对 MRP 计划，推算料品累计提前天数。

操作步骤:

（1）进入用友 ERP-U10 企业应用平台，选择“业务”→“生产制造”→“需求规划”→“MRP 计划前稽核作业”→“累计提前天数推算”，弹出“累计提前天数推算”对话框，如图 2-10 所示。

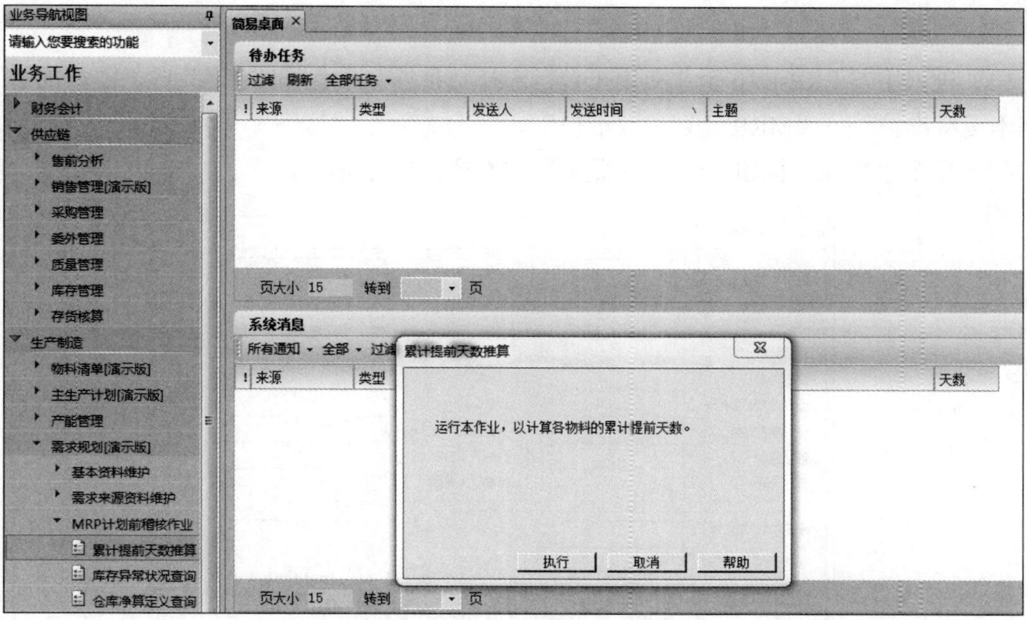

图 2-10　累计提前天数推算

（2）单击“执行”按钮，完成累计提前天数推算，弹出提示窗口，如图 2-11 所示。

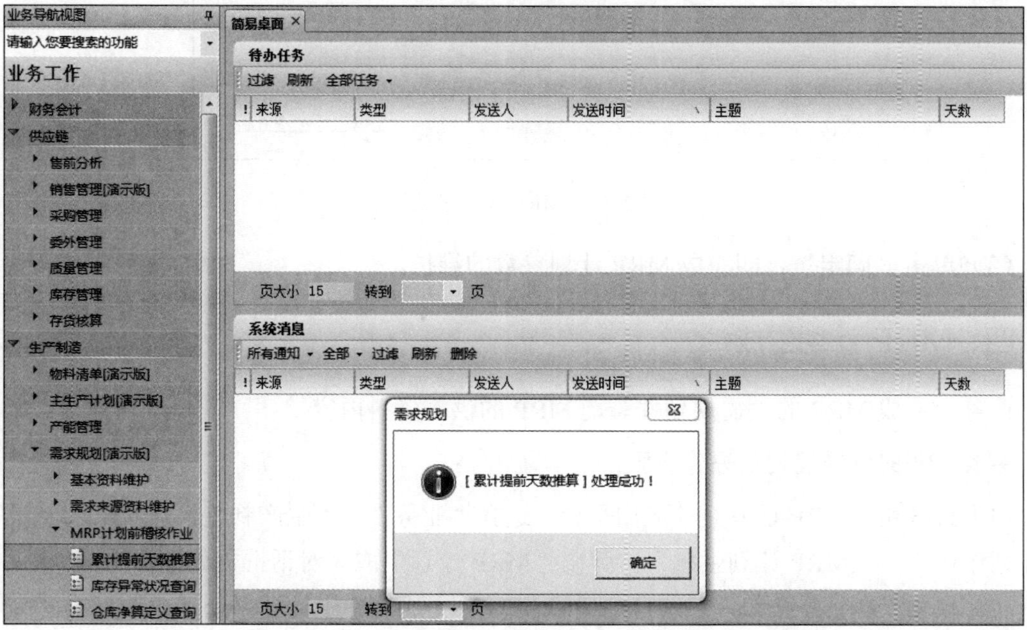

图 2-11　累计提前天数推算完成提示

（3）单击“确定”，处理成功。

三、MRP 计划参数维护

业务：设置 MRP 计划参数。

操作步骤：

（1）进入用友 ERP-U10 企业应用平台，选择“业务”→“生产制造”→“需求规划”→“基本资料维护”→“MRP 计划参数维护”。

（2）单击“增加”按钮，输入各项参数，如图 2-12 所示。

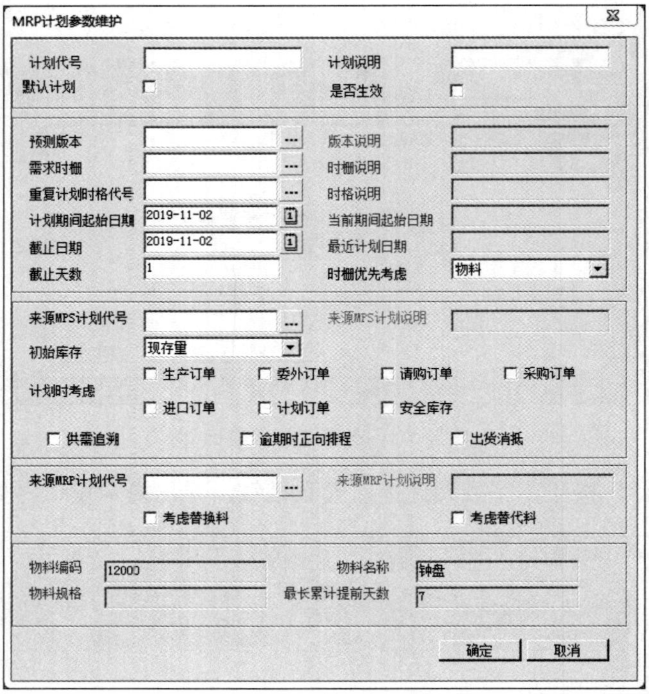

图 2-12　MRP 计划参数维护

（3）单击“确定”，即完成 MRP 计划参数的维护。

四、MRP 计划生成

业务：生成 MRP 的供需规划并查询 MRP 的供需资料内容。

生成 MRP 的供需规划的操作步骤：

（1）进入用友 ERP-U10 企业应用平台，选择“业务”→“生产制造”→“需求规划”→“计划作业”→“MRP 计划生成”，弹出“MRP 计划生成”对话框，如图 2-13 所示。

（2）单击“执行”按钮，系统自动运算 MRP，完成后弹出提示“处理成功”的窗口，如图 2-14 所示。

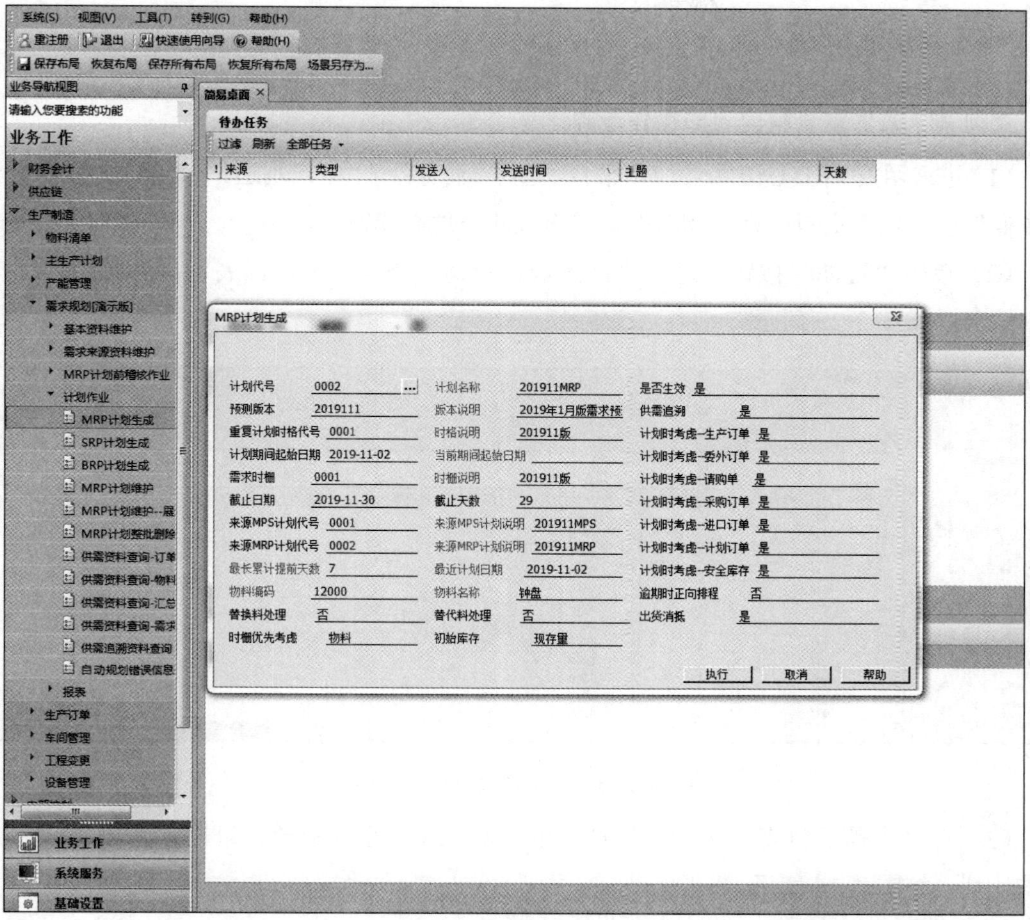

图 2-13　MRP 计划生成

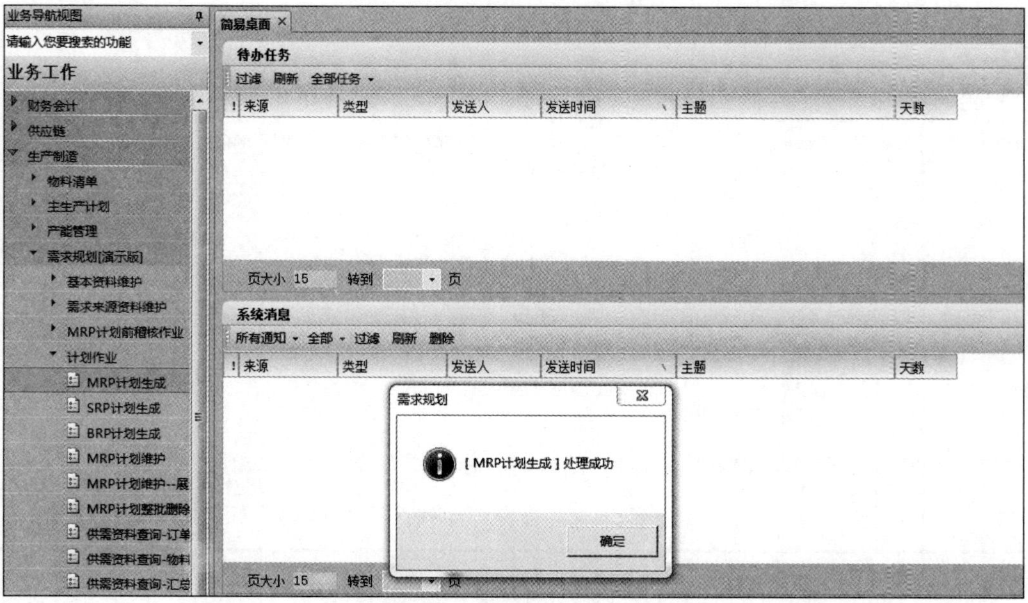

图 2-14　MRP 计划处理完成

（3）单击“确定”，即完成 MRP 的处理。

查询 MRP 的供需资料内容的操作步骤:

（1）进入用友 ERP-U10 企业应用平台，选择“业务”→“生产制造”→“需求规划”→“计划作业”→“供需资料查询—物料”，弹出过滤条件选择窗口。

（2）单击“过滤”按钮，进入“供需资料查询—物料”窗口，展示出所有销售订单的明细情况，如图 2-15 所示。

图 2-15　供需资料查询—物料

（3）在“供需资料查询—物料”窗口中，双击任一个物料单，可以弹出该物料的详细需求计划，如图 2-16 所示。

图 2-16　供需资料查询—明细（物料）

思考题

根据表 2-8，写出下面业务的操作路径：

（1）生成电子挂钟的 BOM。

（2）完成物料清单逻辑查验。

（3）完成低阶码推算。

（4）针对 MRP 计划，推算料品累计提前天数。

（5）设置 MRP 计划参数。

（6）生成 MRP 的供需规划并查询 MRP 的供需资料内容。

ERP 系统中 MRP 的处理小测验

表 2-8 电子挂钟结构表

子件阶别	母件编号	母件名称	子件编号	子件名称	子件计量单位	基本用量（分子）	基本用量（分母）	使用数量	子件属性
+	10000	电子挂钟	10001	机芯	个	1	1	1	采购
+	10000	电子挂钟	12000	钟盘	个	1	1	1	自制
+	10000	电子挂钟	15000	电池	个	4	1	4	采购
+	10000	电子挂钟	13000	钟框	个	1	1	1	委外
++	12000	钟盘	12001	长针	根	1	1	1	自制
++	12000	钟盘	12003	秒针	根	1	1	1	自制
++	12000	钟盘	12200	盘面	个	1	1	1	自制
+++	12001	长针	12010	铝材	kg	0.03	1	0.03	采购
+++	12003	秒针	12010	铝材	kg	0.02	1	0.02	采购
+++	12200	盘面	12210	盘体	个	1	1	1	委外
+++	12200	盘面	12421	字模	个	12	1	12	自制
++++	12210	盘体	12400	塑料	kg	0.5	1	0.5	采购
++++	12421	字模	12423	薄膜	m	0.03	1	0.03	采购
++	13000	钟框	12400	塑料	kg	0.3	1	0.3	采购

项目三

实现产能平衡

学习目标

知识目标

- 理解生产能力及影响生产能力的主要因素。
- 掌握生产能力的核定及平衡方法。

能力目标

- 会进行产能平衡。
- 会核定生产能力。
- 能够完成 ERP 系统中产能管理模块的操作。

素质目标

- 培养勇于创新的职业精神。
- 培养严谨的工作态度。

引导案例

YYB 管理有限公司按今年 100 万个电子挂钟的生产任务计算，还需要 100 万根长针零件，目前仓库没有长针库存，所以也要完成 100 万根长针的生产任务。长针的生产需要三道工序，铝材切割、冲压成型、表面处理；三道工序现有设备及数量分别是线切割机床 3 台、冲压机床 2 台、表面处理机床 2 台。目前企业车间生产实行两班制，每日工作时间 15.5h，三种设备的全年设备检修保养等停歇时间分别是 1 100h、1 000h 和 680h。三道工序的台时定额分别是 37s、30s、25s。生产计划员小张根据生产任务预安排，他认为按企业现在的生产设备和生产效率，100 万根长针的生产任务完不成，冲压成型工序生产能力不足，他建议企业调整电子挂钟的生产任务，否则会给企业带来损失。

问题：

1．什么是生产能力？YYB 管理有限公司长针零件的产能是否不足？

2．如何核定企业的生产能力？

3．如果长针冲压成型工序生产能力不足，YYB 管理有限公司应该如何提高冲压成型工序设备组的生产能力？

任务1 认识生产能力

微课：生产能力的理解

一、企业生产能力及能力需求计划（CRP）

1. 企业生产能力

企业生产能力是指一定时期内（通常为一年）企业的全部生产性固定资产，在一定的技术组织条件下，所能生产一定种类和一定质量的产品的最大数量。这一概念包括以下四个方面的含义：①企业生产能力用一年内可生产的最大产品数量来表示。②企业的生产能力应是企业各生产环节的各种生产性固定资产在满足生产要求的一定比例关系条件下所具备的综合生产能力。这里，生产性固定资产是指参与企业产品生产过程或直接服务于企业产品生产过程的各种厂房、建筑物、机器设备等。③生产能力是在一定的技术组织条件下出产产品的能力。技术组织条件是指产品的品种、结构、技术要求和工作量，机器、工具，生产面积，制造工艺，原材料，职工的业务水平、熟练程度，所采用的生产组织和劳动组织等。④企业的生产能力通常用实物单位来计量，对于多品种生产企业可以选择一种代表产品来计量。

注：能力与产量是不同的两个概念，产量是某一时间段内的实际产出，而能力是正常操作时间内的最大产出率。

一般把企业的生产能力分为设计能力、查定能力和计划能力。

（1）设计能力。设计能力是企业基本建设设计任务书等技术文件中所规定的生产能力，是新建、改建或扩建后的企业应达到的最大年产量。而企业建成投产后，由于种种条件的限制，一般要经过相当长一段时间后才能达到设计能力。

（2）查定能力。查定能力是指企业生产了一段时期以后，重新调查核定的生产能力。在没有设计能力或虽有设计能力，但由于企业的产品方案、协作关系和技术组织发生了很大变化，原有设计能力不能反映实际情况时，企业会重新调查核定生产能力。

（3）计划能力（现有能力或有效生产能力）。计划能力是企业在计划年度内依据现有的生产技术条件，实际能达到的生产能力。

注：上述三种生产能力反映了企业不同时期、不同生产技术组织条件下生产能力的水平，其用途各异。例如：在确定企业的规模、编制企业的长远规划、安排基本建设和技术改造时，应以设计能力和查定能力为依据；而在编制年度（季度）生产计划、确定生产指标时，应以计划能力为依据。

2. 能力需求计划（CRP）

能力需求计划（Capacity Requirement Planning，CRP）是确定为完成生产任务具体需要多少劳动力和机器资源，是企业分析 MRP 后产生的切实可行的能力执行计划。广义的能力需求计划分为粗能力需求计划（RCCP，又称为产能负荷分析）和细能力需求计划（CRP，又称为能力计划）。

RCCP 是根据产品需求计算关键资源所需投入的时间，观察关键资源的能力供应是否能满足实际生产的需要。负荷计算对象是独立需求。

CRP 是计算所有生产任务在各个相关工作中心加工所需的能力，并将所需能力与实际可供能力进行对比，以便企业确定能力供应是否满足生产需求。若不能满足，则需要调整生产任务或生产时间，直到能力供应能满足所有的生产任务需要。

（1）CRP 的处理过程。在编制 MPS 时，一般要在总体上进行能力平衡核算，即能力计划工作。但是，多品种小批量生产企业生产的产品品种、数量每月各不相同，生产能力需求经常变化，当总负荷核算平衡时，每个生产周期、每个工作中心可能并不平衡。所以还要按较短的时间期、更小的能力范围（如工作中心）进行详细的负荷核算与能力平衡。CRP 处理过程如下：

① 编制工序进度计划。根据倒序编排法或工序编排法，利用订单下达日期（开工期）、计划订单入库日期（完工日期）及数量，对工序进度计划进行编制。

② 编制负荷图。当所有订单都编制了工序计划后，以工作中心为单位进行负荷计算。

③ 负荷与能力调平。如果能力与负荷不平衡，要进行原因分析。可能的原因是 MRP 计划不全面、能力数据不准确、提前期数据不准确等，根据原因进行纠正。

（2）编制 CRP 的依据。

① 工作中心。主要是指人力资源及设备资源，它是各种生产或加工能力单元和成本计算单元的统称。对于工作中心，都统一用工时来量化其能力的大小。

② 工作日历。它是用于编制计划的特殊形式的日历，是由普通日历除去每周双休日、假日、停工和其他不生产的日子，并将日期表示为顺序形式而形成的。

③ 工艺路线。它是一种反映制造某项物料加工方法及加工次序的文件，说明加工和装配的工序顺序、每道工序使用的工作中心、各项时间定额、外协工序的时间和费用等。

④ 由 MRP 输出的零部件作业计划。

（3）CRP 的计算逻辑。CRP 的计算过程就是把 MRP 订单换算成能力需求数量，生成能力需求报表，具体如图 3-1 所示。

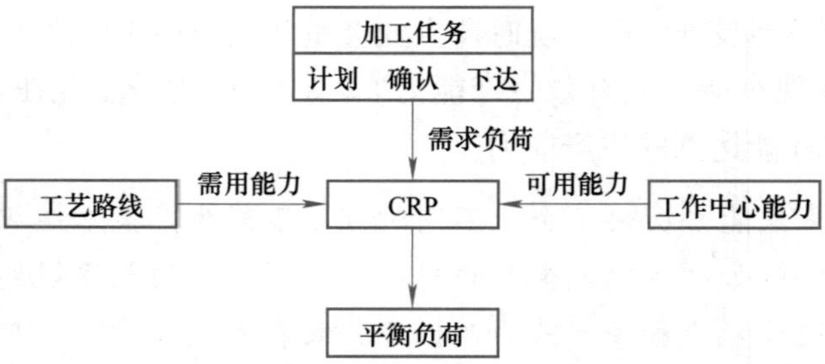

图 3-1　CRP 的计算逻辑

当然，在计划时段中也有可能出现能力需求超负荷或低负荷的情况。闭环 MRP 能力计划通常是通过报表的形式（以直方图为常用工具）向计划人员报告，但是并不进行能力负荷的自动平衡，这个工作由计划人员人工完成。

二、企业生产能力的影响因素及计量单位

1. 影响企业生产能力的因素

影响企业生产能力的因素有很多，而最基本的影响因素有三种，即固定资产的数量、

固定资产的工作时间和固定资产的生产效率。

（1）固定资产的数量。固定资产的数量是指全部能够用于工业生产的机器设备数量、厂房及其他生产性建筑物面积。机器设备包括正在运转、正在修理、正在安装或等待修理的机器设备，以及因生产任务不足或某些非正常原因而暂时停用的机器设备。对于损坏严重、已判定不能修复决定报废的设备，以及留作备用、封存待调的机器设备，则不应计算在内。

如果产能不足，可以通过增加设备数量来提升产能，具体的措施有：启用封存的设备、购进新设备、租用设备、进行设备改造、维修损坏的设备等。

（2）固定资产的工作时间。固定资产的工作时间是指机器设备的全部有效工作时间和生产面积的全部利用时间，又可以分为制度工作时间和有效工作时间。前者是指在规定的工作制度下，固定资产可利用的时间，一般为全年日历数目扣除 104 个周末和 11 个节假日后的差（一般为 250 天）与每天工作班次、每班工作小时数的连乘积。后者则是在制度工作时间中扣除了设备停歇时间。连续性生产企业的机器设备有效工作时间为日历时间减去计划修理时间；而生产面积的利用时间，按制度工作时间计算，一般没有停修时间。

如果产能不足，可以通过增加设备工作时间来提升产能，具体的措施有：增加工作天数、增加工作班次、增加每班的工作时间、开展好设备的预防性维护工作等。

（3）固定资产的生产效率。固定资产的生产效率包括机器设备生产效率（即设备能力）和生产面积的生产效率。前者用单位机器设备的产量定额或单位产品的台时定额表示；后者是指生产单位产品所占用生产面积的大小以及时间的长短。

如果产能不足，可以通过提高生产效率来提升产能，具体的措施有：设备技术革新或结构改进、改善产品生产工艺、创新产品结构、对工人进行培训以提高工人的劳动熟练水平、持续改善生产线等。

上述三个影响因素的乘积，就是企业固定资产的生产能力。在核定生产能力时，必须正确确定固定资产生产效率的定额水平，使之先进合理，才能使生产能力保持在先进水平上。

2. 生产能力的计量单位

（1）具体产品。在产品品种单一的大量生产企业中，企业的生产能力可以用该具体产品的产量表示，如 YYB 管理有限公司用生产多少个 10000 号的电子挂钟来表示生产能力。

（2）代表产品。在多品种生产的企业中，可以在结构相似的产品中选出代表产品，以生产代表产品的时间定额和产量定额作为固定资产的生产率定额来计算生产能力。

代表产品可以按照下列原则来选择：

① 企业专业方向中的主要专业产品。

② 国家和市场迫切需要的重点产品和短线产品。

③ 产量较大、结构和工艺具有代表性的产品。

在结构、工艺相似的产品中，一般可选择产量与劳动量乘积最大的产品。

例如，YYB 管理有限公司生产结构、工艺相似的多个品种的产品，2023 年计划产量分别为：生产 10000 号的电子挂钟 100 万个，台时定额 20min；生产 20000 号的电子挂钟 60 万个，台时定额 25min；生产 30000 号的电子座钟 20 万个，台时定额 15min；生产 40000 号的机械座钟 5 万个，台时定额 8min。因为 10000 号的电子挂钟的劳动量最大

（1 000 000×20），选为代表产品，即用生产 10000 号电子挂钟的产量来表示设备组的生产能力。

（3）假定产品。在产品品种数较多，各种产品结构、工艺和劳动量构成差别较大的情况下，可选择用假定产品作为计量单位。

例如，某自行车厂生产自行车、摩托车、车架等多个品种的产品，各产品结构、工艺不相似，由自行车、摩托车、车架等按其劳动量比例构成一种假想产品，以假想产品为单位计量设备组的生产能力。

假定产品是由各种产品按其劳动量比例构成的一种假想产品，以其为单位的生产能力计算公式为

$$\text{假定产品的台时定额}=\sum\left(\begin{array}{c}\text{该产品}\\\text{台时定额}\end{array}\times\begin{array}{c}\text{该产品产量占假定}\\\text{产品总产量的百分比}\end{array}\right)$$

$$\text{以假定产品为单位的生产能力}=\frac{\text{设备台数}\times\text{单位设备有效工时}}{\text{假定产品台时定额}}$$

思考题

1. 根据引导案例，思考：应该如何提高企业的生产能力？

2. 企业车床组有 15 台设备，加工 A、B、C、D、E 五种结构和工艺相似的产品，其计划产量分别为 150 件、250 件、50 件、100 件和 120 件，单位产品台时定额分别为 25 台时、40 台时、30 台时、60 台时和 15 台时。

思考：选择哪种产品为代表产品？什么样的产品可以做代表产品？

认识生产能力小测验

任务 2　生产能力的核定

核定生产能力是根据决定生产能力的三个基本因素，在查清现有固定资产的现状和采取相应措施的基础上，对企业、车间、班组的生产能力水平进行计算和确定。企业生产能力的核定应从班组开始，自下而上，一级一级地进行，通常分为两个阶段，一是核定班组、工段、车间各环节的生产能力；二是在对各生产环节的能力进行综合平衡的基础上，核定企业的生产能力。

一、单台设备及流水线生产能力的计算

1. 单台设备生产能力的计算

流水线的生产能力取决于每道工序设备的生产能力，因此，生产能力的计算从单台设备开始。单台设备生产能力的计算公式为

$$M_{单}=计划期有效工作时间 / 单位产品台时定额 = F_e/t$$

或
$$M_{单}= 计划期有效工作时间 \times 单位时间产量定额 =F_e p$$

例 3-1

YYB 管理有限公司生产长针用的某台线切割机床，每切割一个长针毛坯用时为 15s，线切割加工中心实行两班制，每班 8h，设备全年年计划检修时数为 300h，全年工作天数 250 天，该线切割机床的生产能力是多大?

解：$M_{单}=F_e/t$

$=(2\times8\times250-300)\times3\,600/15=888\,000$（根）

2. 流水线生产能力的计算

$$流水线生产能力 = 流水线有效工作时间 / 节拍 =F_e/R$$

流水线的生产能力在各道工序生产能力综合平衡的基础上确定。

例 3-2

YYB 管理有限公司加工字模的流水线，有切割、冲压、磨三道工序，各工序生产能力在综合平衡后，分别为 400 万根 / 年、390 万根 / 年、420 万根 / 年，则该流水线的年生产能力为 390 万根 / 年。

二、设备组生产能力的计算

1. 生产单一产品，工序由 *S* 台设备承担

此时，工序生产能力为

$$M=F_e S/t \quad 或 \quad M=F_e Sp$$

例 3-3

YYB 管理有限公司线切割加工中心有线切割机床 3 台，实行两班制工作，早班 8h，晚班 7.5h，设备组一天的工作时间为 15.5h。设备组年计划检修时数为 1 100h，单位产品台时定额为 37s，试计算该线切割机床组的生产能力。

解：$M=F_e S/t=(250\times15.5\times3-1\,100)\times3\,600/37\approx1\,024\,054$（个）

注：全年工作日按制度工作日数 250 天计，每天两班按 15.5h 计（下同）。

例 3-4

引导案例中 YYB 管理有限公司生产长针需要三道工序：铝材切割、冲压成型、表面处理。实行两班制，每日工作 15.5h。其他相关资料见表 3-1 前四列，试计算各组设备的生产能力，判断是否能够完成 100 万根长针的生产任务。

解：各组设备生产能力计算见表 3-1 后三列。

表 3-1　长针生产车间生产能力资料表

设备组	设备数（台）	工作班数	设备组计划检修时长（h）	全年有效台时	产品台时定额（s）	设备组生产能力（根）
①	②	③	④	⑤（=②×250×15.5−④）	⑥	⑦（=⑤×3 600/⑥）
线切割机床组	3	2	1 100	10 525	37	1 024 054
冲压机床组	2	2	1 000	6 750	30	810 000
表面处理机床组	2	2	680	7 070	25	1 018 080

由计算结果知，线切割机床组与表面处理机床组的生产能力大于 100 万根，相比之下，冲压机床组是薄弱环节，应采取一定的技术组织措施“填平补齐”，如通过购买设备等方式增加设备数量，通过增加班次等方式延长工作时间，对工人进行培训，提高操作熟练程度，对产品的工艺技术进行改进等。

深思话题

创新产能平衡，共享改革成果

A 水泵厂有限责任公司专业从事容积泵、高端离心泵、压力容器及泵系统装置的开发、研制、生产。

在企业的生产运行过程中，由于产能不平衡出现了以下问题：①生产任务进度难控制。制造部把生产任务一起下发到各车间，车间会挑选工时高、容易完成的任务来先加工，各车间容易窝工，快到交货期时才安排外协或紧急加工，导致外协任务很重并且进度难以保证。②工人按照产值和工时进行双重考核。如果本月产值高，而工时低，则工人的工资可能不会低；如果本月产值低，而工时高，则工人的工资可能也不会高；导致工人的工资与工时不是线性关系，所以工人工作积极性不高。

针对这个问题，公司创新产能分析与平衡方法，具体包括：①按设备分类实现各车间产能负荷分析（制造部）。制造部在下达零件作业计划时，要将零件制造需求任务安排到各车间进行加工形成车间的零件作业计划。在此过程中，制造部计划人员需要判断各车间各类设备生产负荷。通过系统能力平衡分析计算出各车间各类设备产能负荷，并以图形化方式展示，为零件作业计划提供安排依据，出现生产能力不平衡时系统给出调整建议让计划人员予以确定。②按具体设备实现车间设备产能负荷分析（生产车间）。车间接收制造部零件作业计划后，需要对零件作业计划的工序任务进行分配，指派到某台具体设备。在这个过程中，车间计划人员需要判断各个设备生产负荷（计划产能负荷、实际产能负荷）。通过能力平衡分析，计算出各个设备产能负荷，并以图示化展示计算结果，为工序作业计划提供安排依据。

基于这种创新的产能综合平衡方法，一是企业生产进度更容易保证。制造部产能平衡让制造部提前判断出未来一段时间内车间产能占用情况，及时平衡各车间生产任务，控制外协成本，控制生产进度。车间安排各设备的生产任务有依据，更容易平衡各设备 / 个人任务，避免设备窝工现象发生。二是工人管理更容易。系统收集现场工时，移动推送快速透明，个人随时查看工时。在管理制度上，工资按照阶梯设置，工时完成得越多，后面的工资越高，促进工人积极主动完成工时任务。

这个案例让我们明白任何事情总有解决的办法，只要我们不墨守陈规，在工作和学习中勇于开拓创新，一定会取得意想不到的成效。

思考：阅读上述案例后，谈谈你会如何提高自己的创新素养。

2. 多品种成批生产条件下，以代表产品为计量单位计算

微课：设备组生产结构和二艺相似产品生产能力的核定与平衡

首先，确定代表产品。代表产品是反映企业专业方向、产量较大、占用劳动量最多、在结构或工艺上具有代表性的产品。

其次，计算出以代表产品为计算单位表示的设备组的生产能力。

再次，将其他产品的计划产量用换算系数分别折合成代表产品的产量。换算时，一般用台时定额或产量定额作为换算标准，换算系数的计算公式为

$$换算系数=\frac{某种产品台时定额}{代表产品台时定额} \quad 或 \quad 换算系数=\frac{代表产品单位时间产量定额}{某种产品单位时间产量定额}$$

最后，计算出设备组各种计划产品的生产能力，计算公式为

某具体产品的生产能力 = 该产品以代表产品单位表示的生产能力 / 换算系数

例 3-5

YYB 管理有限公司组装车间有同种设备 20 台，每台年有效工作时间为 4 000h，生产结构、工艺相似的多个品种的产品，2023 年计划产量分别为：生产 10000 号的电子挂钟 10 万个，台时定额 20min；生产 20000 号的电子挂钟 6 万个，台时定额 25min；生产 30000 号的电子座钟 2 万个，台时定额 15min；生产 40000 号的机械座钟 0.5 万个，台时定额 8min；10000 号的电子挂钟为代表产品，试计算设备组的生产能力。

解：以代表产品 10000 号电子挂钟的产量表示生产能力，将代表产品换算为具体产品的计算过程和结果如表 3-2 所示。

表 3-2　代表产品换算为具体产品的计算过程

产品名称	计划产量（个）	台时定额(min)	换算系数	换算为代表产品产量（个）	换算后产量比重	以代表产品表示的生产能力	换算为具体产品表示的生产能力	备注
①	②	③	④（=③/20）	⑤（=②×④）	⑥（=⑤/Σ⑤）	⑦	⑧（=⑦×⑥/④）	⑨
10000 号	100 000	20	1	100 000	0.520 8	4 000×20×60/20=240 000	124 992	代表产品是 10000 号的电子挂钟
20000 号	60 000	25	1.25	75 000	0.390 6		74 995	
30000 号	20 000	15	0.75	15 000	0.078 1		24 992	
40000 号	5 000	8	0.4	2 000	0.010 5		6 300	
合计	185 000	68	—	192 000	1	—	231 279	—

3. 单件小批生产条件下，以假定产品为计量单位计算

首先，计算假定产品的台时定额，计算公式为

$$假定产品的台时定额=\sum\left(\begin{matrix}该产品\\台时定额\end{matrix}\times\begin{matrix}该产品产量占假定\\产品总产量的百分比\end{matrix}\right)$$

式中，假定产品总产量以各种产品计划产量总和来表示。

其次，计算设备组生产假定产品的生产能力，计算公式为

$$以假定产品为单位的生产能力=\frac{设备台数\times单位设备有效工时}{假定产品台时定额}$$

最后，根据设备组假定产品生产能力，计算出设备组各种计划产品的生产能力，计算公式为

$$计划产品生产能力=假定产品生产能力\times该产品产量占假定产品总产量的百分比$$

例 3-6

YYB 管理有限公司表面处理加工中心共有一种设备 5 台，生产长针、字模两种结构、工艺不相似的产品，计划年产量分别为 100 万件、400 万件，单位产品台时定额分别为 20s、10s，每台设备年有效工作时间为 4 000h，试计算表面处理加工中心设备组的生产能力。

解：计算过程及结果如表 3-3 所示。

表 3-3　以假定产品为计量单位生产能力计算表

产品名称	计划产量（件）	各产品比重	各产品台时定额（s）	假定产品台时定额（s）	假定产品的生产能力	各种计划产品的生产能力（件）
①	②	③	④	⑤（=③×④）	⑥	⑦（=⑥×③）
A	1 000 000	20%	20	4	=4 000×5×3 600/12 =6 000 000	1 200 000
B	4 000 000	80%	10	8		4 800 000
合计	5 000 000	100%	—	12	—	6 000 000

三、企业生产能力的确定

先将各生产环节的生产能力综合平衡，进而确定企业的生产能力。综合平衡有两个方面的工作，一是基本车间之间的能力平衡，二是辅助车间生产能力与基本车间生产能力的平衡。

当各基本生产环节的能力不一致时，应按主导环节来确定企业的生产能力。主导环节是指产品制造的主要工艺加工环节，如机械制造企业的机械加工车间，占产品全部制造过程劳动量的比重最大，所需投资额也往往最多。据此确定企业生产能力，可以更好地发挥投资经济效益。若企业主导生产环节同时有几个，并且生产能力各异，综合生产能力的核定应依据未来市场的需求来确定。若该产品需要量大，则按较高能力的主导生产环节来定，同时组织外协或技术改造解决其他能力不足的环节；否则，可按薄弱环节的能力来核定，对

于能力富余的环节，可将多余的设备调出，或长期接受外协订货。

当基本车间的生产能力与辅助车间的生产能力不一致时，企业的生产能力要按基本车间的生产能力来确定。

思考题

生产能力的核定心测验

1. 某加工中心有设备20台，实行两班制工作，设备组年有效工作时数为2 100h，单位产品台时定额为150h，试计算该设备组的生产能力。

2. 某企业车床组有15台设备，每台车床全年有效时间为3 800h，加工A、B、C、D、E五种结构和工艺相似的产品，其计划产量分别为150件、250件、50件、100件、120件，单位产品台时定额分别为25h、40h、30h、60h和15h，选B为代表产品，试计算该车床组的生产能力。

任务3　ERP系统中产能平衡的处理

在ERP系统中进行产能平衡是为了保证有足够的生产能力去完成主生产计划，进行的生产能力的规划。即对企业的工作中心和资源的产能与负载情况进行计算，以确保有足够的生产能力来满足企业的生产需求。它包括资源需求计划、粗能力计划和能力需求计划三个部分：资源需求计划是验证现有资源能否满足长远规划的需要；粗能力计划是验证主生产计划的可行性；能力需求计划是验证生产订单的可执行度。

一、产能管理参数设置

业务：根据“电子挂钟”的工艺路线资源生成物料资源清单。时格代号为0001，截止日期为20××年12月31日，超载百分比为100%，低载百分比为60%。工作中心资料如表3-4所示，资源资料如表3-5所示，标准工序资料如表3-6所示。

表3-4　工作中心资料

工作中心代号	工作中心名称	隶属部门	是否生产线
0010	线切割加工中心	生产部	是
0020	冲压中心	生产部	否
0030	表面处理中心	生产部	否

表3-5　资源资料

资源代号	资源名称	资源类别	工作中心	工作中心名称	计算产能	可用数量	关键资源
0001	线切割机床	机器设备	0010	线切割加工中心	是	5	是
0002	精密冲压模具	模夹具	0020	冲压中心	是	3	是
0003	高级技工	人工	0030	表面处理中心	是	5	是

表 3-6　标准工序资料

项　目	内　容		
工序代号	0001	0002	0003
工序说明	铝材切割	冲压成型	表面处理
工作中心	0010	0020	0030
行号	10	10	10
资源代号	0001	0002	0003
资源名称	线切割机床	精密冲压模具	高级技工
资源活动	切割	冲压	人工
资源类型	物料	物料	物料
工时（分子）	1	1	1
工时（分母）	1	1	1
计划否	是	是	是

操作步骤:

（1）进入用友 ERP-U10 企业应用平台，选择“业务”→“生产制造”→“产能管理”→“基本资料”→“产能管理参数设定”，弹出“产能管理参数设定”对话框，如图 3-2 所示。

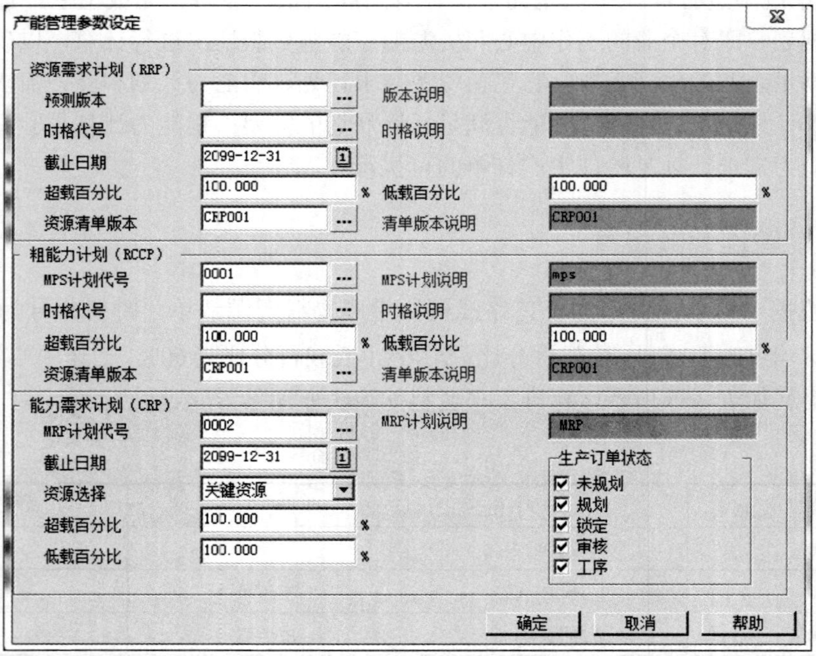

图 3-2　产能管理参数设定

（2）对各项参数进行设置，单击“确定”按钮，完成设定。

（3）进入用友 ERP-U10 企业应用平台，选择“业务”→“生产制造”→“产能管理”→“基本资料”→“物料工艺路线转资源清单”，弹出“工艺路线转资源清单”对话框，如图 3-3 所示。

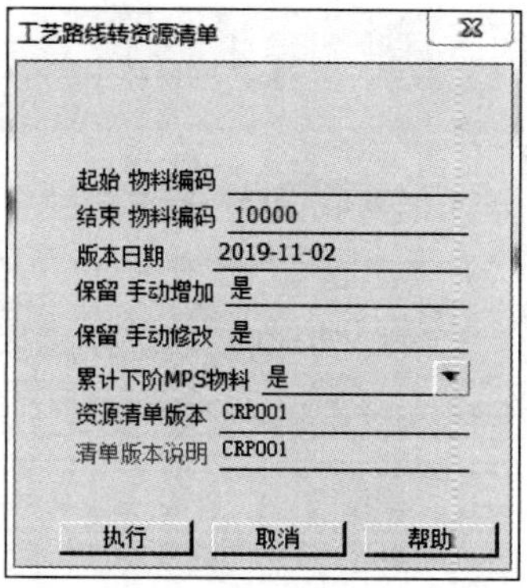

图 3-3 工艺路线转资源清单

（4）单击“执行”按钮，弹出成功处理对话框。

（5）单击“确定”按钮，完成处理。

（6）进入用友 ERP-U10 企业应用平台，选择“业务”→“生产制造”→“产能管理”→“基本资料”→“物料资源清单维护”，打开物料“资源清单维护”窗口，可以看到维护好的资源清单，如图 3-4 所示。

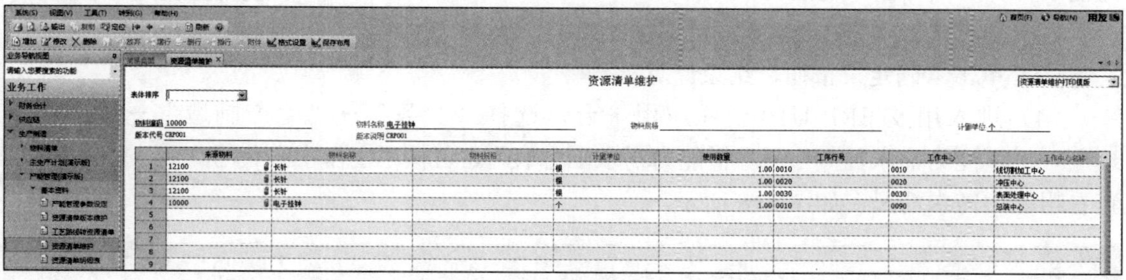

图 3-4 资源清单维护

二、资源需求计算及查询

业务：预测 3 月销售电子挂钟 100 个，做周均化处理；根据预测需求订单，计算资源需求和查询资源需求状况。

操作步骤：

（1）进入用友 ERP-U10 企业应用平台，选择“业务”→“生产制造”→“产能管理”→“资源需求计划”→“资源需求计算”，弹出“资源需求计算”对话框，如图 3-5 所示。

（2）单击“执行”按钮，完成资源的需求计算，弹出成功处理对话框。

图 3-5 资源需求计算

（3）单击“确定”按钮，结束计算。

（4）进入用友 ERP-U10 企业应用平台，选择“业务”→“生产制造”→“产能管理”→“资源需求计划”→“资源需求汇总表”，可按“工作中心代号”或“资源代号”查看资源需求情况，如图 3-6 所示。

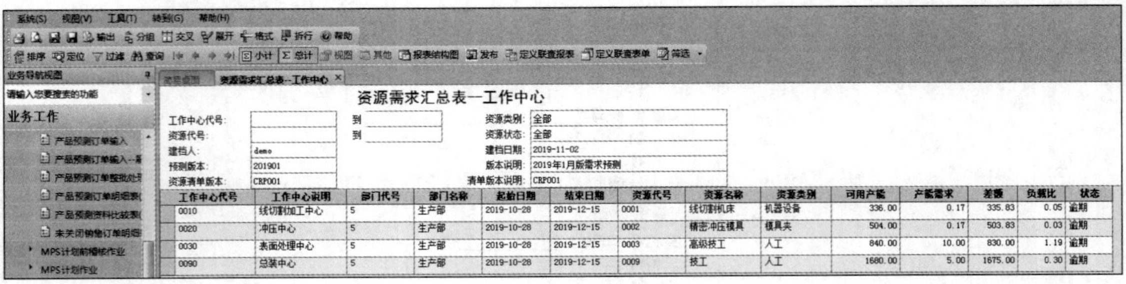

图 3-6　资源需求汇总表—工作中心

三、粗能力需求计算及查询

业务：计算粗能力需求和查询粗能力需求状况。

操作步骤：

（1）进入用友 ERP-U10 企业应用平台，选择“业务”→“生产制造”→“产能管理”→“粗能力需求计划”→“粗能力需求计算”，弹出“粗能力需求计算”窗口，如图 3-7 所示。

图 3-7　粗能力需求计算

（2）单击“执行”按钮，完成计算，弹出成功处理对话框。

（3）单击“确定”按钮，结束计算。

（4）进入用友 ERP-U10 企业应用平台，选择“业务”→“生产制造”→“产能管理”→“粗能力需求计划”→“粗能力需求汇总表”，可按“工作中心代号”或“资源代号”查看粗能力需求情况，如图 3-8 所示。

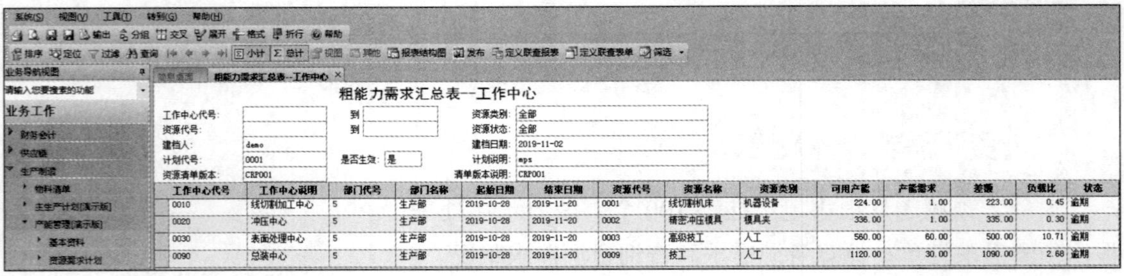

图 3-8　粗能力需求汇总表—工作中心

四、能力需求计算及查询

业务：计算能力需求和查询能力需求状况。

操作步骤：

（1）进入用友 ERP-U10 企业应用平台，选择“业务”→“生产制造”→“产能管理”→“能力需求计划”→“能力需求计算”，弹出“能力需求计算”对话框，如图 3-9 所示。

（2）选择截止日期，单击“执行”按钮，弹出成功处理窗口。

（3）单击“确定”按钮，结束计算。

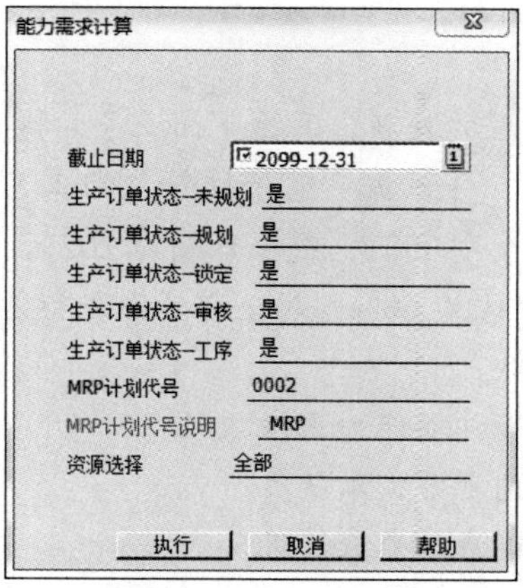

图 3-9　能力需求计算

（4）进入用友 ERP-U10 企业应用平台，选择“业务”→“生产制造”→“产能管理”→“能力需求计划”→“能力需求汇总表”，可按“工作中心代号”或“资源代号”查看工作中心资源不同时段的产能和负载情况，如图 3-10 所示。

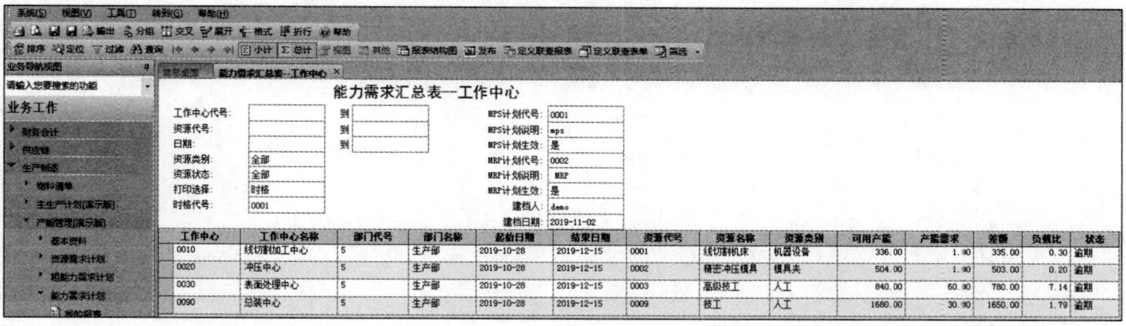

图 3-10　能力需求汇总表—工作中心

五、产能问题检核

业务：查询各工作中心的主要资源在各时段内的产能与负载情况。

操作步骤：

（1）进入用友 ERP-U10 企业应用平台，选择“业务”→“生产制造”→“产能管理”→“能力需求计划”→“产能问题检核”，打开“产能问题检核”窗口。

（2）输入工作中心代号、资源代号和时格代号。

（3）查询各工作中心资源在各时段内的产能与负载情况，如图 3-11 所示。

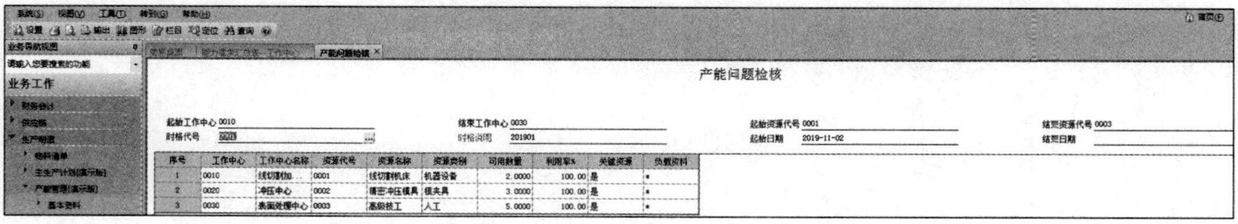

图 3-11　产能问题检核

思考题

根据 ERP 系统中产能管理的处理，写出下面业务的操作路径：

（1）设定产能管理参数，并根据“电子挂钟”的工艺路线资料生成物料资源清单。时格代号为 0001，截止日期为 202×-12-31，超载百分比为 110%，低载百分比为 60%，对全部资源进行能力需求计算，选择所有状态的生产订单。

（2）计算粗能力需求和查询粗能力需求状况。

（3）计算资源需求和查询资源需求状况。

（4）查询工作中心的关键资源负载情况。

（5）计算能力需求和查询能力需求状况，时格代号为 0001。

（6）查询工作中心及资源的产能和负载情况，时格代号为 0001。

（7）查询资源负载明细状况，时格代号为 0001。

ERP 系统中产能平衡的处理小测验

项目四

落实生产任务

学习目标

知识目标

- 理解生产作业计划的概念和编制依据。
- 掌握成批生产期量标准。
- 掌握生产作业计划的编制方法。
- 掌握生产作业排序的原则和方法。

能力目标

- 会确定成批生产期量标准。
- 会编制生产作业计划。
- 会进行生产作业排序。
- 能够完成 ERP 系统中生产业务模块的操作。

素质目标

- 培养诚实守信的职业道德。
- 培养实事求是和精益求精的职业素养。
- 培养成本意识和节约意识。

引导案例

YYB 管理有限公司生产的产品种类很多，有的产品生产量较大，如 10000 号的电子挂钟，有的产品生产量较小，如 70000 号的大众机械手表，生产计划编制工作比较复杂。生产计划人员在 ERP 系统根据客户订单和期量标准进行排程，生成 MPS 和 MRP，由 MRP 生成生产订单，并下达各车间，由车间主任进行生产作业排序，安排每班的具体生产任务，并对生产过程中出现的各种情况进行生产协调。但在生产实践中发现，ERP 系统给出的生产计划在实际生产过程中不能得到有效落实，总是发生不能按客户要求及时交货的情况，销售部门和生产部门互相不能理解，销售部门和生产部门都强调工作中存在的困难，两个部门在制订自己部门工作计划的时候都是各自处理，根本不知道其他部门是如何计划的，为了保证按时交货，常常是按销售部门计划执行，但这导致了生产车间必须加班加点，产品质量有所下降，销售部门经常催交订单。车间主任进行生产作业排序时，经常不知道应该先安排生产哪个订单，哪个单子催得急就先生产哪个，同时也要保证企业大客户的单子在生产进度上不受影响。于是生产调度不断来回调整，整体生产计划不断改变。这种方式虽然表面上满足了客户交货的要求，但实际上企业工作效率很低，计划的执行效果也不佳，部门间矛盾不断。不合理的加班加点、产品质量下降等都成为困扰企业的严重问题。

问题:

1. 什么是生产作业计划?
2. 如何编制生产作业计划?
3. 车间如何进行生产作业排序?

任务 1　认识生产作业计划及期量标准

一、生产作业计划的理解

生产作业计划是生产计划的具体执行计划，即从空间上把企业年度、季度生产计划中规定的月度生产任务以及临时性的生产任务具体地分配到各个车间、工段、班组以至每个工作地和个人，从时间上把年度、季度生产计划细分到月、旬、周、日、轮班以至每个小时，并按日历顺序安排进度，从而保证按数量、品种、质量、期限、成本完成企业的生产任务。换句话说，生产作业计划是将企业的生产计划变成工人具体的日常生产作业活动。

生产作业计划的特点是:

（1）计划期比较短。生产作业计划不同于生产计划，它一般是指月度和月度内的旬、周、日、轮班、小时的计划。

（2）计划内容具体明确。生产作业计划的对象是零部件和加工工序，即要把生产任务落实到车间、工段、作业地、个人。

（3）安排有具体的生产进度。生产作业计划的形式直观、简单，一般都采用进度表的形式，十分细致地规定了各种资源的投入时间和产品出产日期与进度。

生产作业计划对生产计划的分解、分配过程也是对计划期内生产过程中加工对象的运动进行控制的过程，即按照既定的要求对生产过程进行监督、检查和统计各项生产进度的完成情况，根据出现的新情况对计划进行及时调整，以保证计划任务的顺利完成。

企业生产作业计划工作的主要内容包括编制生产作业计划和组织实现计划两个方面。其中，编制生产作业计划又包括制定期量标准、编制各车间（厂级）生产作业计划、编制车间内部生产作业计划等。

二、期量标准的含义

期量标准是编制生产作业计划的重要依据，因此又称作业计划标准，是指在加工过程中为加工对象所规定的生产期限与数量方面的标准数据。其中，“期”表示期限，“量”表示数量。生产过程中各环节的期限和数量随着企业生产类型、生产组织形式的不同而产生不同的联系方式，因而形成不同的期量标准。

1. 大量生产的期量标准

（1）节拍。节拍是流水线生产最重要的期量标准，反映流水线的生产速度，是指流水线上前后两个相邻加工对象投入或出产的时间间隔。如果产品在工序之间是成批传递的，节拍与传递批量的乘积就称为节奏。

（2）在制品储备量定额。在制品是指从原材料投入到成品入库为止，处于生产过程中，尚未完工入库，正在加工的毛坯、零件、部件、产品的总称。企业根据具体情况保持一定的在制品量是保证有节奏的均衡生产的基本条件。

（3）流水线标准工作指示图表。该图表是为间断流水线编制的，间断流水线各工序时间与流水线的节拍不相等或互不成整数倍数关系，各道工序的生产率互不相等，在生产中存在零件等待工作地或工作地等待零件的情况，因此，需要规定间断流水线的看管期。看管期长短应根据产品（零、部件）的特点（价值、尺寸）以及工人兼管设备之间的距离长短合理地选择，一般不大于8h（一个轮班）。根据看管期来编制流水线标准工作指示图表。

2. 成批生产的期量标准

成批生产的期量标准主要有批量、生产间隔期、生产周期、提前期、在制品定额等。

3. 单件小批生产的期量标准

单件小批生产的主要特点是产品品种多而不稳定，每种产品的数量很少，每一工作地有多道工序，工序很少重复，专业化生产水平低，生产任务需要根据客户的具体订货情况来确定。因此单件小批生产作业计划要解决的主要问题是控制好产品的生产流程，按订货期进行生产，其主要期量标准有产品生产周期、生产提前期等。

下面以成批生产企业的期量标准为例介绍期量标准的确定。

三、批量、生产间隔期的确定

微课：如何确定批量和生产间隔期

批量是花费一次“准备结束时间”投入生产的同种产品的数量。其中，“准备结束时间”是指生产开始前熟悉图样、领取工具、调整设备工装等工作所需要的时间。

生产间隔期是指前后两批相同制品投入（或出产）的间隔时间。

批量与生产间隔期的关系可用公式表达为

$$批量 = 计划期平均日产量 \times 生产间隔期$$

$$平均日产量 = 计划期产量 / 计划期工作日数$$

批量和生产间隔期的确定主要有以量定期法和以期定量法两种。

1. 以量定期法

（1）最小批量法。该方法是从合理利用设备的观点出发来确定批量的，主要适用于关

键设备和贵重设备的批量决策。其计算公式为

最小批量 = 设备调整时间 /（工序单件时间 × 设备调整时间损失系数）

设备调整时间损失系数需根据企业的实际生产情况而定，影响因素主要有生产类型、零件大小、设备负荷系数等，具体参考数值如表 4-1 所示。

表 4-1　设备调整时间损失系数表

零件大小	生产类型		
	大批	中批	小批
大件	0.05	0.08	0.1
中件	0.04	0.05	0.08
小件	0.03	0.04	0.05

（2）经济批量法。产品生产费用由设备的调整费用和产品的存储费用构成，批量越大，完成一定生产任务需要调整设备的次数就越少，单位产品的调整费用也越少。同时，批量增加会加大在产品的存储数量，增加资金占用，增加仓库面积，从而增加存储费用，加大产品成本。批量与费用的关系如图 4-1 所示。

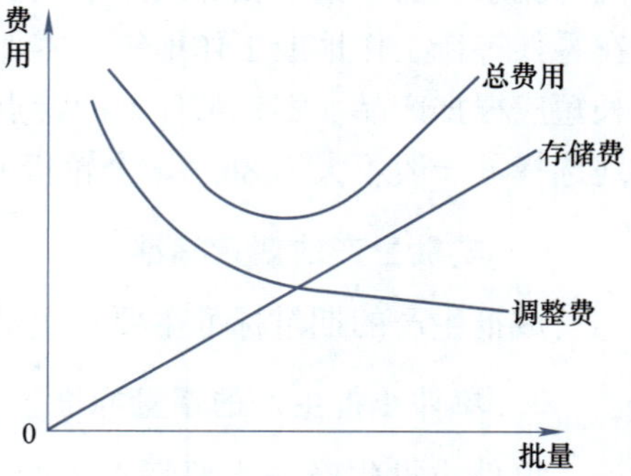

图 4-1　批量与费用关系图

经济批量正是从使生产费用中与批量有关的费用最小的观点出发来确定批量的，其计算公式为

$$Q_0=\sqrt{\frac{2NA}{Ci}}$$

式中　Q_0——经济批量；

N——年度计划生产任务（件、套）；

A——设备调整一次所需费用（元）；

C——单位产品成本（元）；

i——年保管费率。

例 4-1

YYB 管理有限公司计划生产 70000 号的大众机械手表产品 10 000 块，1 ～ 5 月安排每月的生产任务是 2 000 块，每次设备调整所需费用为 36 元，每件产品的成本为 40 元，在制品的存储费率为 5%，试计算经济批量 Q_0。

解：$Q_0=\sqrt{\frac{2NA}{Ci}}=\sqrt{\frac{2\times10\,000\times36}{40\times5\%}}=600$（块）

无论是最小批量法还是经济批量法，求出的批量都是初步的，还要进行适当的调整和修正，主要考虑以下因素：批量应与月产量相等或成倍数关系；供应车间的批量要与需求

车间的批量成倍数关系；批量应尽可能与工装、工位器具、设备容量和设备一次装夹数相适应；批量应不低于半个班的产量。

在批量确定后，即可据之确定生产间隔期。在平均日产量不变的情况下，批量越大，生产间隔期就越长。

2. 以期定量法

以期定量法的基本原理是根据工艺特点、零件复杂程度等因素凭经验确定生产间隔期，然后据此计算批量，使批量与之相适应。当生产任务变动时，生产间隔期保持不变，只调整批量。

确定生产间隔期时，应考虑两个因素：①生产间隔期应与月度的工作日数成倍数；②尽可能采用统一的或互成倍数的几个生产间隔期。

机械工业企业常用的生产间隔期与批量标准参考数值如表 4-2 所示。

表 4-2　生产间隔期与批量标准参考数值表

标准间隔期	1 天	2 天	11 天	22 天	66 天	88 天
批　类	日批	1/11 月	1/2 月	1 月	3 月	4 月
批　量	平均日产量	1/11 月 产量	1/2 月 产量	1 月 产量	3 月 产量	4 月 产量
每月投入出产次数	22	11	2	1	1 季 1 次	4 个月 1 次

注：每月按 22 个工作日计算。

四、生产周期的确定

生产周期是指从原材料投入生产开始到成品出产所经过的全部日历时间。它是确定产品各零件、毛坯的投入出产时间，编制生产作业计划的重要依据，对于缩短生产周期、提高劳动生产率、加速资金周转、降低成本等都有重要意义。

产品的生产周期由各个零部件的生产周期组成，零部件的生产周期由该零件的各工艺阶段或工序的生产周期组成。生产周期的计算分两步进行：首先确定产品（或零部件）在各个工艺阶段（或工序）上的生产周期，然后计算产品的生产周期。对于机械产品而言，其生产周期包括零件的毛坯制造、机械加工、部件装配、总装配等工艺阶段的生产周期，如图 4-2 所示。

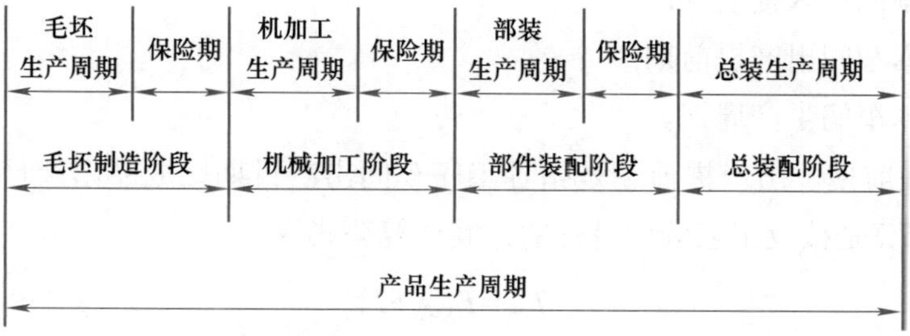

图 4-2　机械产品生产周期示意图

可见，产品的生产周期是整批产品各工艺阶段的生产周期与保险期之和，其计算公式为

$$T_{产品}=T_{毛坯}+T_{毛坯保}+T_{机加}+T_{机加保}+T_{部装}+T_{部装保}+T_{总装}$$

式中　$T_{产品}$——产品生产周期；

$T_{毛坯}$——毛坯生产周期；

$T_{毛坯保}$——毛坯保险期；

$T_{机加}$——机加工生产周期；

$T_{机加保}$——机加工保险期；

$T_{部装}$——部装生产周期；

$T_{部装保}$——部装保险期；

$T_{总装}$——总装生产周期。

确定成批生产条件下的生产周期需要考虑每批零部件在各工艺阶段的移动方式、零件在各车间的生产周期等诸多因素，用公式计算不但复杂，而且往往和实际脱节，因此在生产实践中一般采用图表法，即用反工艺顺序绘制出各工艺阶段的衔接关系以及各工艺阶段的生产周期指示图表。

五、生产提前期的确定

生产提前期是指产品（毛坯、零部件）在生产过程的各工艺阶段投入（或产出）的日期比成品出产的日期要提前的时间。正确计算提前期可以保证各工艺阶段及时投入、适时出产，保证生产的连续性和均衡性。生产提前期又分为投入提前期和出产提前期。

生产提前期是从产品装配出产日期开始，按各工艺阶段的生产周期和出产间隔期反工艺顺序推算的。根据前后工序的批量大小关系，分为两种计算方法：

1. 前后工序车间的生产批量相等时

（1）投入提前期。投入提前期是指各工序车间投入日期比成品出产日期提前的时间。最后工序车间的投入提前期等于该车间的生产周期，其余每一个车间的投入提前期都比该车间出产提前期提早一个该车间的生产周期，以公式表达为

$$T_{投}=T_{出}+T_{周}$$

式中　$T_{投}$——车间投入提前期；

$T_{出}$——本车间出产提前期；

$T_{周}$——本车间生产周期。

（2）出产提前期。出产提前期是指各工序车间出产日期比成品出产日期提前的时间。出产提前期的计算是按反工艺顺序进行的，其计算公式为

$$T_{出}=T_{后投}+T_{保}$$

式中　$T_{出}$——车间出产提前期；

$T_{后投}$——后车间投入提前期；

$T_{保}$——两车间之间保险期。

各工序车间的提前期及其相互关系如图 4-3 所示。

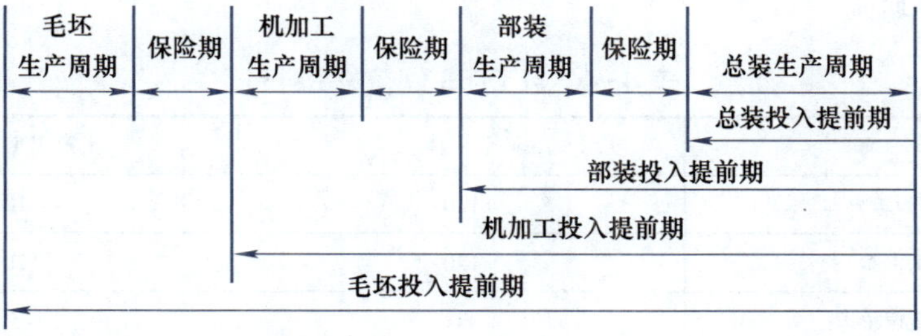

图 4-3　各工序车间提前期及其相互关系图

2. 前后工序车间生产批量不等，但是前工序车间的批量是后工序车间批量的倍数时

（1）投入提前期。其计算公式与前后工序车间的生产批量相等时的计算方法相同。

（2）出产提前期。其计算公式为

$$T_{出}=T_{后投}+T_{保}+（T_{生}-T_{后生}）$$

式中　$T_{出}$——车间出产提前期；

$T_{后投}$——后车间投入提前期；

$T_{保}$——两车间之间保险期；

$T_{生}$——本车间生产间隔期；

$T_{后生}$——后车间生产间隔期。

例 4-2

YYB 管理有限公司生产 2201 号长针的有关资料如表 4-3 所示，试计算各加工中心的投入（出产）提前期。

表 4-3　2201 号长针有关资料表

车　　间	批量（根）	生产周期（天）	生产间隔期（天）	保险期（天）
表面处理中心	50	10	10	—
冲压中心	100	20	20	2
线切割加工中心	200	40	20	2

解：表面处理中心出产提前期 =0（天）

表面处理中心投入提前期 =0+10=10（天）

冲压中心出产提前期 =10+2+（20−10）=22（天）

冲压中心投入提前期 =22+20=42（天）

线切割加工中心出产提前期 =42+2+（20−20）=44（天）

线切割加工中心投入提前期 =44+40=84（天）

例 4-3

YYB 管理有限公司生产 2202 号秒针，月计划任务为 100 根，月工作日为 20 天，各工序车间有关资料如表 4-4 所示，各车间之间的保险期均为 3 天。试计算各车间的投入出产提前期。

表 4-4　各工序车间有关资料表

车　间	批量（件）	生产周期（天）
线切割加工中心	120	10
冲压中心	120	20
表面处理中心	60	5

解：计划期平均日产量 = 计划期任务产量 / 计划期工作日数 =100/20=5（根 / 天）

表面处理中心生产间隔期 = 批量 / 计划期平均日产量 =60/5=12（天）

表面处理中心出产提前期 =0（天）

表面处理中心投入提前期 =0+5=5（天）

冲压中心生产间隔期 =120/5=24（天）

冲压中心出产提前期 =5+3+（24−12）=20（天）

冲压中心投入提前期 =20+20=40（天）

线切割加工中心生产间隔期 =120/5=24（天）

线切割加工中心出产提前期 =40+3+（24−24）=43（天）

线切割加工中心投入提前期 =43+10=53（天）

六、在制品定额的确定

在制品定额是生产过程各环节所需占用的最低限度的在制品数量，保持一定数量的在制品是保证正常生产的客观需要。在成批生产条件下，在制品定额又分为车间内部在制品定额和车间之间半成品定额。

1. 车间内部在制品定额

车间内部在制品定额是指在制品成批投入车间到出产入库以前在车间内部占用的数量。其计算公式为

$$\text{车间内部在制品定额}=\frac{\text{生产周期}}{\text{生产间隔期}}\times\text{批量}=\text{生产周期}\times\text{平均日产量}$$

2. 车间之间半成品定额

车间之间半成品定额是指车间之间的毛坯库或零件库中的半成品储备量，是由于前后车间的生产率、工作班次、批量、间隔期不同或者投入生产的时间不协调而形成的在制品。其计算公式为

$$车间之间半成品定额=每日需要量\times库存天数$$

$$=\frac{后车间领用批量}{两次领用间隔天数}\times(前车间出产间隔天数-后车间领用间隔天数)$$

思考题

1. 车间计划加工短针 1 200 个，每次设备调整费用为 10 元，每个短针的成本为 20 元，短针的存储费率为 5%，试计算经济批量 Q_0。

2. B 零件的有关资料如表 4-5 所示，试计算各工序车间的投入（出产）提前期。

认识生产作业计划及期量标准小测验

表 4-5　B 零件有关资料表

车　间	批量（件）	生产周期（天）	生产间隔期（天）	保险期（天）
表面处理中心	50	20	15	—
冲压中心	200	60	30	6
线切割加工中心	250	40	45	6

任务 2　编制生产作业计划

一、生产作业计划的编制要求

（1）确保完成生产任务。生产作业计划的编制要在品种、规格、质量、数量、期限等方面做到确保完成生产计划规定的生产任务。

（2）均衡生产。要充分考虑各车间、工段、班组和工作地的特点，进行合理分工，使之衔接紧密、相互配合，各生产单位能够按照规定的品种、数量、质量和期限，均衡地、有节奏地出产产品。

（3）做好生产准备。要切实保证生产前的各项准备工作落实到位，主要包括工艺技术、物料能源、人力资源、设备完好等方面，并进一步对生产任务和生产能力进行综合平衡。

（4）缩短生产周期。通过周密计算和细致安排，尽可能缩短生产周期，减少资金占用，节约成本。

深思话题

精准计划　追求效率

某汽车公司的生产计划由公司总部的生产管理部制订。生产管理部下设生产规划科以及生产计划一科、二科和三科。生产规划科的主要任务是制订长期生产计划，长期生产计划是指本年度及明后两年的生产计划。这样的计划一年制订两次，主要是规划大致准备生产的车型和数量，不把它具体化。

真正准备实行的是即将到来的 3 个月的月度生产计划，采用滚动计划方式编制。

关于生产品种和生产数量的具体计划，主要依据订货来制订。订货情况由当地的负责部门统计并提出方案，然后将信息全部汇总到生产规划科，由生产规划科进行调整后，送交生产管理部。各地的负责部门与生产规划科通过计算机网络连接，信息可以得到迅速传递。每个月下旬进行所需零部件数量的计算，并决定各种产品每天的生产量、生产工序的组织以及作业节拍等，这些计算都使用计算机来进行。

以上工作完成后，开始制订真正作为日生产指令的投产顺序计划，即决定混合装配线上各种车型的投入顺序。顺序计划每天制订，然后只下达给装配线以及几个主要的部件组装线和主要协作厂家，其他绝大多数的工序都通过看板来进行产量和品种的日生产管理。

在该汽车公司，从车体加工到整车完成的生产周期大约为一天，投产顺序计划每天制订，每天下达，下达时间最早在生产开始前两天，最晚不少于一天半。因此顺序计划可以准确地反映市场的最新情况和顾客的实际需求，根据顾客的实际需求及其变更来安排实际生产。

这种精准的生产计划制订过程是实现适时适量生产的第一步，极大地减少了生产任务落实过程中时间和原材料的浪费。

这个案例告诉我们，活动开展之前一定要做好周密的计划，计划要层层落实，有了精准的计划，就能事半功倍。

思考：阅读以上案例后，你有什么样的感想？

二、生产作业计划的编制依据

保证销售计划的顺利完成是编制生产作业计划的首要原则，同时尽量保持企业生产的连续性和均衡性。生产作业计划的编制依据包括以下方面：

1. 生产任务方面的资料

包括企业生产计划，订货合同及协议，备品、备件生产计划，新产品试制计划，厂外协作任务，车间之间以及厂内其他辅助部门如基建等部门的协作任务。

2. 设计、工艺方面的资料

包括产品零部件的图样加工、验收技术条件，工艺规程及其变化情况，产品装配系统图、工艺路线，自制或外购零件清单，各种工艺卡片，车间编制的零件明细表。

3. 生产能力方面的资料

包括各类人员配备情况及各类生产工人的人数及技术等级，设备的类型、数量、实际运行情况（特别是关键设备的工序能力情况、设备的修理计划及完成情况），厂房生产面积及其利用情况，各类产品分工种、零件、工序的工（台）时定额及压缩系数。

4. 生产准备方面的资料

包括工装生产计划，原有工装在用、在库、在制的成套情况，原材料、外购件、配套件、标准件等物资的供应和库存情况，动力运输的能力及供应、服务情况。

5. 前期计划完成情况的资料

包括各种产品品种、质量、产量完成情况，废品率、合格率及其原因分析（特别是对关键零件的质量情况及有关质量的分析），配套缺件及在制品期末结存量，工（台）时利用率、工人出勤率及有关分析资料。

6. 各项有关的期量标准

包括旧标准的修改、新标准的制订、现标准的选用。

三、用累计编号法编制生产作业计划

累计编号法又称提前期法，适用于多品种成批轮番生产类型。在成批生产条件下，产品品种较多，产量不大，一般采用轮番生产，编制生产作业计划时要保证各车间在品种、数量和时间上相互衔接，通常采用累计编号法。累计编号法一般按反工艺顺序计算。

在累计编号法中，根据预先测定的各车间的提前期标准，把提前“期”转化成提前“量”，规定各车间应该比最后车间提前完成的数量，并且各车间投入生产的数量常用累计号数表示，累计号数是从计划年度开始生产某种产品的第一件算起，对每一件产品顺序地编上号码，产品越接近装配车间，累计号数越小；产品越接近开始阶段，累计号数越大。累计编号法的主要环节是规定各车间投入和出产的累计号数，以此来联系和调节各车间之间的衔接关系，掌握各车间生产进度和确定月计划任务量。

第一步，确定各车间的出产提前期和投入提前期。出产提前期和投入提前期的计算见前面“生产提前期的确定”部分内容。

第二步，计算各车间应达到的出产（投入）累计号数。计算公式为

$$\begin{matrix}\text{某车间某月出产}\\\text{（投入）累计号数}\end{matrix}=\begin{matrix}\text{最后车间出}\\\text{产累计号数}\end{matrix}+\begin{matrix}\text{最后车间}\\\text{平均日产量}\end{matrix}\times\begin{matrix}\text{本车间出产}\\\text{（投入）提前期}\end{matrix}$$

第三步，求出各车间计划期出产量和投入量。计算公式为

$$\begin{matrix}\text{某车间计划出产}\\\text{（投入）任务量}\end{matrix}=\begin{matrix}\text{本车间计划期末计划出}\\\text{产（投入）的累计号数}\end{matrix}-\begin{matrix}\text{本车间计划期初已出产}\\\text{（投入）的累计号数}\end{matrix}$$

注：按公式计算出的任务量应修正为批量的整数倍。

在逐月产量不稳定的大量生产或者间断生产的多品种成批轮番生产条件下，应按产品出产的时间要求，根据提前期和数量、批量等来确定各车间提前生产零部件的时间和累计号数。一般安排当月计划时，除装配车间按当月应出产任务确定外，其他车间任务的确定是根据生产大纲或订货合同和轮番计划等，看当月以后各月出产的品种、数量、批量的要求，按其零部件提前期和批量来推算，并摘抄出来应由当月各车间提前生产的品种、数量、批量以及应达到的累计号数，或用图表的方法反工艺顺序推算。

例 4-4

某产品计划月生产任务100件，日出产量4件，各工序车间的期量标准如表4-6所示，试计算各工序车间的投入、出产量。

表4-6 各工序车间的期量标准

期量标准	表面处理中心	冲压中心	线切割加工中心
批量（件）	50	100	100
生产周期（天）	13	25	20
生产间隔期（天）	12	25	25
保险期（天）	—	3	4
上月已达出产累计号数	100	200	300
上月已达投入累计号数	150	300	400

解：各工序车间的投入、出产量的计算如表4-7所示。

表4-7 投入、出产量计算表

期量标准	表面处理中心	冲压中心	线切割加工中心
出产提前期（天）	0	13+3+（25−12）=29	54+4+（25−25）=58
投入提前期（天）	0+13=13	29+25=54	58+20=78
该月出产累计号数	100+100=200	200+29×4=316	200+58×4=432
该月投入累计号数	200+13×4=252	200+54×4=416	200+78×4=512
出产量（件）	200−100=100	316−200=116（100）	432−300=132（100）
投入量（件）	252−150=102（100）	416−300=116（100）	512−400=112（100）

四、用在制品定额法编制生产作业计划

在制品定额法适用于大量大批生产类型。在大量大批生产条件下，品种少，产量大，工作地专业化程度高，工艺装备系数大，操作工人分工细，生产任务稳定，车间之间分工明确、联系密切。所以编制生产作业计划时主要关注各车间之间的衔接平衡。采用在制品定额法编制生产作业计划，即以零件为计划单位，根据现行确定的在制品定额，结合在制品实际结存量及其变化，按反工艺顺序确定各车间计划投入量和出产量。计算公式为

某车间出产量 = 后车间投入量 + 外销半成品 +（库存半成品定额 − 预计期初半成品库存量）

某车间投入量 = 该车间投入量 + 该车间计划允许废品量 +（车间在制品定额 − 预计期初车间在制品结存量）

注：最后车间出产量和车间半成品外销量是根据市场需要确定的；车间允许废品量是按预先规定的废品率计算出来的；预计期初半成品的库存量和在制品结存量是根据账面结算加上预计来确定的，正式下达计划时，按实际盘点加以修正。

例 4-5

各车间 5 月份资料如表 4-8 所示，试确定投入与出产情况（见表 4-8 中粗体数值）。

表 4-8　各车间 5 月份投入与出产计算表

产品名称（单位）		C650 车床（台）	
产品产量		10 000	
零件名称（单位）		01-051 轴（件）	02-034 齿轮（件）
每台件数		1	4
装配车间	①出产量	10 000	40 000
	②废品	—	—
	③在制品用量定额	1 000	5 000
	④期初预计在制品占用量	600	3 500
	⑤投入量（①+②+③−④）	**10 400**	**41 500**
零件库	⑥半成品外销量	—	2 000
	⑦占用量定额	800	6 000
	⑧期初预计占用量	1 000	7 100
加工车间	⑨出产量（⑤+⑥+⑦−⑧）	**10 200**	**42 400**
	⑩废品	100	1 400
	⑪在制品占用量定额	1 800	4 500
	⑫期初预计在制品占用量	600	3 400
	⑬投入量（⑨+⑩+⑪−⑫）	**11 500**	**44 900**
毛坯库	⑭半成品外销量	500	6 100
	⑮占用量定额	2 000	10 000
	⑯期初预计占用量	3 000	10 000
毛坯车间	⑰出产量（⑬+⑭+⑮−⑯）	**11 000**	**51 000**
	⑱废品	800	—
	⑲在制品占用定额	400	2 500
	⑳期初预计在制品占用量	300	1 500
	㉑投入量（⑰+⑱+⑲−⑳）	**11 900**	**52 000**

注：表中粗体数字为计算值。

根据表 4-8，可以编制各车间 5 月份的月度作业计划草案，经讨论后定案。5 月份加工车间投入与出产计划任务如表 4-9 所示。

表 4-9　5 月份加工车间投入与出产计划任务表　（单位：件）

序号	零件名称	每台件数	装配投入需要量	库存定额差额	外销量	出产量	投入量
1	01-051 轴	1	10 400	−200	—	10 200	11 500
2	02-034 齿轮	4	41 500	−1 100	2 000	42 400	44 900

车间任务确定后，将月任务按日分配，编制出月度进度计划。每月扣除节假日，按 20 个工作日安排，5 月份加工车间进度计划如表 4-10 所示（以 01-051 轴为例）。

表 4-10　5 月份加工车间进度计划表（01-051 轴）　　（单位：件）

零件名称	月任务		项目	工作日								
				1	2	3	4	5	6	7	8	…
01-051 轴	出产	10 200	计划出产	510	510	510	510	510	510	510	510	…
			实际出产									
	投入	11 500	计划投入	575	575	575	575	575	575	575	575	…
			实际投入									

思考题

编制生产作业计划小测验

某企业采用累计编号法编制 A 产品 4 月份在有关车间的投入产出计划。已知该产品 3 月份的装配车间投入累计号数为 1 510，出产累计号数为 1 480；机加工车间 3 月份的投入累计号数为 1 580，出产累计号数为 1 555；毛坯车间 3 月份的投入累计号数为 1 640，出产累计号数为 1 610。假设该产品毛坯生产周期为 7 天，机加工生产周期为 18 天，装配生产周期为 5 天，各车间之间的保险期为 1 天。已知 4 月份的生产任务为 440 件，有效工作日 22 天。试计算 4 月份各车间的投入量和出产量。

任务 3　生产车间作业排序

一、作业排序的原则

具体地确定每台设备、每个人员每天的工作任务和工件在每台设备上的加工顺序即为作业排序。作业排序要解决先加工哪个工件、后加工哪个工件的加工顺序问题，还要解决同一设备上不同工件的加工顺序问题。在很多情况下，可选择的方案都很多，而不同的加工顺序得出的结果差别很大。为此，需要采用一些方法得出最优或令人满意的加工顺序。

排序问题有不同的分类方法。在制造业领域和服务业领域中，有两种基本形式的作业排序：①劳动力排序，主要确定人员何时工作；②生产作业顺序，主要将不同工件安排到不同设备上或安排不同的人做不同的工作。在制造业和服务业企业中，有时两种作业排序问题同时存在。在这种情况下，应集中精力注意其主要的、占统治地位的方面。在制造业中，生产作业排序是主要的，因为要加工的工件是注意的焦点，许多绩效衡量标准，如按时交货率、库存水平、制造周期、成本和质量都直接与排序方法有关，除非企业雇用了大量的非全日制工人或每周 7 天都在运行，否则劳动力作业排序问题就是次要的；与之相反，在服务业中，劳动力作业排序是主要的，因为服务的及时性是影响企业竞争力的主要因素，许多绩效衡量标准，如顾客等待时间、排队长度、设备利用情况、成本和服务质量等，都与服务的及时性有关。

合理的作业排序能够在保证生产任务完成的前提下，缩短生产周期，提高设备利用率和操作人员的工作效率，取得良好的经济效益。在进行作业排序时，可按以下的排序原则进行：

1. 先到先服务原则

这是基本原则，即按照接到订单的先后顺序进行加工。

2. 最短加工时间优先原则

首先加工所需时间最短的作业，然后加工时间次短的，依此类推。此原则具有良好的平均性质，可以使平均流程时间、平均工作时间、平均延误时间最小，但加工时间长的任务会出现很长的延误时间。

3. 最长加工时间优先原则

加工时间长的产品往往是企业的主要产品，数量多、利润大，既然有了订单，就要及早安排，以免延误交货，给企业造成较大损失。

4. 最早交货者优先原则

首先安排交货期最早的作业。按订单的交货时间，最早交货者优先安排会使总延误时间最小，但其他几个平均值指标不好。

5. 最少松弛时间优先原则

松弛时间是交货日期与加工时间的比较，差值时间最小的任务最早安排。

二、制造业中的生产作业排序

在制造业中，许多项工作要在一个或几个工作地进行加工，每个工作地都安置有不同的机器和工人，一般来说，每一个工作地都可以执行多种任务，因此有可能出现排队等待的现象。

1. 甘特图

甘特图是作业排序中最常用的一种工具，最早由管理专家甘特于 1917 年提出。这种方法是基于作业排序的目的，将活动与时间联系起来的最早尝试之一，主要用计划进度与实际进度进行比较控制，如图 4-4 所示。

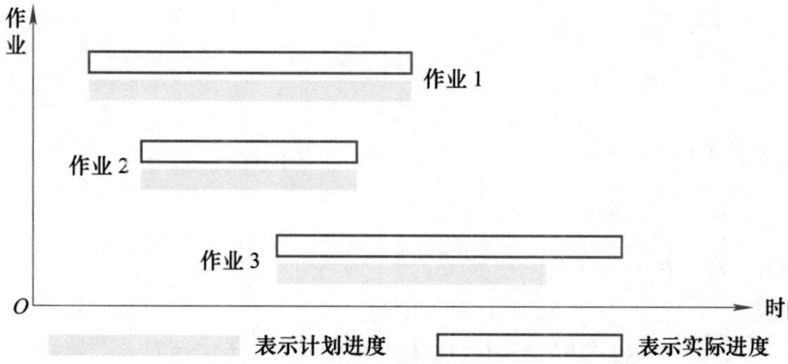

图 4-4　甘特图

2. 加工顺序的安排

合理安排加工顺序有利于缩短产品的生产周期，减少在制品的占用量，保证产品的交货期等。国内外学者对排序问题进行了大量的理论研究，提出了许多排序方法，安排加工顺序不再凭计划工作人员的经验进行。

对加工顺序安排合理与否的评价标准有：工件的最大流程时间、工件的平均流程时间、工件的最大延期量、工件的平均延期时间、总调整时间。工件的最大流程时间是指从第一种零件开始加工起到所有等待加工零件加工完毕的时间，排序的目标是最大流程时间最短；工件的平均流程时间是指各等待加工零件流程时间的平均值，排序的目标是平均流程时间最短；工件的最大延期量是指等待加工零件中完工日期超过交货期的最大值，排序的目标是最大延期量最小；工件的平均延期时间是指各等待加工零件延期量的平均值，排序的目标是平均延期时间最小；总调整时间是指各零件调整时间之和，由于零件相似程度不同，不同的加工顺序可有不同的总调整时间，总调整时间以最小为好。下面介绍几种常见的排序方法：

（1）单台设备的排序问题。即只有一道工序的零件在同一台设备上加工的排序问题。几种零件在一台设备上加工，不论加工顺序如何，最大流程时间 T 是一个固定值，即

$$T=\sum_{i=1}^{n} t_i$$

微课：单台设备的作业排序问题

式中　t_i——第 i 零件的加工时间（i 为排列顺序）；

n——零件种数。

评价标准是平均流程时间最短或最大延期量最小。

平均流程时间 $\overline{T}$ 的计算公式为

$$\overline{T}=\frac{\sum_{j=1}^{n} T_j}{n}$$

$$T_j=T_{j-1}+t_j$$

式中　T_j——第 j 零件的流程时间（j 为排列顺序）；

t_j——第 j 零件的加工时间。

令 $T_0=0$，由 $T_j=T_{j-1}+t_j$ 得：

$$T_1=T_0+t_1=t_1$$

$$T_2=T_1+t_2=t_1+t_2$$

$$T_3=T_2+t_3=t_1+t_2+t_3$$

……

$$T_n=T_{n-1}+t_n=t_1+t_2+t_3+\cdots+t_n$$

$$\sum_{j=1}^{n} T_j=T_1+T_2+T_3+\cdots+T_n=nt_1+(n-1)\ t_2+(n-3)\ t_3+\cdots+t_n$$

由上式可知，为使 $\overline{T}$ 最小，必须使 $t_1<t_2<t_3<\cdots<t_n$，即零件按加工时间的大小安排加工顺序，加工时间最短者最先安排。这一安排加工顺序的方法也称为“SPT 规则”。

动画：SPT 规则

例 4-6

设有六种零件在同一设备上加工，其加工时间及预定交货期如表 4-11 所示，试安排其加工顺序。

表 4-11　零件加工时间及预定交货期

零件编号	A	B	C	D	E	F
加工时间（天）	6	15	3	8	1	5
预定交货期（第几天）	19	22	4	27	7	12

解：按 SPT 规则，该六种零件的加工顺序应为 E—C—F—A—D—B，具体安排如表 4-12 所示。

表 4-12　零件加工顺序安排（按 SPT 规则）

零件编号及加工顺序	E	C	F	A	D	B
加工时间（天）	1	3	5	6	8	15
完工时间（第几天）	1	4	9	15	23	38
预定交货期（第几天）	7	4	12	19	27	22
交货延期量（天）	0	0	0	0	0	16

根据表 4-12 可得：

$$\overline{T}=\frac{1+4+9+15+23+38}{6}=\frac{90}{6}=15(\text{天})$$

为使最大延期量最小，零件应按预定交货期的先后排序，即最早交货者最先安排。这一安排加工顺序的方法又称为“EDD 规则”。

按这一规则，例 4-6 中零件的加工顺序安排如表 4-13 所示，最大延期量 $D_{\max}$=11（天）。

表 4-13　零件加工顺序安排（按 EDD 规则）

零件编号及加工顺序	C	E	F	A	B	D
加工时间（天）	3	1	5	6	15	8
完工时间（第几天）	3	4	9	15	30	38
预定交货期（第几天）	4	7	12	19	22	27
交货延期量（天）	0	0	0	0	8	11

（2）两台设备流水型排序问题。几种零件在两台设备上加工，它们的工艺顺序相同，即流水型排序问题，可用约翰逊 - 贝尔曼法则求解，使最大流程时间最短。

设 t_{iA} 和 t_{iB} 分别为第 i 零件在第一台设备（设备 A）和第二台设备（设备 B）上的加工时间，

用约翰逊 - 贝尔曼法则确定零件加工顺序的步骤如下：

第一步，列出所有零件的加工时间表。

第二步，找出最短加工时间。

第三步，根据最短加工时间所属工序，确定零件的排列顺序。如最短加工时间属于第一台设备，则排在最前面；如属于第二台设备，则排在最后面。

第四步，将已排定加工顺序的零件除去。

第五步，重复步骤二、三、四，直到安排完所有零件的加工顺序。

例 4-7

设有甲、乙、丙、丁四种零件，均需先在车床 A 上加工，然后再在铣床 B 上加工，车床、铣床均仅有一台，各种零件在设备上加工所需时间如表 4-14 所示。试安排四种零件的加工顺序，并求出总工时。

表 4-14　零件加工时间（两台设备）　（单位：min）

工序号	设备	零件			
		甲	乙	丙	丁
1	车床 A	4	10	5	9
2	铣床 B	2	8	6	12

解：根据约翰逊 - 贝尔曼法则，分析如下：

①加工工时的最小值在第二道工序，对应的零件为甲，因此将甲安排在最后加工。

②去掉甲后，加工工时的最小值在第一道工序，对应的零件为丙，因此将丙安排在最先加工。

③以此类推，加工顺序为丙—丁—乙—甲。

④画甘特图，如图 4-5 所示，计算总工时。

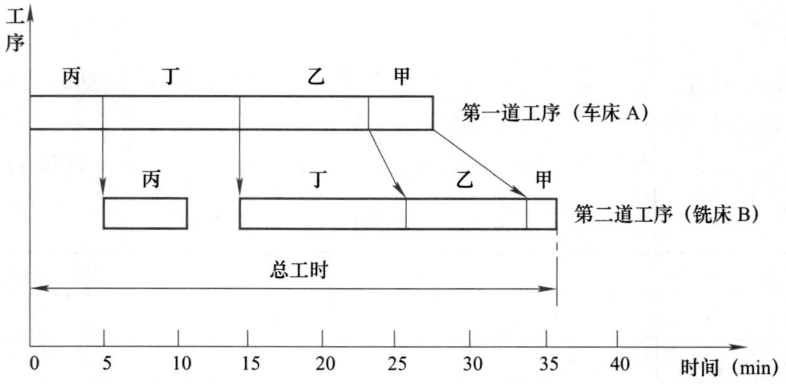

图 4-5　四种零件在两台设备上加工顺序甘特图

由图 4-5 可知，总工时 =5+9+12+8+2=36（min）。

（3）三台设备流水型排序问题。几种零件在三台设备上加工，它们的工艺顺序相同。对此种排序问题，可用约翰逊 - 贝尔曼法则的扩展方法求解。

加工的设备为三台，且符合下列条件之一的情况下，可以将三台设备变换为两台假想的设备：

$$\min t_{iA} \geqslant \max t_{iB} \text{ 或 } \min t_{iC} \geqslant \max t_{iB}$$

计算假想的设备上零件的加工工时，用假想的设备 G、H 代替 A、B、C 三台设备，以 t_{iG} 和 t_{iH} 表示假想的设备上的零件工时，则：

$$t_{iG}=t_{iA}+t_{iB};\quad t_{iH}=t_{iB}+t_{iC}$$

于是问题转换为 G、H 两台假想设备的排序问题，用约翰逊 - 贝尔曼法则求解，使最大流程时间最短。

如果三台设备的零件加工时间不符合上述两条件，用此法也可求得近似最优方案。

例 4-8

有四种零件需依次在三台设备上加工，其工艺顺序相同，加工时间如表 4-15 所示。试安排四种零件的加工顺序，并求出总工时。

表 4-15　零件加工时间（三台设备）　（单位：min）

工序号	设备	零件			
		甲	乙	丙	丁
1	车床 A	24	16	12	18
2	铣床 B	6	4	10	12
3	磨床 C	8	20	10	14

解：因为 $\min t_{iA}$（=12）≥ $\max t_{iB}$（=12），符合上述条件，故可将三台设备转换为两台假想设备，并求出各零件在两台假想设备上的加工时间，如表 4-16 所示。

表 4-16　零件在假想设备上的加工时间　（单位：min）

工序号	设备	零件			
		甲	乙	丙	丁
1	设备 G	30	20	22	30
2	设备 H	14	24	20	26

根据约翰逊 - 贝尔曼法则，使总流程时间最短的加工顺序为：乙—丁—丙—甲。根据此排序方案，绘制四种零件在三台设备上的加工顺序甘特图，如图 4-6 所示。

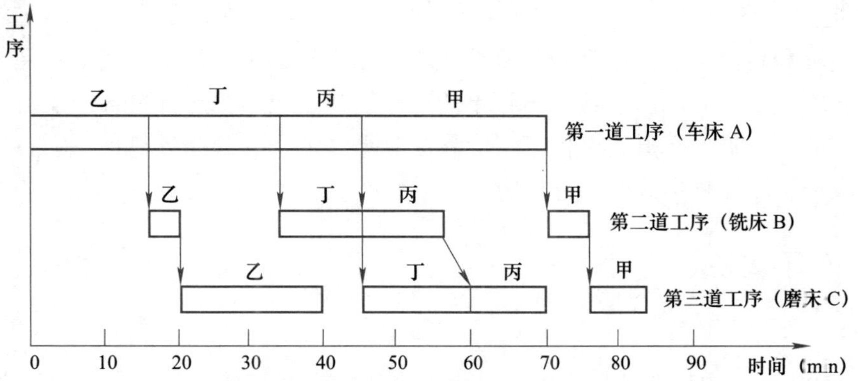

图 4-6　四种零件在三台设备上加工的顺序图

由图 4-6 可知，总工时 =16+18+12+24+6+8=84（min）。

思考题

生产车间作业排序小测验

1. 设有六种零件在同一设备上加工，其加工时间及预定交货期如表 4-17 所示，试安排其加工顺序（要求平均流程时间最短），并计算各零件的延期量和最大延期量。

表 4-17　各零件加工时间及预定交货期

零件编号	A	B	C	D	E	F
加工时间（天）	2	7	3	6	5	4
预定交货期（第几天）	10	12	16	8	25	20

2. 有 A、B、C、D、E 五种零件，均需先在车床上加工，再在铣床上加工，车床、铣床均只有一台，各种零件的加工时间如表 4-18 所示，试安排五种零件的加工顺序。

表 4-18　各零件在两台设备上的加工时间　（单位：min）

工序号	设备	零件				
		A	B	C	D	E
1	车床	3	2	5	7	1
2	铣床	4	3	6	2	4

任务 4　ERP 系统中生产订单的处理

微课：ERP 系统中生产订单的处理

经过产能平衡后，根据 MPS/MRP 产生生产订单。生产订单用来表示某一物料的生产数量，以及计划开工 / 完工日期等，主要用来控制生产进度、子件用料和资源需求，以便收集制造成本。已审核的生产订单，依其“物料工艺路线资料”，产生各生产订单的工序资料，包括生产订单各工序的开工 / 完工日期、资源需求和工序检验资料等。生产订单业务包括生产订单生成和工序计划生成两部分内容。

一、生产订单生成

业务:

（1）将 MPS 产生的建议计划全部自动生成为正式生产订单，并对生成的生产订单进行审核。

（2）手动输入一张生产订单：长针，数量 50 根，开工日期 3 月 5 日，完工日期 3 月 20

日，并对生成的生产订单进行审核。

自动生成生产订单的操作步骤:

(1) 进入用友 ERP-U10 企业应用平台，选择“业务”→“生产制造”→“生产订单”→“生产订单生成”→“生产订单自动生成”，弹出“过滤条件”窗口，单击“过滤”按钮，系统自动列出符合要求的订单资料，即生产订单明细资料列表，如图 4-7 所示。

(2) 双击表体行的“选择”栏位，选中所要生成的生产订单，或单击“全选”按钮选中所有订单，单击“修改”按钮，最后，单击“保存”按钮，完成生产订单的自动生成，如图 4-8 所示。

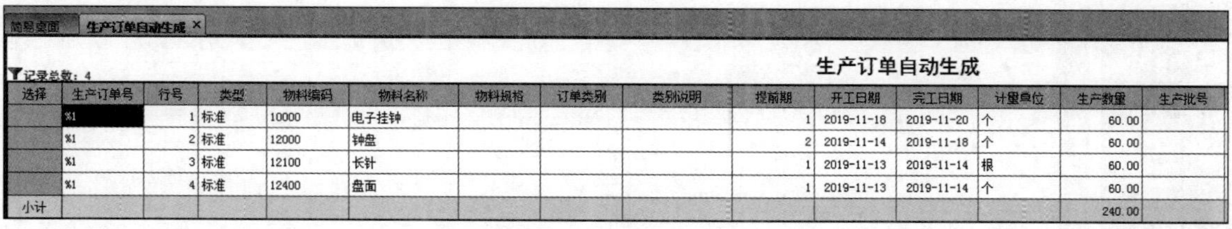

图 4-7 生产订单自动生成

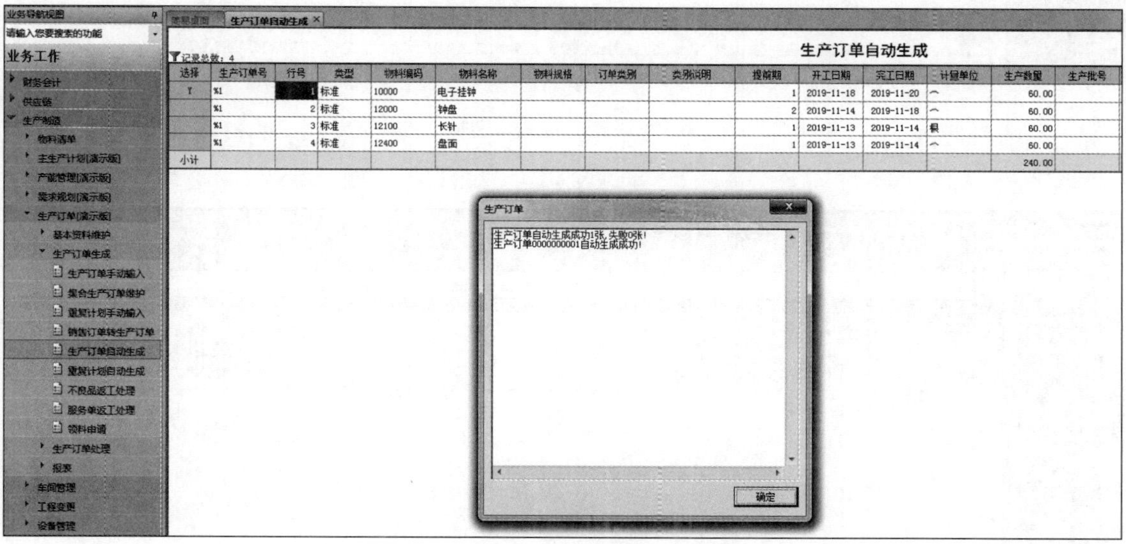

图 4-8 生产订单自动生成结果报告

手动输入生产订单的操作步骤:

(1) 进入用友 ERP-U10 企业应用平台，选择“业务”→“生产制造”→“生产订单”→“生产订单手动输入”，进入“生产订单手动输入”窗口。

(2) 单击“增加”按钮，进行生产订单资料的手动输入，如图 4-9 所示。

(3) 单击“保存”，完成生产订单的手动输入。

生产订单审核的操作步骤:

(1) 进入用友 ERP-U10 企业应用平台，选择“业务”→“生产制造”→“生产订单”→

“生产订单处理”→“生产订单整批处理”。

（2）双击“生产订单整批处理”命令，弹出“过滤条件”窗口，单击“过滤”按钮，系统自动生成将要处理的生产订单明细列表，如图 4-10 所示。

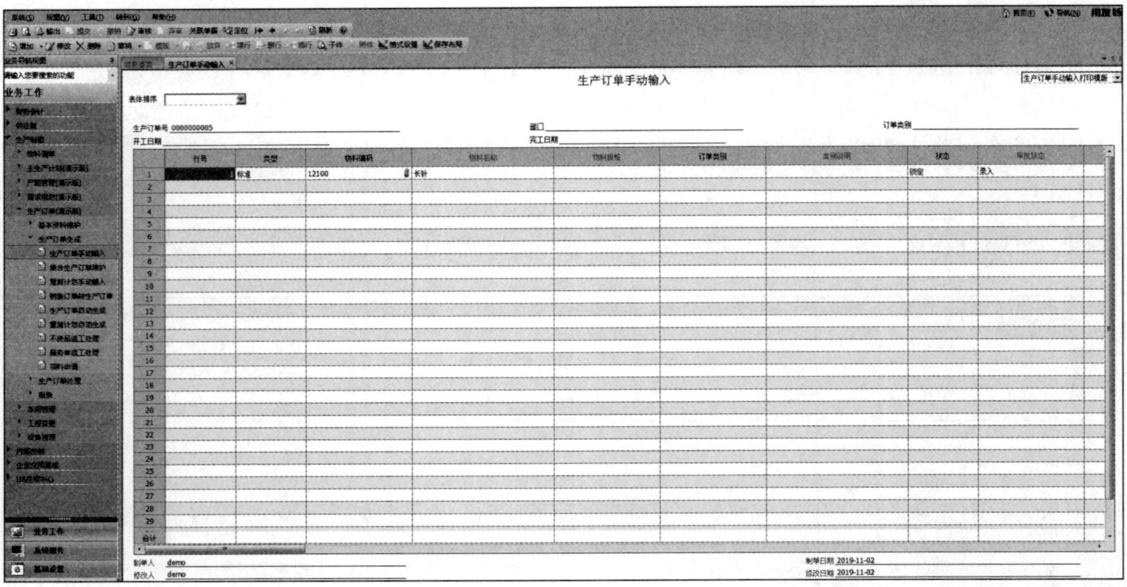

图 4-9　生产订单手动输入

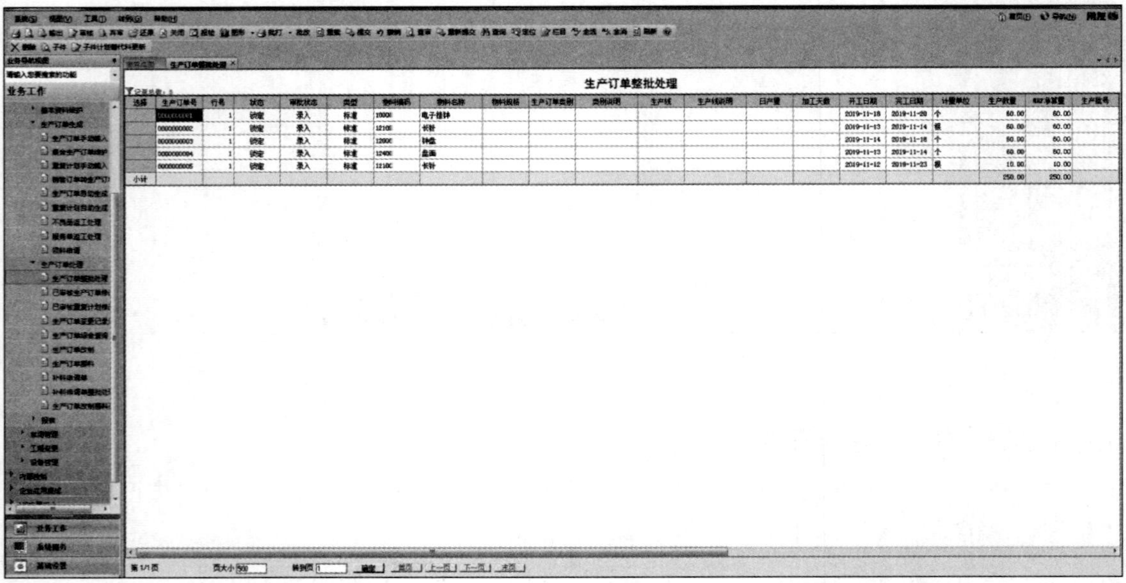

图 4-10　生产订单整批处理

（3）双击“选择”栏位，选中需要处理的生产订单，然后单击工具栏中的“审核”按钮，显示审核结果报告，单击“确定”，完成审核，如图 4-11 所示。

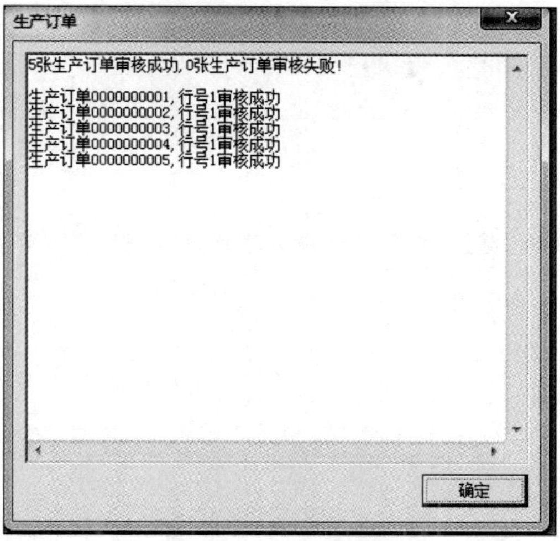

图 4-11　生产订单审核结果报告

二、工序计划生成

业务：根据“长针”的生产订单，完成“长针”的工序计划（“长针”的工序资料如表 4-19 所示）。

表 4-19　“长针”工序资料表

工序代号	用　　料	资　　源	制造批量（件）	标准工时（h）	整备工时（h）	搬运工时（h）
0001	12 010（0.02kg）	0 010	1	2	1	1
0002		0 020	1	1	2	1
0003		0 030	50	8	3	1

顺推：以生产订单的“开工日期”为第一道工序的开工日期，然后按每一工序的资源顺序号及其计划属性、资源用量（工时）及资源产能比较而推算各工序的完工日期。

逆推：以生产订单的“完工日期”为最后工序的完工日期，然后从后往前推算每一道工序的开工日期与完工日期。

操作步骤：

（1）进入用友 ERP-U10 企业应用平台，选择“业务”→“车间管理”→“生产订单工序计划”→“生产订单工序资料维护”，双击“生产订单工序资料维护”，显示“生产订单工序资料”列表，即工序计划，如图 4-12 所示，此处可以进行修改。

（2）进入用友 ERP-U10 企业应用平台，选择“业务”→“车间管理”→“生产订单工序计划”→“生产订单工序计划生成”。

（3）双击“生产订单的工序计划生成”，在“条件过滤”窗口单击“过滤”按钮，进入“生产订单工序计划生成”窗口，表体显示料品的生产订单列表，如图 4-13 所示。选择某行生产订单，单击“生成”按钮，执行完成后弹出结果提示对话框，如图 4-14 所示。

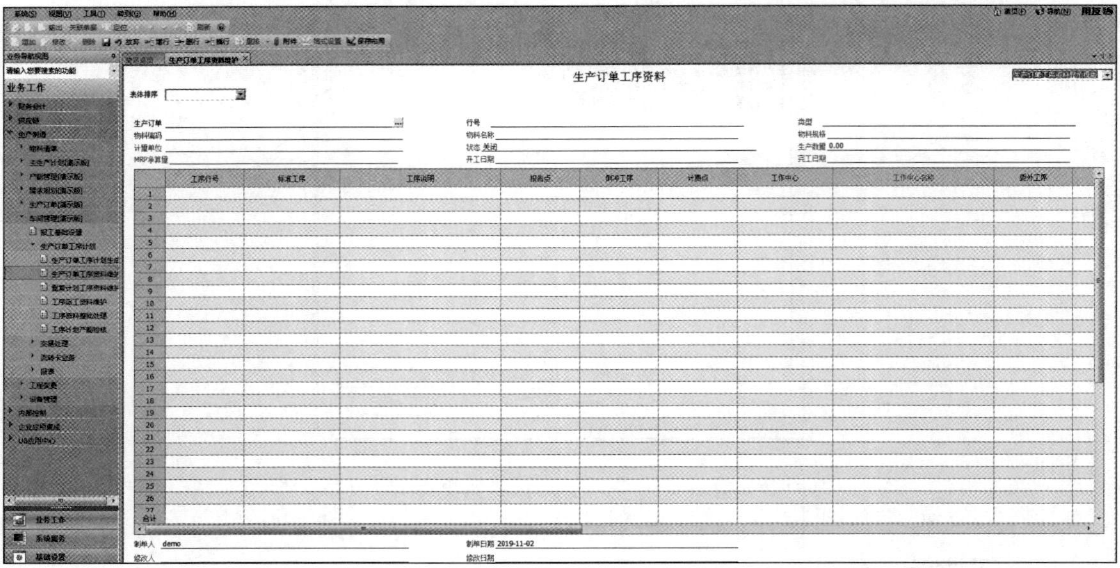

图 4-12　生产订单工序资料

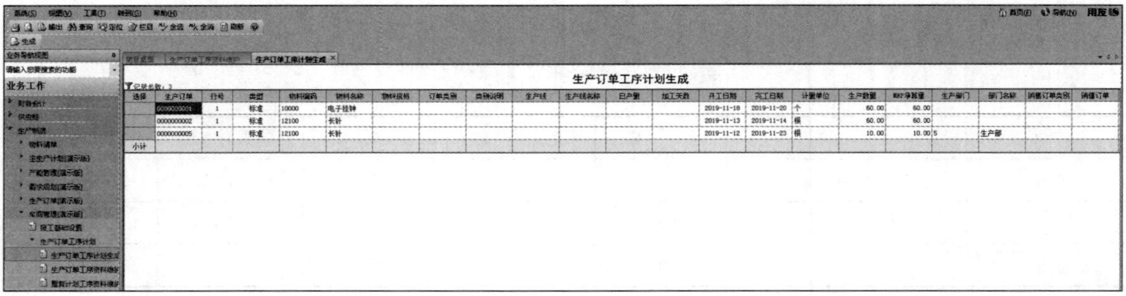

图 4-13　生产订单工序计划生成

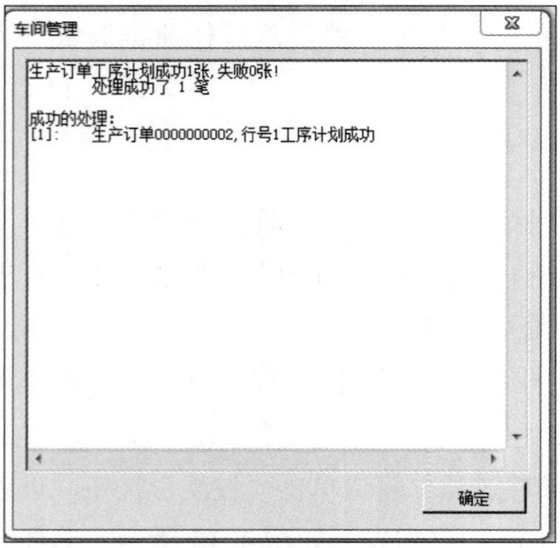

图 4-14　生产订单的工序计划生成结果提示

思考题

请在 ERP 系统中进行生产订单的处理，并写出下面业务的操作路径：

（1）将 MPS 产生的建议计划全部自动生成为正式生产订单。

（2）对上述生成的生产订单进行审核。

（3）手动输入一张生产订单：短针，数量 100 根，开工日期 11 月 5 日，完工日期 11 月 20 日。

（4）对上述生成的生产订单进行审核。

ERP 系统中生产订单的处理小测验

项目五

实施经济采购

学习目标

知识目标

- 理解采购及采购管理的内涵。
- 熟悉采购流程。
- 掌握定量采购的概念。
- 掌握定期采购的概念。
- 了解定量采购和定期采购的区别。

能力目标

- 会分析采购管理的具体内容。
- 会确定采购量。
- 会编制采购计划。
- 能够完成 ERP 系统中的采购业务操作。

素质目标

- 培养采购成本意识。
- 增强规范采购意识，培养良好的职业规范和操守。
- 培养尊法、学法、守法、用法的法制意识。

引导案例

YYB 管理有限公司一直以优质低价的形象出现，这得益于它的经济采购策略。公司在为产品选择供货商时，从整体上考虑总成本最低，即以产品运抵各中央仓库的成本为基准，再根据各销售区域的潜在销售量来选择供货商，同时参考质量、生产能力等其他因素。公司在全球拥有约 2 000 家供货商（其中包括公司自有的工厂），供应商将各种材料由世界各地运抵 YYB 管理有限公司遍布全球的中央仓库，然后从中央仓库运往各个商场进行销售。这种全球大批量集体采购方式可以取得较低的价格，挤压竞争者的生存空间。

同该公司的大批量集体采购相比，拷贝者无法以相同的低价获得原材料，产品要想定位低于该公司的价格，只有偷工减料或者是降低生产费用，然而降低生产费用的空间不会太大，因为该公司供货厂家订单数量大，其单位生产费用、管理费用已经相当低了，且公司在价格上所加的销售费用、管理费用也不会太高。如果没有足够的利润空间，拷贝也就没有了原动力，偷工减料的产品也无法长期同其竞争。

问题：

1. 什么是采购？采购类型有哪几种？
2. 什么是采购管理？采购管理包括哪些内容？采购管理的任务是什么？
3. 采购管理业务如何在ERP系统中实现？

任务1　认识采购

一、采购的含义

采购是指为获取与自身需求相吻合的货物或服务，根据一定的方法、程序，从多个选择对象中进行选择购买的过程。对于生产制造企业来说，采购就是为了保证生产经营活动正常进行而购买生产和管理所需的各种物料的过程。

通过采购活动，一方面可获取有用资源，保证企业正常生产的顺利进行，这是采购的效益；另一方面，在采购过程中也会发生各种费用，这就是采购的成本。采购追求经济效益的最大化，即不断降低采购成本，以最少的成本去获取最大的效益。而实现这一目标的关键就是要努力追求科学采购。

采购费用可分为直接采购费用和共同采购费用两种。直接采购费用是指发生时能直接确认应由某种材料负担的费用，该种费用发生后直接记入各种材料的采购成本。共同采购费用是指应由多种材料共同负担的采购费用，该种费用发生后应按一定标准分配记入各种材料的采购成本，分配标准主要有采购数量、价格等。

采购成本包括购买价款、相关税费、运输费、装卸费、保险费以及其他可归属于存货采购成本的费用。采购成本的计算公式为

$$采购成本=订货成本+物资材料成本+存货成本+缺货成本$$

企业通过对采购流程与方式的细节性优化，能够在降低采购成本上取得明显成效。企业应该从各方面控制采购成本，做到有章可依，从而降低采购成本，提高企业的经济效益。

二、采购管理的含义

采购管理是指对采购业务过程进行组织、实施与控制的管理过程，即通过采购申请、采购订货、进货检验、收货入库、采购退货、购货发票处理、供应商管理等功能的综合运用，对采购物流和资金流全过程进行有效的控制和跟踪，实现企业完善的物资供应管理信息。采

购管理与库存管理、应付管理、总账管理、现金管理结合应用，能提供企业全面的销售业务信息管理。

三、采购业务的流程

采购业务的流程如图 5-1 所示。

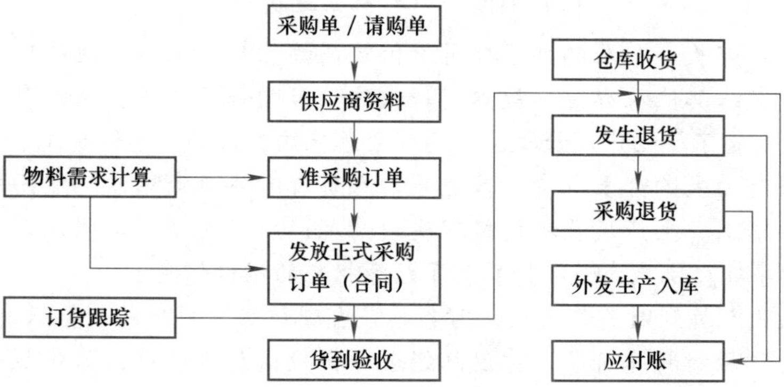

图 5-1　采购业务的流程

（1）接受采购单或请购单，编制采购计划和用款计划。采购单或请购单一般包括采购物料的品种、规格型号、数量、质量要求、单价等。采购部门需要根据 MPS 和 MRP 制订采购计划，并形成用款计划提交财务。

（2）选择供应商。选择一个好的供应商是确保供应物料的质量、价格与交货期的关键。各项物料的供应商至少应有三家，一般先从合格供应商中选择，否则要寻找、评价其他供应商。评价供应商的标准主要有供应商品的质量、价格、交货期、交付能力、交易费用、内部组织与管理水平、服务水平、财务状况等，其中价格、质量、交货期是最关键的要素。

（3）询价、洽谈、发出采购订单（合同）。确定订货后，要及时签订采购合同，以保证双方的权益。现代信息技术使企业可以与供应商通过计算机和互联网连接，不需要任何纸质媒介，就可以简洁、迅速地完成订货手续。

（4）订货跟踪。主要是指订单发出后的进度检查、监控、联络等日常工作，目的是防止到货延误或出现数量、质量上的差错。

（5）货到验收，结账与费用核算。仓库部门根据订单（采购计划）收料，安排检验，合格后办理入库业务，入库单据交财务，并根据发票形成应付款。对于不合格物料要及时退货、索赔，并按生产要求尽可能地组织货源，以减少损失。对供应商的供货情况要进行记录和考核，作为评价合格供应商的条件之一。

四、采购管理的作用

（1）通过采购管理降低物料成本是企业增加利润的一个极有潜力的途径。尤其对于制造业企业来说，物料成本占整个产品成本的比重较大，大多数制造业企业的采购原材料成本都占产品总成本的 50% 以上。

（2）通过采购管理可以合理安排库存。若采购管理不当，会造成大量多余的库存，而库存会占用企业大量的资金，增加管理成本。此外，采购管理本身的好坏还会影响供货及时性、供货价格和供货质量，而这些都与企业最终产品的价格、质量和及时性直接相关。

（3）降低采购材料的成本和提高采购作业的质量已成为每个企业所追求的目标。

深思话题

让我们做一个有职业道德的人

某公司采购部长一个人包办了公司价值较高的原材料采购，他的理由是这些原材料太重要了，交给其他人办他不放心。一次这位采购部长出差，生产车间某项原材料短缺，仓库也断货了。生产厂长联系采购部紧急采购，采购部其他员工表示采购不了。这种原材料平时由采购部长负责，其他采购人员没有供应商信息。然而采购部长人在飞机上，联系不上。生产厂长找总经理反映情况，总经理亲自与供应商总经理联系，沟通紧急采购事宜。供应商随即传真来了该原材料的报价信息。

随后，采购人员到财务部请款，财务总监发现该原材料采购价格只有平时的 1/3。财务总监以为该原材料降价了，建议总经理向供应商总经理确认降价原因。供应商总经理表示该原材料从未降价过。总经理认为采购部长有问题。他指示，凡由采购部长经手采购的材料都要挑出来重新询价，具体由内审部负责。内审部组织重新询价后发现，经由这位采购部长操办的材料采购价格几乎都是正常报价的 3 倍。经过调查后，公司以采购部长吃回扣为由，将其辞退，并追究其法律责任。

这个事件告诉我们，品德是对一个人认识的标准，是一个人取得成功的保证。一个人事业能否成功，其最终的决定因素不是职业技能的高低，而是职业道德品质的好坏，良好的职业道德修养是一个人寻求发展的必备条件。

思考：阅读以上案例后，你会如何做，让自己成为一个有职业道德的人？

思考题

如果企业让你负责采购工作，你觉得工作的重点内容有哪些？

认识采购小测验

任务 2　定量采购的实施

一、定量采购的定义及优缺点

定量采购是指根据固定的订货点和经济订货批量组织存货采购和进行日常控制的存货管理方法。采用定量采购方式进行采购，企业要连续不断地观察库存量，当物料下降到订货点时就发出订货单，每次按固定采购量进行采购，补充库存。定量采购具有控制库存量方便、能采用经济订购批量、安全库存量较少的特点。

采用这种方法进行采购量的确定工作量大，库存控制要求较严格，有时为减少工作量，可采用一些简单形式，如双堆法，即将库存物料分成两堆，先用第一堆，当其用完时即发出订货，在第二批物料进厂前，继续使用第二堆（订购点物料数量）；还可将保险储备量再从订购点一堆中分出，称为三堆法。双堆法或三堆法简便易行，无须经常盘点，没有持续的库存记录，可以直观地识别订购点和及时组织订购。这种方法比较适用于价值较低、备运时间短的物资。

定量采购的优点包括：①能通过计算机来管理订货，节省管理的时间、劳力；②能够使用目测方式管理；③订货数量一定，有利于包括搬运在内的各种环节处理、作业的标准化，有利于节省劳动力及费用；④订货成本低；⑤存货的总费用最低。

定量采购的缺点包括：①定量采购方法属于概略性的掌握，因此难以实行严密的库存管理；②运用的方式形式化，使库存不易调整；③不适用于供应期间较长的商品或交货期多的商品；④各类商品的订货点确认作业十分复杂。

二、采购量的确定

定量采购物料库存控制如图 5-2 所示，其中 B 为库存补充的重新订货点，Q 是每次的订货量，LT 为提前期，库存周期中的平均库存量为 $Q/2$。

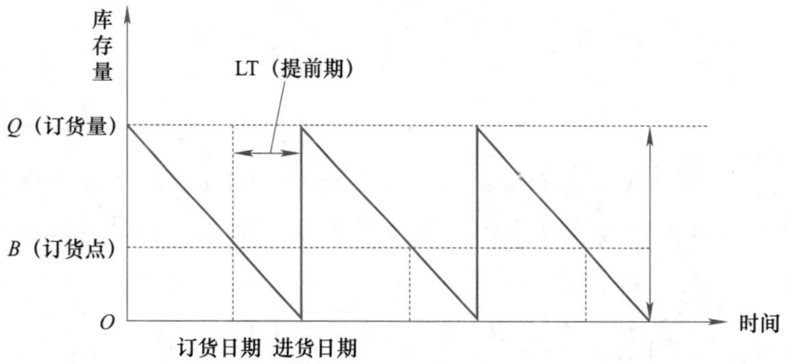

图 5-2　定量采购物料库存控制

$$订货点 = 平均日需用量 \times 备用天数（订货提前期）+ 保险储备量$$

经济订货批量（Economic Order Quantity，EOQ）是侧重从企业本身经济效益来综合分析物料订购和库存保管费用的一种科学方法。它是从库存总费用最小的原则出发确定订货批量，在保证企业生产需要的条件下，只有当订货费用和保管费用之和最小时的订货批量才是经济合理的，其相应关系如图 5-3 所示。

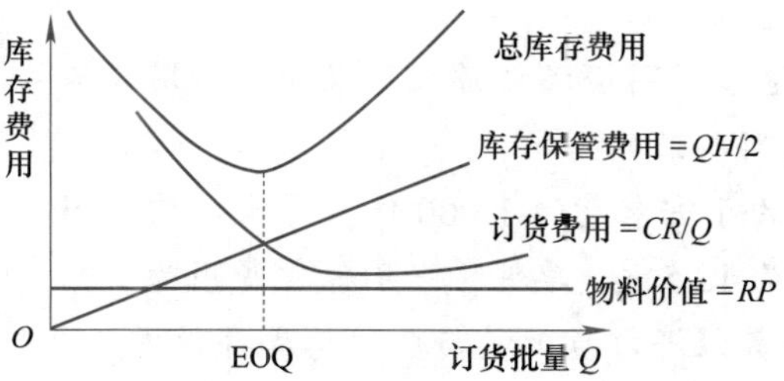

图 5-3　经济订货批量模型

总库存费用 = 库存保管费用 + 订货费用 + 物料价值

即
$$TC=\frac{Q}{2}H+\frac{R}{Q}C+RP$$

式中　Q——每次订货批量（件）；

H——单件库存平均年保管费用（元 / 件），$H=PF$（F 为年库存保管费率）；

P——单位产品价格（成本）（元）；

R——某库存物料的年需求量（件 / 年）；

C——单位订货费用（元 / 次）。

求上式的极小值，即令
$$\frac{\mathrm{d}TC}{\mathrm{d}Q}=0$$

则有
$$\frac{H}{2}-\frac{RC}{\mathrm{EOQ}^2}=0$$

可推出经济订货批量为
$$\mathrm{EOQ}=\sqrt{\frac{2CR}{H}}=\sqrt{\frac{2CR}{PF}}$$

例 5-1

YYB 管理有限公司 A 型号合金的年需求量为 10 000kg，每次订货费用为 22.5 元，该种物料单价为 12.5 元，每千克年平均保管费用为 1.25 元，试计算经济订货批量与全年总库存费用。

解：经济订货批量 $\mathrm{EOQ}=\sqrt{\frac{2CR}{H}}=\sqrt{\frac{2\times 22.5\times 10\,000}{1.25}}=600$（kg）

全年总库存费用 $\mathrm{TC}=\frac{\mathrm{EOQ}}{2}H+\frac{R}{\mathrm{EOQ}}C+RP$

$$=\frac{600}{2}\times 1.25+\frac{10\,000}{600}\times 22.5+10\,000\times 12.5=125\,750\text{（元）}$$

思考题

1. 什么样的材料适合运用经济订货批量采购？运用经济订货批量采购物料具有哪些好处？

2. 某企业 B 物资的年需求量为 1 000 件，每次订购费用为 5 元，该种物资单价为 12.5 元，单件年平均保管费用为 1.25 元，试根据以上数据计算经济订货批量与全年总库存费用。

定量采购的实施小测验

任务 3 定期采购的实施

一、定期采购概述

定期采购是指按预先确定的订货间隔期进行采购以补充库存的一种方式。企业根据过去的经验或经营目标预先确定一个订货间隔期，每经过一个订货间隔期就进行订货，每次订货数量都不同。在定期采购方式下，库存只在特定的时间进行盘点，如每周一次或每月一次。

定期采购是从时间上控制采购周期，从而达到控制库存量的目的。只要订货周期控制得当，既可以不造成缺货，又可以控制最高库存量，从而达到成本控制的目的，使采购成本最低。

定期采购订货量的大小主要取决于各个时期的使用率。标准的定期采购模式仅在盘点期检查库存量，这就有可能在刚订完货时由于大批量的需求而使库存降至零，导致生产缺货。所以，安全库存量应当保证在盘点期和提前期内不发生缺货。

二、定期采购方式的实施

定期采购方式如图 5-4 所示，在该系统中，按照预先确定的固定盘点和订货周期 T，周期性地检查库存并随时提出订货，补充库存到目标水平，物料订购时间是预先固定的，每次订货批量是可变的。其计算公式为

订货量 = 平均日需用量 ×（订货周期 + 订货间隔期）+ 保险储备量 − 现有库存量 − 已订未交量

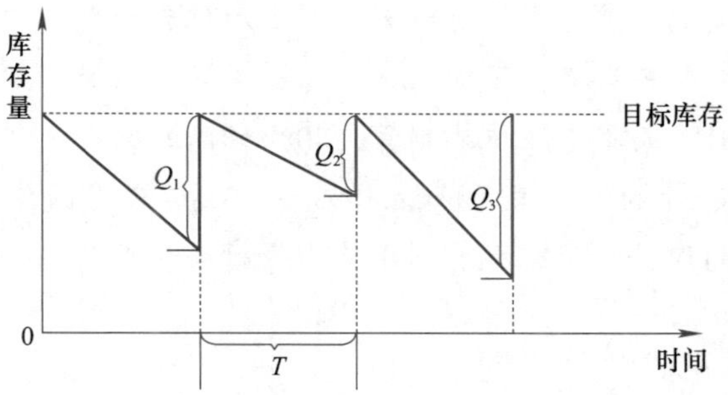

图 5-4 定期采购方式

定期采购方式下订货期固定，对于许多货品的订购工作可同时进行，从而能降低总采购费用；同时，定期盘点可实现对库存量的严格控制。

例 5-2

已知 YYB 管理有限公司生产电子挂钟需要的 B 型合金平均 30 天订购一次，每次订货时间需 10 天，平均每日需用量为 20kg，保险储备定额为 200kg，订货余额为 300kg，试计算物料订货量和订货点量。

解：订货量 =20×（30+10）+200−300=700（kg）

订货点量 =20×10+200=400（kg）

三、定量采购与定期采购的比较

相对来说，定量采购的优点是：能经常掌握库存量动态，及时提出订购，不易出现缺货；保险储备量较少；每次订货量固定，能采用经济订货批量，也便于进货搬运和保管作业；盘点和订货手续比较简便，尤其便于应用电子计算机来进行控制。

定期订货的优点是：订货时间确定，易于编制严密的采购计划；能突出重点物资的管理；能适应需要量变化大的情况，及时调整订货批量；能得到多种物资合并订货的好处。

案例

准时采购的战略价值

准时采购也称 JIT 采购，是一种先进的采购模式，更是一种管理理念。其基本思想表现为五个恰当：恰当的数量、恰当的质量、恰当的时间、恰当的地点、恰当的价格。

准时采购是从准时生产（Just in Time，JIT）发展而来的，是为了实现零库存和消除不必要的浪费而进行持续的改进。准时生产的基本思想是只在需要的时候，按需要的量生产所需的产品，是在多品种、小批量混合生产条件下采用高质量、低消耗的生产方式，其核心是追求无库存的生产系统或使库存最小化。所以，准时采购模式建立在供需双方互利合作的战略伙伴关系的基础上，当采购方对原材料或半成品产生需求时，有能力适时地从供应商处得到质量可靠的所需物料。

1．大量减少库存

通过采用基于时间的采购方式，可以大量减少原材料和外购件的库存。惠普公司在实施准时采购 1 年后，其库存降低了 40%；施乐公司实施准时采购后，仓库库存从 3 个月的供给下降到半个月。而据专业机构测算，40% 的降幅只是一般水平，采用准时采购可以使企业的原材料和外购件的库存降低 40% ～ 80%。库存的降低可减少流动资金的占用，加速流动资金的周转，同时也有利于节省原材料和外购件库存占用的空间，从而降低库存成本。

2．提高采购件的质量

当企业采用准时采购时，供应商可以参与制造商的产品设计与制造过程。这样，供应商就可以在原材料和零部件的性能和功能方面提供有关信息，为实施产品开发创造条件，从而提高采购物品的质量。为从根源上保障采购质量，供应商必须参与制造商的产品设计过程，制造商也应帮助供应商提高技术能力和管理水平。

3．有利于降低原材料和外购件的采购价格

由于供应商和制造商的密切合作以及规模经济效应，加之消除了采购过程中的一些浪费（如订货手续、装卸环节、检验手续等），原材料和外购件的采购价格得以降低。此外，推行准时采购战略不仅能够缩短交货时间，节省采购过程中人力、财力、物力的消耗，而且可以提高企业的劳动生产率，增强企业的适应能力。

4．节约资源，提高效益

一是供应商同采购方建立了战略合作伙伴关系，双方基于以前签订的长期协议进行订单的下达和跟踪，不需要进行再次询价、报价的过程；二是在同步供应链计划的协调下，制造计划、采购计划、供应计划能够同步进行，缩短了用户响应时间；三是采购物资直接进入制造部门，减少了采购部门的库存占用和相关费用；四是进行了企业和供应商之间的外部协同，提高了供应商的应变能力。

5．保证供应链的协同运作，使企业真正实现柔性生产

供应链环境下的采购模式与传统采购模式的不同之处在于，供需双方都围绕订单运作，从而实现了准时化、同步化运作。要实现同步化运作，采购模式就必须是并行的，当采购部门产生一个订单时，供应商就开始着手物资的准备工作。与此同时，采购部门编制详细采购计划，制造部门也进行生产的准备工作。当采购部门将详细的采购单提交给供应商时，供应商就能在较短时间内交付物资。当采购方的需求发生改变时，制造订单又驱动采购订单发生改变，从而提高了供应链的敏捷性和柔性。

思考题

1. 定期采购方式比定量采购方式的安全库存量大的原因是什么？

2. 某科技公司生产使用一种塑料，采用定期采购模式，每30天采购一次，该塑料的采购提前期为7天，平均每日需用量为10t，保险储备定额为250t，订货余额为100t，试计算该塑料的订货量。

定期采购的实施小测验

任务4　编制采购计划

采购计划包括定期采购计划（如年度、季度、月度、周计划）和非定期采购计划（如系统根据销售和生产需求产生的临时采购任务），通过对采购计划的编制、分解，将企业的采购需求变为直接的采购任务。

一、准备工作

采购前必须了解物料的市场供求状况，物料的需求量、储备量以及物料分销要求等情况，然后运用系统分析和综合平衡的方法制订出科学合理的物料供应计划。

动画：编制采购计划前期准备工作

（1）做好市场预测，掌握物料市场动态。

（2）收集企业内部的相关数据资料，包括物料消耗定额、生产计划、在制品数量、产品设计更改单、物料供应与物料消耗规律分析、上期物料计划在执行中的问题、在途及库存物料资源、委托加工物料资源、预计计划期初资源等。

（3）确定有关物料消耗定额。

二、编制采购计划的步骤

物料采购计划按计划期的长短可分为年度计划、季度计划和月度计划。三者之中年度计划是企业全年物料供应工作的依据和基础，季度计划是在年度计划基础上编制的，由企业物料部门在季度到来之前 10 天左右编制，月度计划是季度计划的具体化，其任务是将年度计划、季度计划中规定的指标，按月、旬具体地安排到车间、班组，层层落实，保证生产计划的完成。这里重点介绍年度计划的编制，其他计划可参照年度计划进行。

微课：如何编制采购计划

1. 物料采购计划的内容

（1）确定企业计划期的物料需用量。

（2）确定物料的消耗定额。

（3）清查企业的库存资源，经过综合平衡，编制出物料需求计划和物料采购计划等，并组织实现。

2. 确定物料需用量

物料需用量是指计划期内为保证生产进行必须消耗的经济合理的物料数量。物料需用量是按照每类物料的具体品种、规格、用途分别计算的。其计算方法有以下几种：

（1）原料及主要材料需用量的计算。其计算公式为

$$\text{某种物料需用量}=[\text{计划期产量}\times(1+\text{不可避免的废品率})]\times\text{单位产品消耗定额}-\text{计划回用废品数量}$$

式中，计划期产量包括商品产量和期末、期初在制品差额；不可避免废品率一般根据统计资料并考虑其他因素确定。

（2）辅助材料需用量的计算。辅助材料的种类多、用途广，计算时常采用间接计算法，又称比例计算法，即按一定比例、系数来估算物料需用量。例如某种物料消耗占主要材料消耗的百分比、平均每千元产值的消耗量等。其计算公式为

$$\text{某种材料需用量}=\frac{\text{上年实际消耗量}}{\text{上年产值}}\times\text{计划年度产值}\times(1-\text{可能降低的百分比})$$

计算时要特别注意统计资料的准确性、统计资料与计划的可比性及辅助材料是否随任务增减等因素。在实际中，若企业的生产任务尚未最终确定，而物料需提前准备，在组织订货采购时，也可先采用此方法初步匡算物料需用量，待任务确定后再做调整。

（3）燃料、电力需用量的计算。由于燃料的消耗定额是按标准燃料（1kg 标准燃料发热量为 7 000 大卡）来确定的，而实际使用的燃料发热量往往不同于标准燃料，因此，计算出

的标准燃料需用量还要经过换算才能成为实物燃料的需用量。其计算公式为

$$折算系数=\frac{1\text{kg}实物燃料发热量}{7\,000}$$

$$实物燃料需用量=计划产量\times消耗定额\times\frac{1}{折算系数}$$

$$电力需用量=计划产量\times消耗定额$$

式中，燃料需用量的计算单位为kg，电力需用量的计算单位为kW·h。

其他各种材料的需用量可参考上述几种方法进行确定。

3. 期初、期末库存量的确定

在计划期内，期初库存量与期末库存量常常是不相等的，库存量会随着生产技术水平和供应条件的变化以及供应组织工作的改进而发生变化。这就是说，即使在物料需用量不变的情况下，物料的采购或供应数量也会发生相应的增减。

（1）期初库存量。期初库存量一般是根据编制计划时的实际盘点数，以及预计到货量和耗用量计算出来的。其计算公式为

期初库存量 = 编制计划时的实际库存量 + 计划期初前到货量 − 计划期初前耗用量

（2）期末库存量。它一般指物料储备定额（即经常储备量加上保险储备量）。在实际工作中，通常采用50% ～ 70%的经常储备量加保险储备量作为期末库存量。对于品种繁多的小宗物料，按物料小类或组计算其平均经常储备量加保险储备量来进行储备管理。

4. 编制物料平衡表和物料采购计划

企业在确定了各种物料需用量和物料期初、期末储备量之后，即可编制物料平衡表（也叫物料采购计划表），按物料的具体品种、规格对所需物料进行综合平衡。物料平衡表格式如表5-1所示。

表5-1 20×× 年物料平衡表

填表单位：

材料名称	计量单位	上年实际消耗量	年初已有资源				需用量	年末储备		企业内部可利用资源	采购量	备注
			合计	年初库存	合同结转	在途与待验		天数	数量			
		①	②	③	④	⑤	⑥	⑦	⑧	⑨	⑩（=⑥+⑧−②−⑨）	
合计												

物料平衡表除按实物量表示外，还应按货币量来表示，以便同成本计划和财务计划相衔接。物料平衡表编好后，即可按物料类别加以汇总，编制物料采购计划。物料采购计划经领导审批后，可作为采购物料的依据。物料采购量可用公式表示为

某种物料采购量 = 该种物料需用量 + 计划期末库存量 −
计划期初库存量 − 企业内部可利用资源

式中，企业内部可利用资源是指企业自制、代用或调剂使用的物料。

例 5-3

YYB 管理有限公司 2023 年生产需要用铝材来生产长针、短针两种产品，各产品的计划产量、物料消耗定额等有关资料如表 5-2 所示，已知铝材的期初库存量为 50kg，计划期末库存量为 36kg，企业内部可以回收利用及代用的材料为 20kg。试计算铝材的采购量。

表 5-2　物料资料表

产品名称	计划产量（根）	工艺消耗定额（kg/根）	材料供应系数
长针	6 000	0.02	0.05
短针	3 000	0.01	0.06

解：计划期铝材需要量 =6 000×0.02×（1+0.05）+3 000×0.01×（1+0.06）=157.8（kg）

铝材计划采购量 =157.8+36−50−20=123.8（kg）

编制的物料平衡表如表 5-3 所示。

表 5-3　2023 年物料平衡表

填表单位：YYB 管理有限公司

材料名称	计量单位	上年实际消耗量	年初已有资源				需用量	年末储备		企业内部可利用资源	采购量	备注
			合计	年初库存	合同结转	在途与待验		天数	数量			
		①	②	③	④	⑤	⑥	⑦	⑧	⑨	⑩（=⑥+⑧−②−⑨）	
铝材	kg			50			157.8		36	20	123.8	
合计												

物料采购计划一般包括各种物料的采购计划表（见表 5-4、表 5-5、表 5-6）和文字说明两部分。文字说明主要是在编制计划过程中，有必要向上级部门汇报和需要说明的情况，如上期计划执行的经验教训、降低物料消耗定额和储备定额所采取的措施等，文字说明要做到突出重点、简明扼要。

表 5-4　物料年度采购计划表

物料名称	规格	物料编号	各月份需求量												合计	安全库存	进料计划		交货天数
			1	2	3	4	5	6	7	8	9	10	11	12			月份	数量	

生产总监：　　　　生产部经理：　　　　复核：　　　　制表：

表 5-5　物料月度采购计划表

编号：　　　　　　　　　　　　　　　　　　　　　　　　　　　　计划时间：　年　月

物料名称											合计
规　格											
物料编号											
上月结存量											
本月耗用量											
保险存量											
本月采购量											
进货计划 1											
进货计划 2											
进货计划 …											
进货计划 31											
备　注											

生产总监：　　　　生产部经理：　　　　复核：　　　　制表：

表 5-6　物料定期采购计划表

编号：　　　　　　　　　　　　　　　　　　　　　　　　　　填写日期：　年　月　日

物料品名	规格	估计月耗量	订购交货日期	每日耗用量	每日最高用量	安全库存	最高存量	每次订购数量	备注

生产总监：　　　　生产部经理：　　　　复核：　　　　制表：

三、采购计划的执行与检查

1. 计划的执行

执行的重点在于资源，要积极组织各方力量通过订货、采购、委托加工、协作等形式保证物料供应。物料进厂后，一方面要及时发放，重要产品生产所需物料应优先保证，紧张短缺物料择优供应，超储积压物料组织利用；另一方面要加强物料管理．定额发放，防止浪费。

2. 计划的检查

在计划执行过程中，要不时对计划的执行情况进行检查。主要检查内容有计划需用量与实际耗用量的对比、物料到货衔接情况、供货合同执行进度和情况、物料消耗定额执行情况及物料节约使用情况等。在检查时应做到“有法可依，有章可循”。这里的“章”是指在编制物料供应计划时事先规定好的一些重要考核指标，如计划准确率、订货合同完成率、物料节约率、库存物料周转率、库存物料损失率、仓库机械化作业率、包装容器回收率、资金占用量及周转率等。

3. 计划的修订

在计划执行过程中，要根据执行的情况和外部条件的变化而对其进行相应的调整。通常，计划的调整原因有生产计划变动、设计变动、工艺变动或由于物料计划本身的不准确而需进行修订等。

思考题

编制采购计划小测验

某企业需要用丙材料生产 A、B、C 三种产品，各种产品的计划产量、物料消耗定额等有关资料如表 5-7 所示。

表 5-7 某企业物料资料表

产品名称	计划产量（件）	工艺消耗定额（kg/ 件）	材料供应系数
A	40 000	20	0.05
B	30 000	24	0.10
C	36 000	15	0.08

已知丙材料的期初库存量为 450t，计划期末库存量为 680t，企业内部可以回收利用以及代用材料为 45.2t。试计算丙材料的采购量。

任务 5 ERP 系统中采购业务的处理

一、请购单的处理

业务：仓管部李丽申请购买机芯 100 个，单价 30 元 / 个，9 月 20 日要货，建议向上海昊恒工贸有限公司购买，并对请购单进行审核。

操作步骤：

（1）进入用友 ERP-U10 企业应用平台，选择“业务”→“供应链”→“采购管理”→“请购”→“请购单”，进入采购请购单窗口。

（2）单击“增加”按钮，录入表头、表体具体资料。

（3）单击“保存”按钮完成请购单的填制，在表尾显示出“制单人”的签名。

（4）单击工具栏上的“审核”按钮，即可完成审核工作，在表尾显示出“审核人”的签名，如图 5-5 所示。

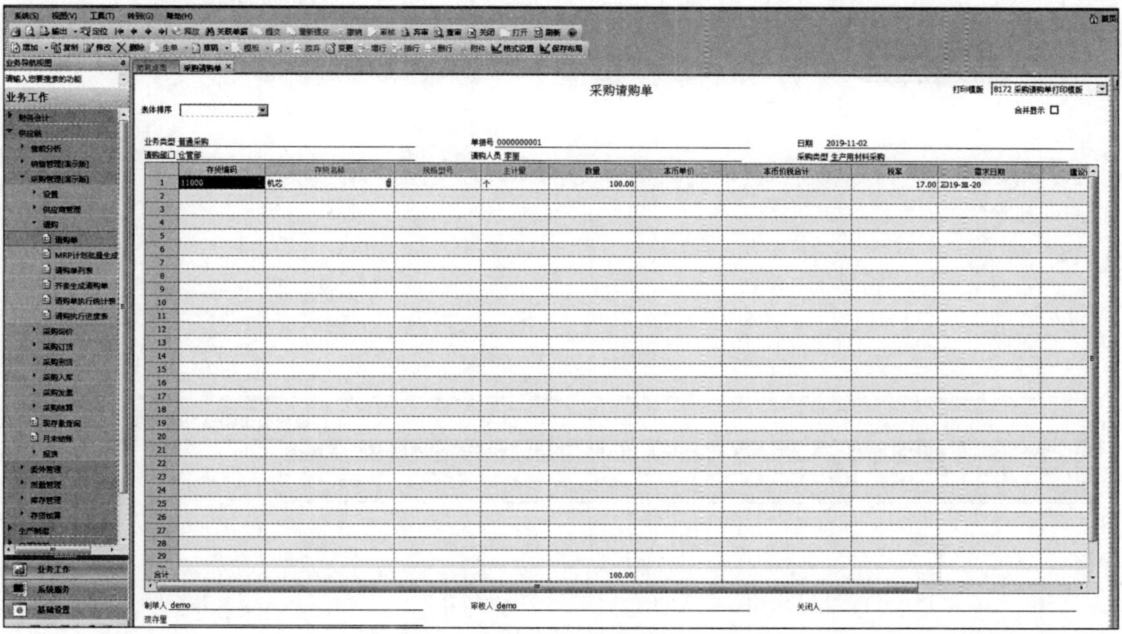

图 5-5　完成采购请购单的审核

二、采购订单处理

业务：

（1）根据仓管部李丽申请购买机芯的请购单生成采购订单并进行审核。

（2）根据 MRP 的规划编制采购订单，并进行审核。铝材的供应商为北京铝材厂，机芯、电池的供应商为上海昊恒工贸有限公司。

业务（1）操作步骤：

（1）进入用友 ERP-U10 企业应用平台，选择“业务”→“供应链”→“采购管理”→“采购订货”→“采购订单”，进入“采购订单”窗口。

（2）单击“增加”按钮，生成一个新的采购订单单据号。

（3）单击“生单”按钮，出现快捷菜单，单击选择其中的“请购单”。

（4）在“过滤条件”窗口中单击“确定”按钮，进入“拷贝并执行”窗口，在列出的请购单的记录行中，双击“选择”栏位，如图 5-6 所示。

（5）单击工具栏上的“OK”按钮，所选请购单内容被带入采购订单中，如图 5-7 所示。

（6）补充完整相关信息，单击工具栏上的“保存”按钮，完成根据请购单生成采购订单工作。

（7）单击工具栏上的“审核”按钮，即可完成审核二作。

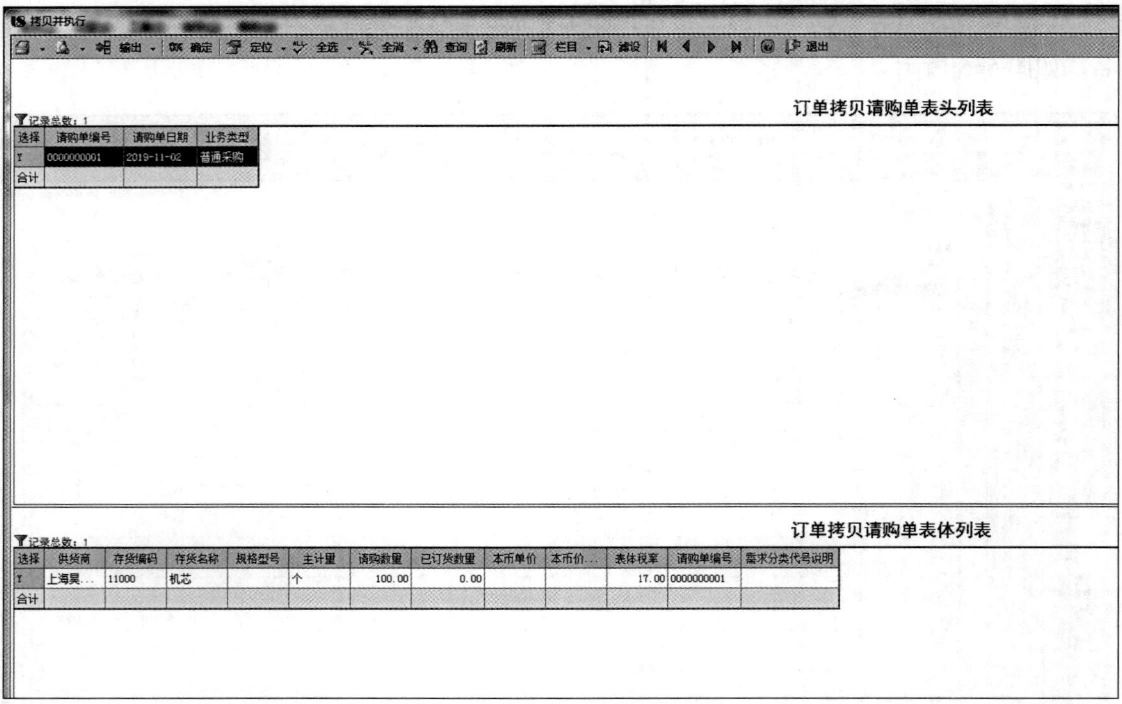

图 5-6　订单拷贝请购单表头 / 表体列表

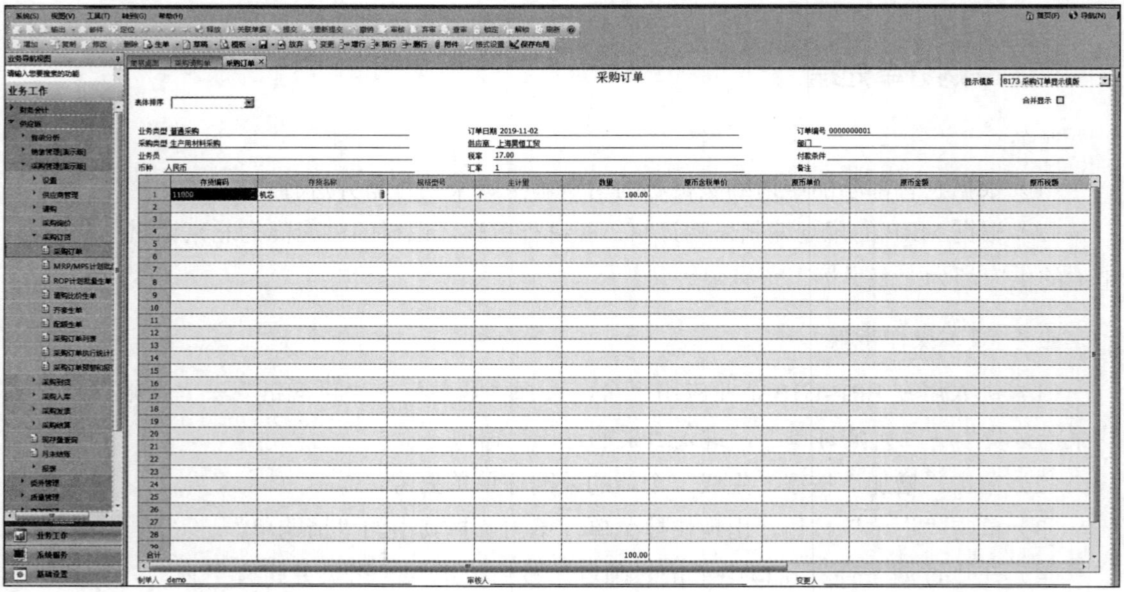

图 5-7　由请购单生成采购订单

业务（2）操作步骤:

（1）进入用友 ERP-U10 企业应用平台，选择“业务”→“供应链”→“采购管理”→“采购订货”→“采购订单”，进入“采购订单”窗口。

（2）单击“增加”按钮，生成一个新的采购订单单据号。

（3）单击“生单”按钮，出现快捷菜单，单击选择其中的“拷贝 MPS/MRP 计划”。

（4）在“过滤条件”窗口中单击“确定”按钮，进入“订单拷贝 MRP 计划”窗口，在列出的规划令单记录行中，双击“选择”栏位或单击“全选”按钮，如图 5-8 所示。

订单拷贝MRP计划

记录总数：3

选择	存货编码	存货名称	币种	规格型号	主计量	计划数量	已下达量	订货日期	计划到货日期	供应商	计划员	采购员	计划来源	存货分类	需求分类代号说明
	11000	机芯	人民币		个	40.00	0.00	2019-11-15	2019-11-18				MRP	02	
	14000	电池	人民币		节	120.00	0.00	2019-11-17	2019-11-18				MRP	02	
	12010	铝材	人民币		千克	1.20	0.00	2019-11-09	2019-11-13				MRP	03	
合计															

图 5-8　订单拷贝 MRP 计划

（5）单击工具栏上的“确定”按钮，所选规划令单信息带入采购订单中。

（6）补充完整相关信息，单击工具栏上的“保存”按钮，完成根据 MRP 生成采购订单工作。

（7）单击工具栏上的“审核”按钮，即可完成审核工作，如图 5-9 所示。

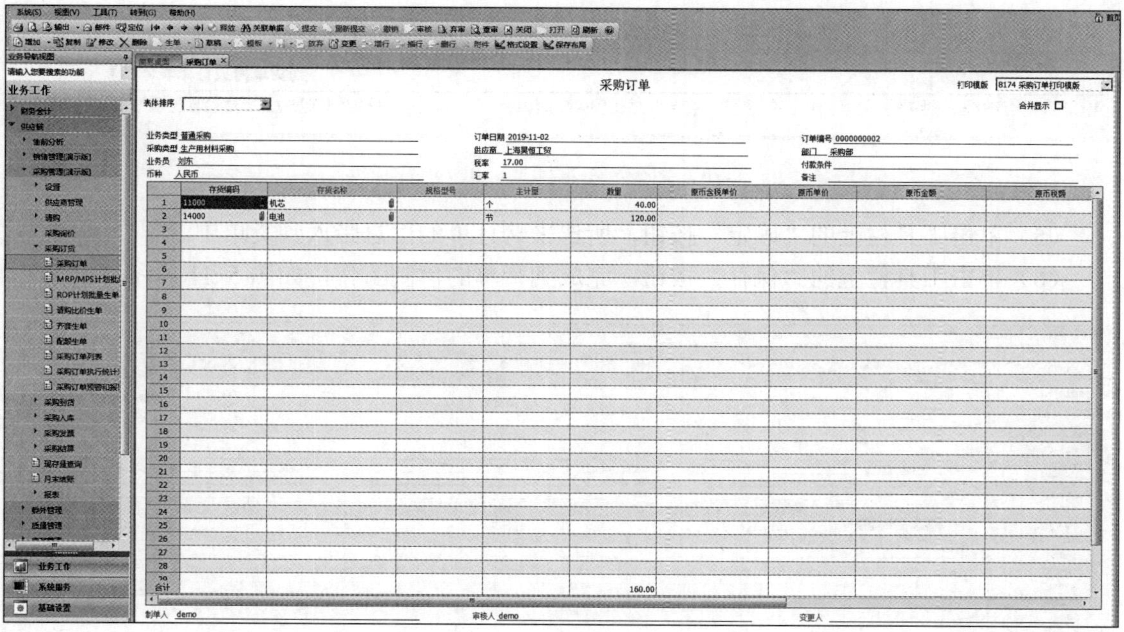

图 5-9　完成采购订单的审核

三、采购到货处理

业务：根据上述生成的采购订单，完成到货处理，填制到货单。

操作步骤：

（1）进入用友 ERP-U10 企业应用平台，选择“业务”→“供应链”→“采购管理”→“采购到货”→“到货单”，进入“到货单”窗口。

（2）单击“增加”按钮，生成一个新的到货单单据号。

（3）单击“生单”按钮，出现快捷菜单，单击选择其中的“采购订单”。

（4）在“过滤条件”窗口中单击“确定”按钮，进入“拷贝并执行”窗口，在列出的采购订单记录行中双击“选择”栏位或单击“全选”按钮，如图 5-10 所示。

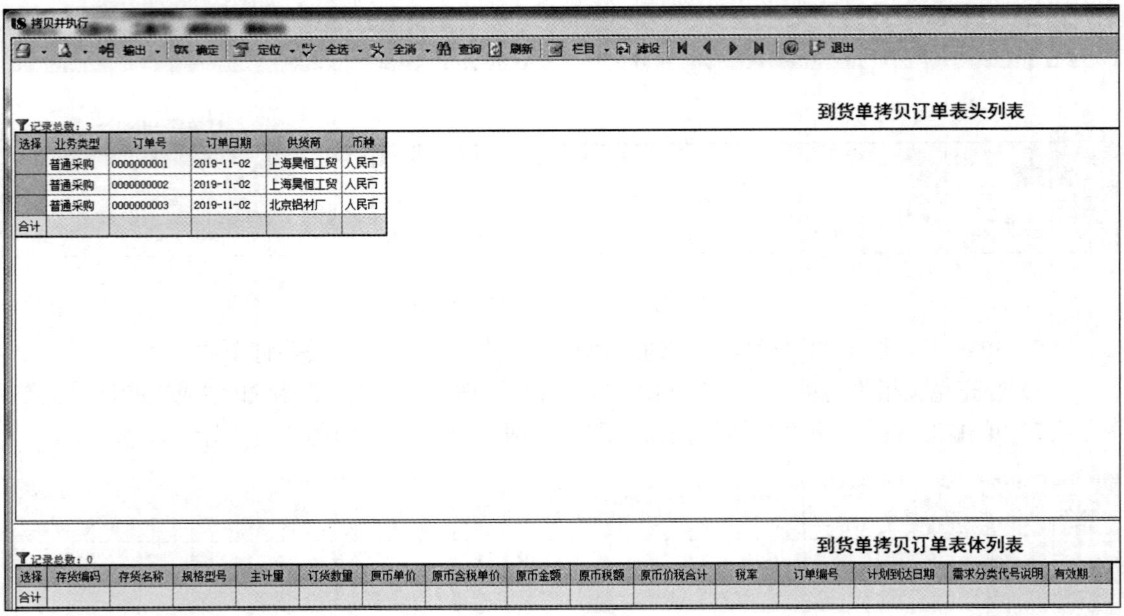

图 5-10　到货单拷贝订单表头 / 表体列表

（5）单击工具栏上的“确定”按钮，所选采购订单的信息带入到货单中。

（6）单击工具栏上的“保存”按钮，完成到货单的填制工作，如图 5-11 所示。

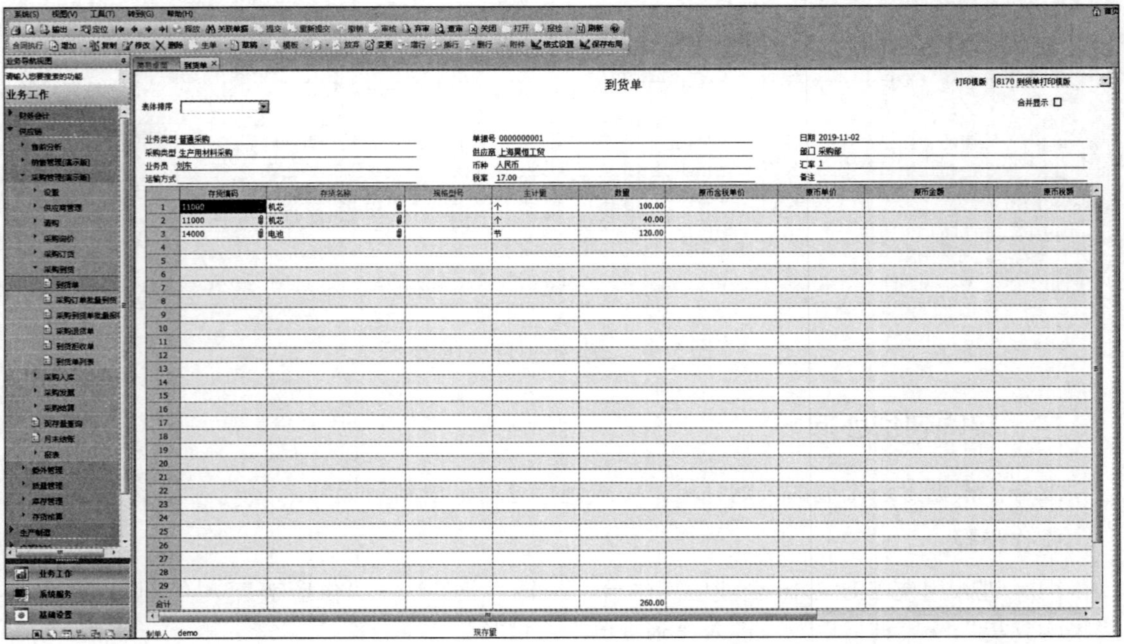

图 5-11　完成到货单录入

深思话题

采购数字化

党的二十大报告指出："从现在起，中国共产党的中心任务就是团结带领全国各族人民全面建成社会主义现代化强国、实现第二个百年奋斗目标，以中国式现代化全面推进中华民族伟大复兴。"这一新时代党的中心任务中，全面建成社会主义现代化强国是奋斗目标，中国式现代化是实现路径，中华民族伟大复兴是根本指向。在建设社会主义现代化强国中，"网络强国""数字中国"建设具有战略性、基础性、先导性、引领性，应引起高度重视。

采购是指获取商品或服务的过程，包括采购策略、供应商选择、合同谈判、采购订单建立、服务或货物交付监控和发票管理等。数字化是指利用数字技术改变商业模式并提供新的收入和创造价值的机会，这是转向数字业务的过程。简单概括来说，数字化采购就是指使用大数据、云计算、人工智能、物联网及区块链等数字技术，将业务与外部和内部利益相关者联系起来，实现采购流程的自动化管理和云端协同，使消息更灵通、决策更具战略性。

数字化采购的发展，可以说是采购数字化技术发展与企业需求、政策等多轮驱动推进而成。但其核心的驱动力还是来自于企业降低采购成本、提高采购效率、保持供应链及经营的稳定性等基本诉求。

思考：阅读上述案例后，你有什么感想？

思考题

在 ERP 系统中进行采购业务的处理，并写出下面业务的操作路径：

（1）仓储部李丽申请购买机芯 50 个，单价 30 元 / 个，3 月 20 日要货，建议向上海商贸公司购买，并对请购单进行审核。

（2）根据请购单生成采购订单，并进行审核。

（3）根据 MRP 的规划制作采购订单，并进行审核。

（4）根据上述生成的采购订单，完成到货处理，填制到货单。

ERP 系统中采购业务的处理小测验

项目六

优化库存管理

学习目标

知识目标

- 理解物料储备定额。
- 掌握 ABC 分类法。
- 掌握仓库管理的内容和方法。
- 熟悉 ERP 系统的库存管理模块。

能力目标

- 会确定物料储备定额。
- 会根据 ABC 分类法实施库存控制。
- 会进行仓库管理。
- 能够完成 ERP 系统中的库存管理操作。

素质目标

- 培养大局意识、创新意识、成本意识。
- 增强尊法、学法、守法、用法的意识。

引导案例

YYB 管理有限公司主要生产和销售电子挂钟、电子座钟、机械挂钟、机械座钟、大众机械手表、新智能手表等产品，每种产品都需要很多原材料和零部件。由于公司需要采购大量的零部件和原材料，为降低成本，提升管理效率，公司委派小张负责仓储整体清点、订货、配送等管理工作，老王负责库存台账记录、核算、采购申请等工作，小张负责材料入库、物料发放、物料保管等工作内容。会计小李在进行库存盘点时，发现被清点的塑料、薄膜等物料并不需要订货，因为这些物料仓库的存储量够一个月的使用，而这些物料却在上周已经下达了订单；反而铝材、合金等物料的需求量很大，需要大批量进货，但实际上这些物料的订单数量并不充足。而且库存管理员老王的库存账记得不及时，核算也不是特别准确，造成有的物料库存积压比较多，而有的物料却发生短缺情况。同时小李了解到，在发料时，领料者说领多少，管理员小张就发多少，并没有相应的控制，于是小李建议公司将仓库物料和商品根据不同的成本、物理性质、体积和重量大小、包装情况等不同要求妥善保管，并对所有物料和商品按 ABC 分类法进行分类，加强物料的入库和出库管理。小李还建议公司按“规定供应，节约用料”的原则发放物料，做到对物料的最大库存量进行控制。同时由于企业前面引入了 ERP 系统的库存管理模块，老王要及时登记物料和商品的出入库情况，通过库存管理模块的入库管理和出库管理及库存报表等功能，做到准确对物料和商品的入库、出库进行记录；通过库存报表及时查询出入库的流水账及各种物料和商品的现存量，做到记录准确和及时。ERP 系统不仅减轻了库存管理员的工作，提高了他们工作的精确度，减少了加班工作的情况，而且大大降低了库存成本。

问题:

1．如何确定铝材、塑料等物料的最大库存储备量？

2．什么是 ABC 分类法？其分类的基本原理是什么？

3．仓库管理的意义是什么？核心内容是什么？如何做好仓库管理工作？

为了保证企业生产经营过程的正常进行，储备一定数量的物料是非常必要的。企业必须根据市场情况和内部生产情况，确定物料储备的合理量，加强库存控制，避免物料积压或短缺，造成流动资金占用或影响生产的正常进行。

影响库存控制的因素有很多，主要包括以下几方面:

（1）生产方面的因素。为了保证生产正常进行，企业最好有足够的库存物料，以防止停工待料，给企业造成损失。

（2）流动资金占用方面的因素。库存必然占用一定的流动资金，据统计，多数企业库存物料所占用的流动资金占全部流动资金的 60% 以上，这部分资金不能给企业带来经济效益。

（3）采购方面的因素。企业从采购订货到物料入库的过程中，要支付差旅费、手续费、通信费、运输费等各项费用，这些采购费用与每次订货的数量关系不是很大，主要随订货次数的增加而增加，因此，从采购费用的角度考虑，应减少采购次数，加大每次的采购量。

（4）仓库管理方面的因素。物料存放在仓库中可能会发生变质、腐蚀、变形等现象，同时，还会发生仓库的折旧费、管理费、保险费等保管费用，物料保管费一般占存货价值的 10% ～ 30%。因此，从存货保管费角度考虑，库存应越少越好。

以上几项影响因素相互联系，又相互制约。因此，企业必须确定一个合理的库存，并加强库存控制。

任务 1　确定物料储备定额

一、物料储备的概念及作用

所谓物料储备，是指用于进行生产或满足客户需求的材料或资源的储备。物料储备是生产经营活动不可缺少的重要条件，是占用企业流动资金的重要部分。为保证生产的正常进行，并取得良好的经济效果，企业必须确定合理的物料储备量。

1. 物料储备的种类

企业的物料储备包括经常储备与保险储备两部分，在生产和物料供应受季节影响的企业中还有季节储备。典型的物料储备模式如图 6-1 所示。

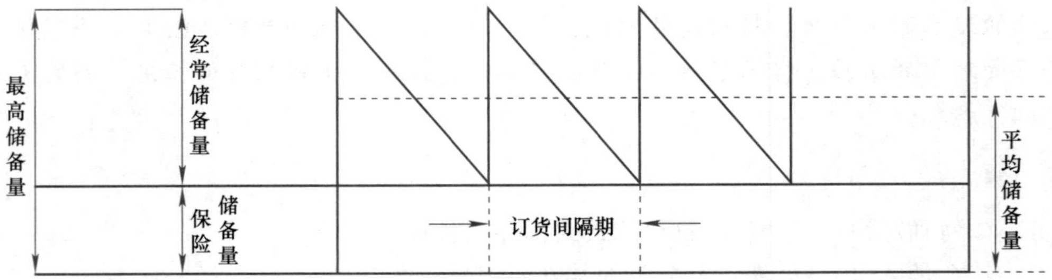

图 6-1　典型的物料储备模式

（1）经常储备。经常储备是指企业用于经常性周转的物料储备，因此又称为周转储备。从图 6-1 中可看出，在企业前后两批物料进厂并投入使用的间隔期内，为满足生产日常需要所形成的物料储备是动态的，在每批物料进厂时达到最大值，随着生产耗用，在下批物料进厂前降到最小值，这种周而复始的变化，形成经常储备。

（2）保险储备。保险储备是一种保险性质的物料储备。从图 6-1 中可看出，当经常储备达到最低点时，下一批物料如不能进厂，就会动用保险储备，如保险储备也用尽，供应就会中断，造成停产的损失。因此，保险储备在正常情况下不予动用，是一种固定不变的储备，只有在特殊情况下才动用，动用之后应尽快补上。但同时，保险储备也形成了经常性物料积压，占用了一定的资金。

保险储备不是在任何情况下都是必需的，对于供应稳定和易于就近就地组织的供应，保险储备可以减少到零或接近于零。企业还可以通过不断改进组织工作、运输工作，巩固稳定的供货关系等办法，尽量减少保险储备量。

（3）季节储备。在某些企业里，某些物料的供应经常受季节影响，为保证生产的正常进行，需要一定数量的季节性储备，如某些农产品受生产季节性影响，或者冬季因某条河道冰冻而无法运输的物料等，这类物料需根据季节性要求确定季节性储备量，以便在供应中断时，继续保证生产的需要。

2. 物料储备的成本

物料储备的成本由三个方面构成：

（1）保管费用。主要指占用资金的利息、仓库租金（或折旧）、仓库管理费、库存损耗费及资金的机会成本。一般用储备物料成本的百分比来表示。

（2）订货费用。指每订一批货物所支付的必要费用，主要包括采购人员差旅费、合同公证费、手续费、通信费等，它与订购次数有关而与订购数量无关。

（3）短缺成本。指由于物料储备不足，无法及时满足客户需求所造成的业务损失、企业信誉损失等。

3. 物料储备的作用

（1）预防不确定性。市场的不确定性决定了原料供应和产品销售的不确定性，而生产过程的均衡能使企业获得较好的生产效率，且有利于提高产品质量。另外，若发生生产和销售脱节，不能及时向客户供货，则可能会失去客户。因此，建立适当的物料储备是十分必要的。

（2）能够实现经济生产批量。在成批生产类型企业中，按经济生产批量来安排生产能够获得最省的成本，而经济生产批量一般不同于客户的需求量，这就需要一定的储备物料来满足需求。

（3）实现经济购买批量。按照经济学原理，按经济订货批量订购货物可以使企业订购和保管费用最小。另外，在市场经济条件下，由于商品价格的灵活性，当订货量达到一定数量时，供货单位往往给予一定的价格优惠，这些都能降低企业的生产成本。

二、不同类型物料储备定额的确定

所谓物料储备定额，是指在一定条件下，为保证生产顺利进行所必需的、经济合理的物料储备数量标准。物料储备定额是编制物料供应计划和采购订货的主要依据；是掌握和监督库存动态，使库存经常保持在合理水平的重要工具；是企业核定流动资金的重要依据；是确定企业现代化仓库容积和储运设备数量的依据。

根据物料储备的种类，物料储备定额一般包括经常储备定额与保险储备定额两种，对某些企业而言，还存在季节储备定额。

1. 经常储备定额的确定

经常储备定额是企业在前后两批物料进厂并投入使用这一间隔期内，为满足生产日常领用所必需的、最经济合理的物料储备数量。经常储备定额的确定主要有供应间隔期法和经济订货批量法两种。其中，经济订货批量法在项目五“经济采购”中已做了介绍，因此本部分内容中主要介绍供应间隔期法。

供应间隔期法是一种先确定物料的供货间隔天数，再确定物料经常储备量的方法。其计算公式为

$$经常储备定额=（供货间隔天数+验收入库天数）\times 平均每日需用量$$

有些物料在投入使用之前，还要经过一定的准备时间，如矿石要进行混匀、木材要进行干燥等。在经常储备的天数中，往往还要包括这部分准备时间，这样计算公式就变为

$$经常储备定额=（供货间隔天数+验收入库天数+使用前准备天数）\times 平均每日需用量$$

其中，验收入库天数和使用前准备天数是根据企业库存管理统计资料来确定的；供货间隔天数是指前后两批到货的间隔时间，其确定的方法有加权平均法和订货限额法两种。

（1）加权平均法。这是根据历史统计资料，考虑到每次交货期有一定的差异而采用的一种平均计算方法，其计算公式为

$$平均供货间隔天数=\frac{\sum（每次入库数量\times 每次进货间隔天数）}{\sum 每次入库数量}$$

（2）订货限额法。这种方法适合供需双方根据互利原则签订长期合同，明确规定每次订货（发货）限额条件时采用，其计算公式为

$$供货间隔天数 = \frac{订货限额}{平均每日需求量}$$

2. 保险储备定额的确定

保险储备定额是指为了预防物料在供应过程中因运输误期、拖延，供货质量、品种、规格不合标准，以及计划超产等不正常情况，能保证生产连续进行所必需储备的物料数量。

保险储备量主要由保险储备天数和平均每日需求量决定，其计算公式为

$$保险储备定额 = 平均每日需求量 \times 保险储备天数$$

其中，保险储备天数一般根据以往统计资料中平均误期天数或按实际情况来确定，其计算公式为

$$保险储备天数 = 平均误期天数 = \frac{\sum(每次误期时入库数量 \times 每次误期天数)}{\sum 每次误期时入库数量}$$

例 6-1

YYB 管理有限公司 1 ～ 3 季度合金实际入库的原始统计资料经分析整理，制成该物料入库数量和供应间隔天数表（见表 6-1）。已知该合金的平均每日需求量为 2kg，验收天数为 2 天，使用前准备天数为 1 天。试计算该合金的平均供应间隔天数、保险储备天数、经常储备定额、保险储备定额、最高和最低储备量、平均储备量。

表 6-1　合金入库数量和供应间隔天数表

入库时间	1 月 3 日	2 月 2 日	3 月 18 日	4 月 25 日	5 月 20 日	7 月 15 日	8 月 18 日	9 月 20 日	合计
入库数量（kg）	105	109	107	112	119	106	110	125	893
供应间隔天数（天）	28	43	37	26	54	35	35	37	295

解：平均供应间隔天数 =（105×28+109×43+107×37+112×26+119×54+106×35+110×35+125×37）/（28+43+37+26+54+35+35+37）=33 109/893≈37（天）

得出平均供应间隔天数是 37 天，则表 6-1 中有两次到货是误期的（2 月 2 日是 43 天，5 月 20 日是 54 天），所以：

保险储备天数 = 平均误期天数 = [109×(43−37)+119×(54−37)]/(109+119)≈12（天）

经常储备定额 =（供货间隔天数 + 验收入库天数 + 使用前准备天数）× 平均每日需用量

=（37+2+1）×2=80（kg）

保险储备定额 =12×2=24（kg）

最低储备量 = 保险储备定额 =24（kg）

最高储备量 = 经常储备定额 + 保险储备定额 =80+24=104（kg）

平均储备量 = 经常储备定额 /2+ 保险储备定额 =80/2+24=64（kg）

3. 季节储备定额的确定

季节储备定额是由季节性储备天数确定的，其计算公式为

$$季节储备定额 = 季节性储备天数 \times 平均每日需求量$$

其中，季节性储备天数一般是根据生产需要和供应中断天数确定的。凡已建立季节性储备的物料，不再考虑经常储备和保险储备。

思考题

1. 根据YYB管理有限公司案例，思考：如何确定物料储备定额？

2. YYB管理有限公司要计算合金储备信息，该物料入库数量和供应间隔天数如表6-2所示。已知合金的日均用量为3kg，验收天数为3天，使用前准备天数为2天。试计算该种合金的平均供应间隔天数、保险储备天数、经常储备定额、保险储备定额、最高和最低储备量、平均储备量。

确定物料储备定额小测验

表6-2　合金入库数量和供应间隔天数表

入库时间	1月3日	2月5日	3月20日	5月3日	6月28日	8月15日	10月20日	11月30日	合计
入库数量（kg）	110	102	105	110	105	101	110	125	868
供应间隔天数（天）	32	41	42	31	46	38	30	30	290

任务2　库存控制

一、库存控制的衡量指标

传统的库存控制方法包括订货点采购法、统计分析法、定期采购法和经济批量采购法。目前应用最多的库存控制方法是经济订货批量法。而衡量库存的方法有许多种，实际中常常采用平均库存值、可供应时间和库存周转率等指标衡量指标。

1. 平均库存值

平均库存值是指所有原材料、在制品、成品以及所有在手的呆滞物料的平均库存。企业管理人员可根据历史数据或同行业的平均水平来衡量企业的库存情况。

2. 可供应时间

可供应时间是指现有库存能够满足多长时间的需求。这一指标可用平均库存值除以相应时段内单位时间的需求得到，也可以分别用每种物料的平均库存量除以相应时段内单位时间的需求得到。

3. 库存周转率

$$库存周转率 = \frac{年销售额}{年平均库存值}$$

这一指标还可以细分为以下三种：

$$成品库存周转率=\frac{年销售额}{成品平均库存值}$$

$$在制品库存周转率=\frac{生产产值}{在制品平均库存值}$$

$$原材料库存周转率=\frac{原材料消耗额}{原材料平均库存值}$$

需要注意的是，上面每一个公式中分子、分母的数值均应指相同时间段内的数值。

库存周转越快表明库存管理的效率越高。库存周转率对企业经营中至关重要的资金周转率指标也有极大的影响作用。

二、库存控制的方法

库存控制的方法有很多，最常用的方法主要有定量控制法、定期控制法、双堆法、ABC 分类法等。定量控制法、定期控制法、双堆法在项目五中已做了介绍，其中定量控制法一般适用于单价较低的物料、需要量比较稳定的物料、缺货损失较大的物料等；定期控制法一般适用于需要量大的主要原材料，必须严格管理的重要物料，有保管期限制的物料，需要量变化大且可以预测的物料，发货繁杂、难以进行连续库存动态登记的物料等。这里主要介绍一下库存的 ABC 分类法。

微课：ABC 分类法的运用

ABC 分类法是指将库存物品按品种和占用资金的多少，分为特别重要的库存（A 类）、一般重要的库存（B 类）和不重要的库存（C 类）三个等级，然后针对不同等级分别进行管理与控制，这样的分类管理法可以实现的作用有：压缩库存总量，释放占压资金，库存合理化与节约管理投入等。其基本原理是处理问题要分清主次，区别关键的少数和次要的多数（帕累托原理），根据不同情况进行分类管理。帕累托原理是由意大利经济学家帕累托（Pareto）在分析社会财富分布状况的基础上得出的，后来许多管理学者将其应用于管理领域，如库存管理中的 ABC 分类法、质量管理中的排列图法等（见“项目八　优化质量”部分）。

库存的 ABC 分类法就是将物料按其重要程度、消耗数量、价值大小、资金占用等情况，划分为 A、B、C 三类，分别采取不同的管理方法，抓住重点，照顾一般。

ABC 分类法的具体过程是：首先将库存物料按占用金额从大到小进行排列，并算出库存资金总额；然后计算累计库存资金额占库存资金总额的百分比；最后按累计库存资金额的百分比划分 A、B、C 类，分类标准如表 6-3 所示。

表 6-3　库存物料 ABC 分类标准

类　别	因素的重要性	库存资金占库存资金总额的比重	库存品种占全部库存品种的比重
A	关键因素	70% ～ 80%	5% ～ 10%
B	一般因素	15% ～ 20%	15% ～ 20%
C	次要因素	5% ～ 10%	70% ～ 80%

对于 A 类物料，应精确地控制存货，一般宜采用定期库存控制法，尽量缩短订货间隔期，

因为对这类物料来说，哪怕多一个月的存货，都会增加不少开支，因而要投入较大的精力，把库存压到最低水平。

对于 B 类物料，可按经济订货批量，采用定量订购方式进行控制。按一般状况调节库存水平，有时可严一些，有时可松一些。

动画：ABC 分类法

C 类物料重要程度一般，可适当放宽控制，采用定量订购方式或双堆法。但对一些生产关键用料的 C 类物料，或属于短缺的资源，则应加强控制。

ABC 分类法的操作非常简单，实践证明，应用这种方法可取得显著效果。但要注意的是，ABC 分类法一般是以库存价值为基础进行分类的，它并不能反映库存物料对利润的贡献度，以及对生产的紧迫性等情况，而在某些情况下，C 类物料库存缺货所造成的损失也可能是十分严重的。因此，在实际运用 ABC 分类法时，需灵活地根据实际情况进行操作。

例 6-2

YYB 管理有限公司仓库有钟盘、电池、机芯、长针、短针、秒针、字模、盘体、钟框、盘面、薄膜、铝材共 12 种物料，其库存物料占用资金如表 6-4 所示。试对这 12 种物料进行 ABC 分类。

解：分类如表 6-5 所示。

表 6-4　YYB 管理有限公司库存物料占用资金表

物料名称	钟盘	电池	机芯	长针	短针	秒针	字模	盘体	钟框	盘面	薄膜	铝材
库存金额（元）	2 100	5 500	64 000	650	560	540	980	3 250	2 000	310	320	1 200

表 6-5　库存物料的 ABC 分类

物料名称	库存金额（元）	累计库存金额（元）	累计库存金额占比	品种数占比	分类
机芯	64 000	64 000	78.6%	10%	A
电池	5 500	69 500	85.4%	20%	B
盘体	3 250	72 750	89.4%		
钟盘	2 100	74 850	91.9%	70%	C
钟框	2 000	76 850	94.4%		
铝材	1 200	78 050	95.9%		
字模	980	79 030	97.1%		
长针	650	79 680	97.9%		
短针	560	80 240	98.6%		
秒针	540	80 780	99.2%		
薄膜	320	81 100	99.6%		
盘面	310	81 410	100.0%		
合计	81 410	—	—	100%	—

根据 ABC 分类法的判别标准，A 类物料品种数比重占 5% ～ 10%，库存资金比重占 70% ～ 80%，所以确定机芯为 A 类；B 类物料品种数比重占 15% ～ 20%，库存资金比重占 15% ～ 20%，所以确定电池和盘体为 B 类；剩下的物料为 C 类。

三、如何降低库存

企业总是不断地寻求降低库存的方法。JIT、MRP、ERP 等生产计划模式的基本目的也是降低库存。这里仅从库存作用的角度出发，讨论降低库存的基本策略和具体措施（见表 6-6）。

表 6-6　降低库存的基本策略和具体措施

库存类型	基本策略	具体措施
周转库存	降低订货费用	减小批量 Q 缩短作业交换时间 利用相似性增大生产批量
安全库存	订货时间尽量接近需求时间 订货量尽量接近需求量	改善需求预测工作 缩短生产周期与订货周期 减少供应的不稳定性 增加设备与人员的柔性
调节库存	使生产速度与需求变化吻合	尽量“拉平”需求波动
在途库存	缩短生产 - 配送周期	标准品库存前置 慎重选择供应商与运输商 减小批量 Q

思考题

1. 几种库存管理方法的相同点和不同点是什么？
2. ABC 分类法的优缺点是什么？如何基于 ABC 分类法实施库存管理？

库存控制小测验

任务 3　仓库管理

微课：如何做好仓库管理

仓库是储存和管理物料的场所，是各种物料供应的中心，是企业物料供应体系的一个重要组成部分，是企业各种物料的周转储备环节，担负着物料管理的多项业务职能。做好仓库管理工作，对于保证物料及时供应、合理储备、加速周转、降低成本、保证质量、提高经济效益具有重要作用。

一、物料的验收入库

物料的验收入库是对物料进行科学保管、合理使用的前提条件。搞好验收才能保证入库物料的质量、数量符合规定，才能对库存物料进行合理的保管和使用。物料验收主要包括两个方面的工作，一是数量、品种、规格的验收，二是质量的验收。应当注意的是，生产中的质量事故，其中一个主要原因是物料验收入库制度不健全。因此，做好物料的验收入库工作，是维持生产正常进行、保证质量、避免损失和浪费的一个不可忽视的环节。

物料验收入库要把好以下三关：

1. 物料验收单据

办理物料入库时，仓管员要亲自同交货人办理交接手续，核对清点物料名称、数量是否一致，按物料交接本上的要求签字。

动画：仓库管理的内容

2. 物料的检验

物料入库前，应先进入待验区，未经检验合格不准进入货位。一般情况下应全部检验，以实际验收的数量为实收数。

3. 物料的入库

物料验收合格后，仓管员凭发票所开列的名称、规格型号、数量，计量验收到位，入库各栏应填写清楚，并随同托收单交财务部门记账。不合格品应隔离堆放，验收中发现的问题应及时通知主管和经办人处理。出现托收单到而货未到，或货已到而无发票的情况，均应向经办人反映、查询，直至账物相符。

二、物料的储存保管

物料储存保管是仓库管理工作的主要业务，物料验收入库后，要根据不司物料的物理性能、化学成分、体积和重量大小、包装情况等不同要求妥善保管。

（1）物料的储存保管原则。按照物料的属性、特点、用途来规划和设计仓库，并根据仓库的条件考虑划区分工保管。

（2）物料的堆放原则。要在堆放合理、安全的前提下，根据货物特点，做到查点方便、成行成列、摆放整齐，可以采用“四号定位”“五五摆放”等先进保管方法。所谓“四号定位”，是指按库号、架号、层号和位号对物料进行统一编号，以便于查找和发料；所谓“五五摆放”，是指根据物料的形状，以五为基本计数单位进行摆放，做到五五成堆、五五成行、五五成排、五五成串或五五成层，使其堆放整齐，便于盘点和取送、发放。

（3）坚决做到人各有责、物各有主、事事有人管。仓管员对库存、代保管、待验物料以及设备、容器和工具等负有经济和法律责任。保管物料，未经主管同意，一律不得擅自借出。总成物料，一律不得折件零发。特殊情况应经主管批准。

（4）根据物料的自然属性考虑其储存场所，掌握物料储存保管的相关常识，加强保管措施，以减少损失。

（5）同类物料堆放要考虑先进先出、发货方便，要留有回旋余地。

（6）仓库要严格遵守保卫制度，禁止非本库人员入库。仓库严禁烟火，明火作业需经保卫部门批准。仓管员要懂得使用消防器材，并具备一定的防火常识。

实践证明，先进的物料保管可以大大提高仓库的保管质量和工作效率。

三、物料的发放和盘点

1. 物料的发放

物料的发放实行按计划限额发料制度。即以“规定供应，节约用料”为原则，凭限额发料单、拨料单，核对无误后予以发料，并坚持“一盘底、二核对、三发料、四减数”的流程步骤。

生产现场必须按照生产计划、生产命令单向物料管理部门或仓储单位领料，同时在生产过程中，将多余的物料或品质不良的物料退回，并补料。

（1）发料。由物料管理部门或材料库根据生产计划，将仓库储存的物料直接向生产现场发放。一般对于直接需求的物料采取发料方式。所谓直接需求是指按生产计划、生产命令单，生产现场对物料所产生的需求，除此以外任何部门对物料的需求都称为物料间接需求。采取发料方式须具备以下条件：

① 有稳定的生产计划。计划部门在 3 天前就要开出生产命令单给仓库备料，仓库在生产现场制造前 2 ～ 4h 内向生产现场直接发料。

② 建立了标准损耗量。因为在生产过程中会发生不良品、制造损耗的现象，所以，仓库应该发多少材料，就要看标准损耗量。

（2）领料。生产现场人员在某产品生产前填写“领料单”（见表 6-7），到仓库领取耗材材料，领料主要用于间接需求的材料，或是在生产计划常变更、物料计划做得不好、进料常延迟或过分紧急，很难采取主动的发料方式的情况下采用。

表 6-7　领料单

制造单号：　　　　产品名称：

生产批量：　　　　生产车间：　　　　材料　　　　半成品　　　　日期：

物料编号	品名	规格	单位	单机用量	需求数量	标准损耗	实发数量	备注

生产领料员：　　　　仓管员：　　　　PMC：

注：共四联（PMC 联、仓库联、生产联、财务联）。

（3）退料。生产线上如果发现有与产品规格不符的物料、超发的物料、不良的物料和呆料，应及时进行退料补货。

①生产部门将不良物料分类汇总后，填写“退料单”（见表 6-8），送至品管部。

② 品管鉴定。品管检验后，将不良品分为报废品、不良品与良品三类，并在退料单上注明数量。当发生规格不符的物料、超发的物料和呆料退料时，退料人员在退料单上备注，不必经过品管，直接退到仓库。

表 6-8　退料单

制造单号：　　　　产品名称：

生产批量：　　　　生产车间：　　　　材料　　　　半成品　　　　日期：

物料编号	品名	规格	单位	退料数量	退料原因	品管鉴定	实退数量	备注

仓管员：　　　　品管员：　　　　退料员：

注：共四联（PMC 联、仓库联、生产联、财务联）。

③仓库收料。生产部门将分好类的物料送至仓库，仓库管理人员根据退料单清点无误后收料。

④补料。因退料而需补货，需开“补料单”（见表 6-9），退料后办理补料手续。

表6-9　补料单

制造单号：　　　　产品名称：

生产批量：　　　　生产车间：　　　　材料　　　　半成品　　　　日期：

物料编号	品名	规格	单位	单机用量	标准损耗	实际损耗	损耗原因	补发数量	备注

生产领料员：　　　　仓管员：　　　　PMC：

注：共四联（PMC 联、仓库联、生产联、财务联）。

2. 物料的盘点

物料盘点的形式有永续盘点和全面盘点两种。库存物料的盘点要坚持永续盘点，即每日对库存有变动的物料复核一次，每月抽查库存物料的一半，并结合季末、年末进行的全面盘点。目的是保证库存物料准确，及时发现物料的盈余、短缺、损坏、变质等情况，为计划、进货等工作提供可靠的信息。盘点物料应注意以下几点：

（1）记账要字迹清楚，日清月结。

（2）允许范围内的磅差、合理的自然损耗等原因所引起的盘盈盘亏，每月都要上报，以便做到账、卡、物、资金相一致。

（3）仓管员调动工作，移交前要及时办理交接手续，移交中的未了事项及有关凭证，要列出清单，写明情况，双方签名、各执一份，并存档一份。

随着科技的发展，现代物流技术如条形码、电子扫描方式和物流信息系统等的进步，使物料的盘点更加精确、便捷。

四、呆废料管理

呆废料的存在，会占用一定的库存和成本，影响生产计划的执行，必须及时找出各部门产生呆废料的原因，进行预防和处理，以保证生产的顺利进行。

呆料是指存量过多、耗用量少、库存周转率极低的物料，可能偶尔耗用少许。呆料为百分之百可用的物料，一点都未丧失物料原有的特性和功能。

废料是指报废的物料，已经失去原有的功能，本身无利用价值。

呆废料管理包括以下内容：

（1）建立呆料、废料的鉴定标准。

（2）定期统计和汇总呆料、废料数量，最好转化为台账。

（3）呆废料处置应及时。

（4）建立呆废料处理程序。

（5）在现场规划呆废料专门存放区域，并置以醒目的“红牌”标识。

深思话题

梳理仓储历史，提升文化自信

自然灾害具有种类多、发生频率高、造成的灾情严重等特点。在与自然灾害做斗争的长期实践中，古人总结了很多有益的经验，形成了一整套较为系统的救灾制度。仓储制度自夏朝开始成为国家的一项重要制度，历朝都十分重视，仓是存粮之所，贮粮以备不时之需，被视为“天下之大命”。以仓储方式展开的积储备荒制度是其中的重要组成部分，在我国主要分为官办仓储和民办仓储。因所处灾害多发的地理环境和国防安全需要，我国很早就有了官办仓储制度，一直可以上溯到夏商时代，武王伐商，“散鹿台之财，发巨桥之粟”。在早期，仓储不仅具有防灾救灾的作用，也是国防的需要，是综合性的。到了周朝逐步分离，有了相对专业的用于防灾救灾的仓储。周朝以后，官办仓储进一步发展，功能逐步明确，相应出现了不同的称谓，对仓储的管理历朝历代也设立了相应的管理人员制度，主要有常平仓、义仓、惠民仓、广惠仓和预备仓。其中，常平仓是政府通过“丰年增贾而籴、歉年减贾而粜”的手段，调节粮价，储粮备荒，以达到供应官需和民食的目的。常平仓可追溯到战国。魏文侯时期，时任魏相的李悝鉴于“籴甚贵伤民，籴甚贱伤农”的矛盾，运用轻重敛散平粜等手段，将固有的“取丰年之有余，补凶年之不足”的民食调节原则具体化、制度化。汉朝耿寿昌提出了“常平仓”的方法，是国家以财政补贴的形式，通过增、减谷价来达到目的。从汉朝开始，“常平仓”作为政府调控粮价、储备粮食的重要手段，虽然有时候被废弃，但历代沿袭，并不断改进。民办仓储是以民间自主、自愿为主要特点的积储方式，更多地作为官办仓储的补充。清朝的义仓和社仓平行，依照就近、就便以利救赈的原则，社仓设在乡村，义仓设在市镇，多由民间出资，掌管于地方绅士之手。仓谷本以鼓励、奖劝民间百姓自行输纳为主，随正赋摊征为辅，少数地区也有拨常平仓谷为社仓谷的。基本上，我国古代仓库的基本用途有储存、储备两大功能。储存是将漕运来的粮食保管起来，供皇室、吏官及人民日常消费；储备是为应付战争、灾荒及突发事件的。同时，仓储还有平抑物价之功能。粮丰时收进入仓，粮欠时出仓粜粮赈灾，不至于价格飞涨，影响市场稳定。通过了解我国仓储制度的历史与文化，可知，我国是世界上较早建立仓储管理制度的国家之一，且较为完善，对国家和社会具有重要的意义和作用，作为中国人我们深刻感受到民族的伟大和智慧，并在以后工作过程中不断提高文化自觉，树立和增加文化自信。

思考：阅读上述案例后，你学习到了什么？

思考题

1. 根据引导案例，考虑到物料分类、数量、材料，YYB 管理有限公司应如何开展仓库管理？

2. YYB 管理有限公司对入库材料进行品质检验时发现不良品，请问应如何进行退料？

仓库管理小测验

任务 4　ERP 系统中库存业务的处理

规范的企业对于采购物料（存货）的管理，都是需要建立采购、验收（入库）、领料（出库）的控制制度。物料采购到货入库、生产领料出库均属于库存业务范围。ERP 系统中的库存业务模块包括入库业务、出库业务等内容。入库业务是对采购入库、产成品入库业务进行处理；出库业务是指生产领用材料和产品销售出库。

微课：ERP 系统中库存业务的处理

一、入库业务

业务：

（1）购买的物料已到货，进行入库处理。

（2）车间生产的电子挂钟加工完成入库。

业务（1）操作步骤：

（1）进入用友 ERP-U10 企业应用平台，选择“业务”→“供应链”→“库存管理”→“入库业务”→“采购入库单”，进入“采购入库单”窗口。

（2）单击工具栏上的“增加”按钮，生成一个新的采购入库单单据号。

（3）单击表头栏目的“到货单号”栏位的“选择”图标，弹出“生单来源”对话框，选择“采购到货单”，单击“确认”按钮，如图 6-2 所示。

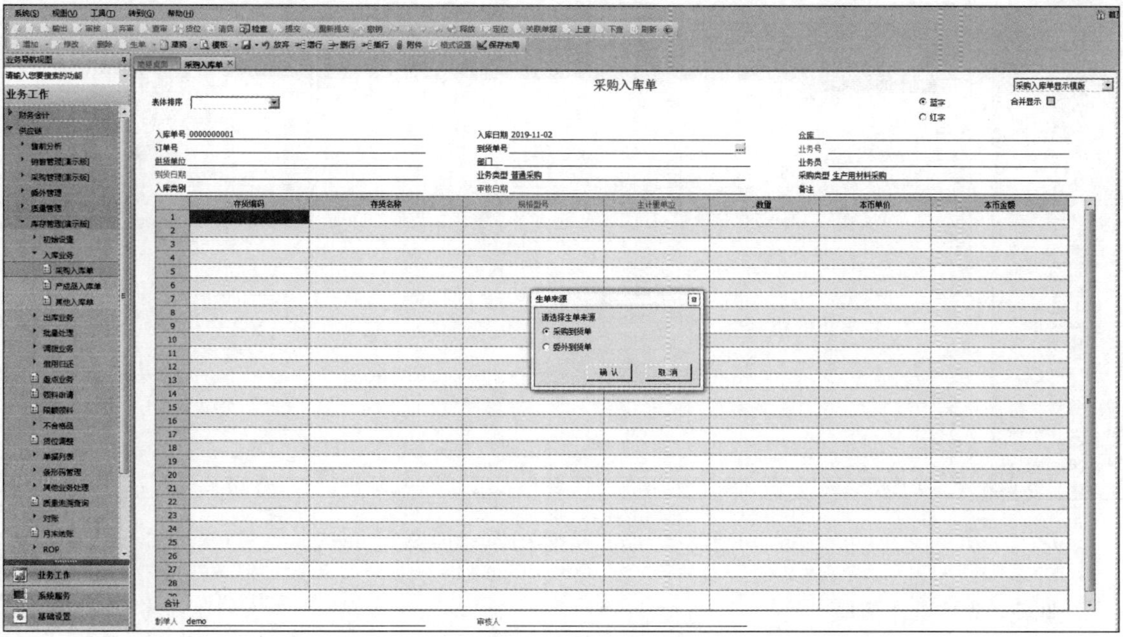

图 6-2　由采购到货单生成采购入库单

（4）在“过滤条件”窗口中，输入供应商，单击“确定”按钮，进入“到货单生单列表”窗口，选择入库的物料，如图 6-3 所示。

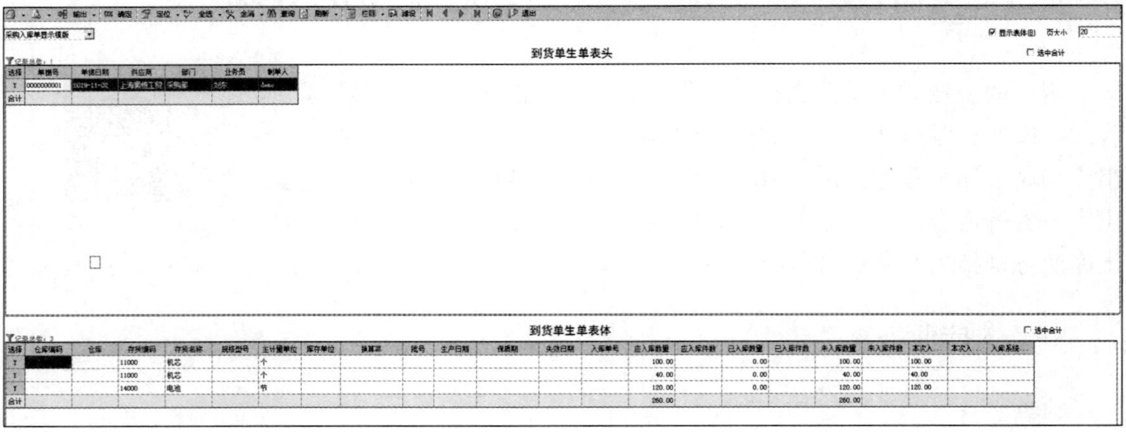

图 6-3　到货单生单列表

（5）单击工具栏上的“确定”按钮，所选到货单的信息带进入库单中，选择仓库。

（6）单击工具栏上的“保存”按钮，完成采购入库单的录入工作，如图 6-4 所示。

（7）单击工具栏上的“审核”按钮，对入库单进行审核。

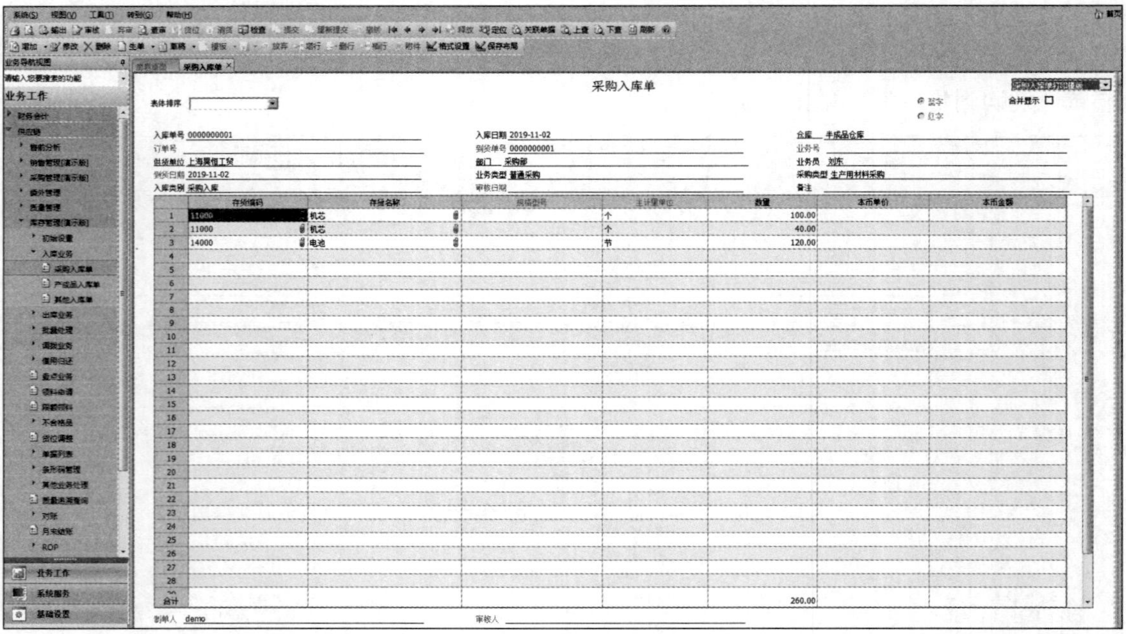

图 6-4　完成采购入库单的录入

业务（2）操作步骤:

（1）进入用友 ERP-U10 企业应用平台，选择“业务”→“供应链”→“库存管理”→

“入库业务”→“产成品入库单”，进入“产成品入库单”窗口，生成一个新的产成品入库单单据号，如图 6-5 所示。

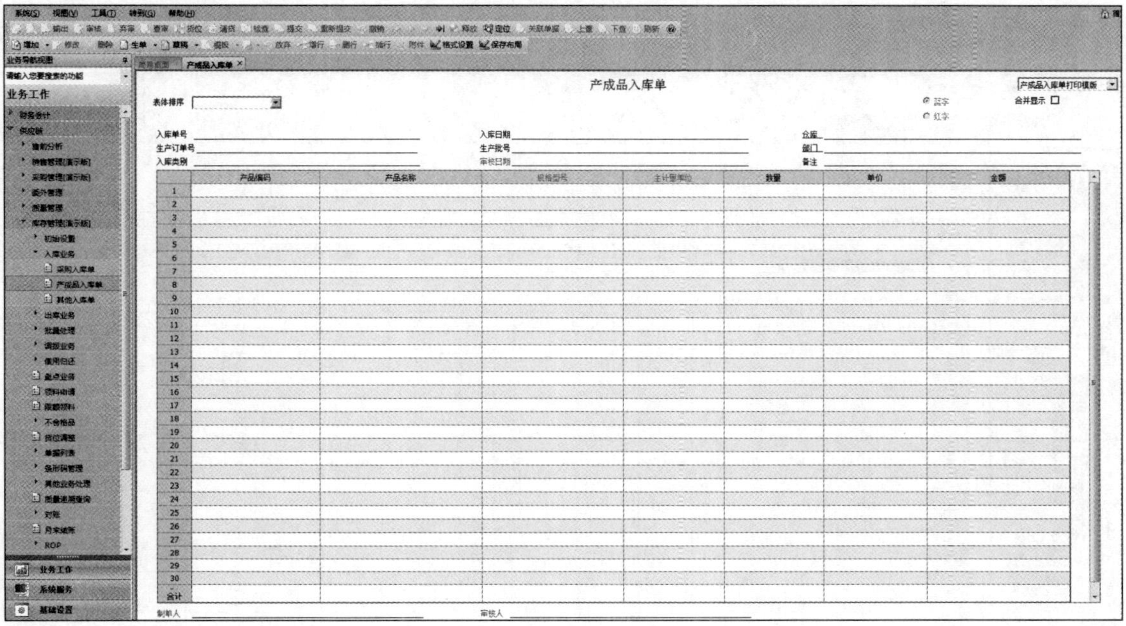

图 6-5　新建产成品入库单

（2）单击工具栏上的“生单”按钮，选择“生产订单”命令，在“过滤条件”窗口单击“确定”按钮，进入“生产订单入库生单列表”窗口，选中要入库的产品，如图 6-6 所示。

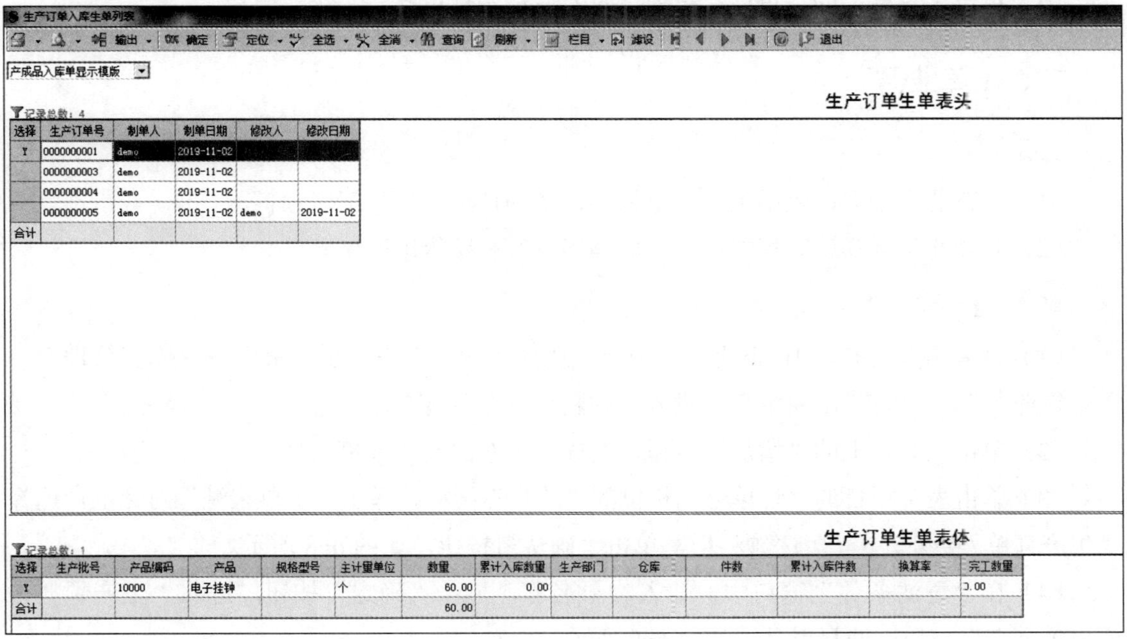

图 6-6　生产订单入库生单列表

（3）单击工具栏上的“确定”按钮，所选产品的信息带进入库单中。

（4）填写其他栏目信息，完成后，单击工具栏上的“保存”按钮，完成产成品入库单的录入工作，如图 6-7 所示。

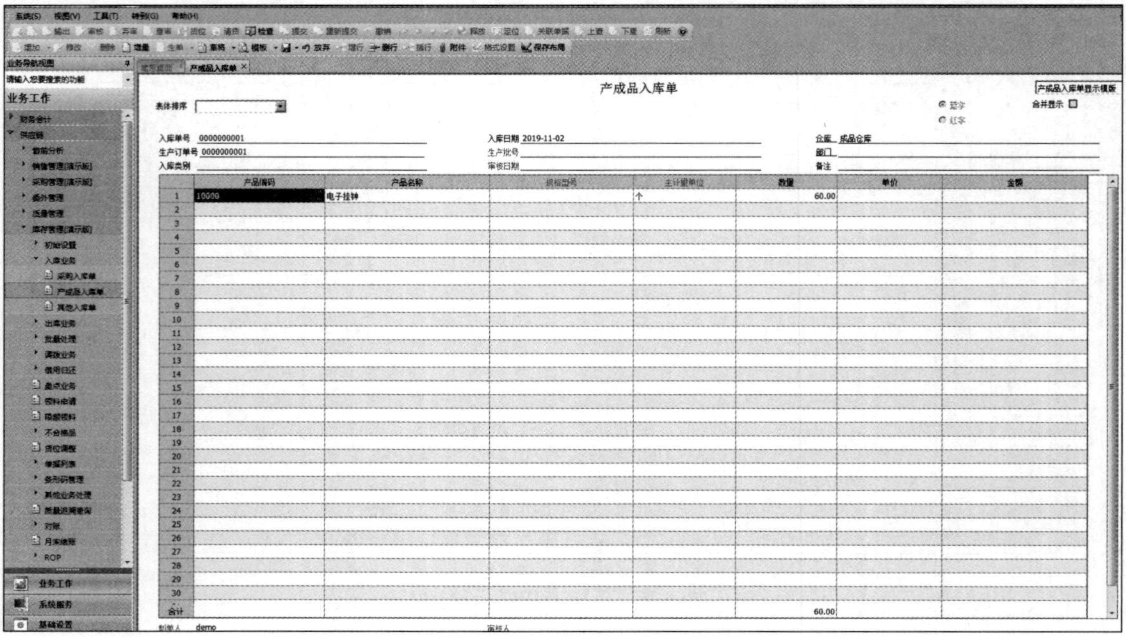

图 6-7　完成产成品入库单的录入

（5）单击工具栏上的“审核”按钮，对入库单进行审核。

二、出库业务

业务:

（1）领料业务处理，包括生产订单领料、委外订单领料、工序领料。

（2）向湖北华联商厦销售发货，生成销售发票和销售出库单。

业务（1）操作步骤:

（1）进入用友 ERP-U10 企业应用平台，选择“业务”→“供应链”→“库存管理”→“出库业务”→“材料出库单”，进入“材料出库单”窗口。

（2）单击工具栏上的“增加”按钮，生成一个新的出库单单据号。

（3）单击表头栏目的“订单号”栏位的“选择”图标，弹出“生单来源”对话框，选择“生产订单 / 委外订单 / 工序领料”，单击“确认”按钮，如图 6-8 所示。

（4）在“过滤条件”窗口中，输入物料名称，单击“确定”按钮，进入“生产领料出库生单列表”窗口，选择料品，如图 6-9 所示。

（5）单击工具栏上的“确定”按钮，所选料品的信息带进材料出库单中，选择仓库。

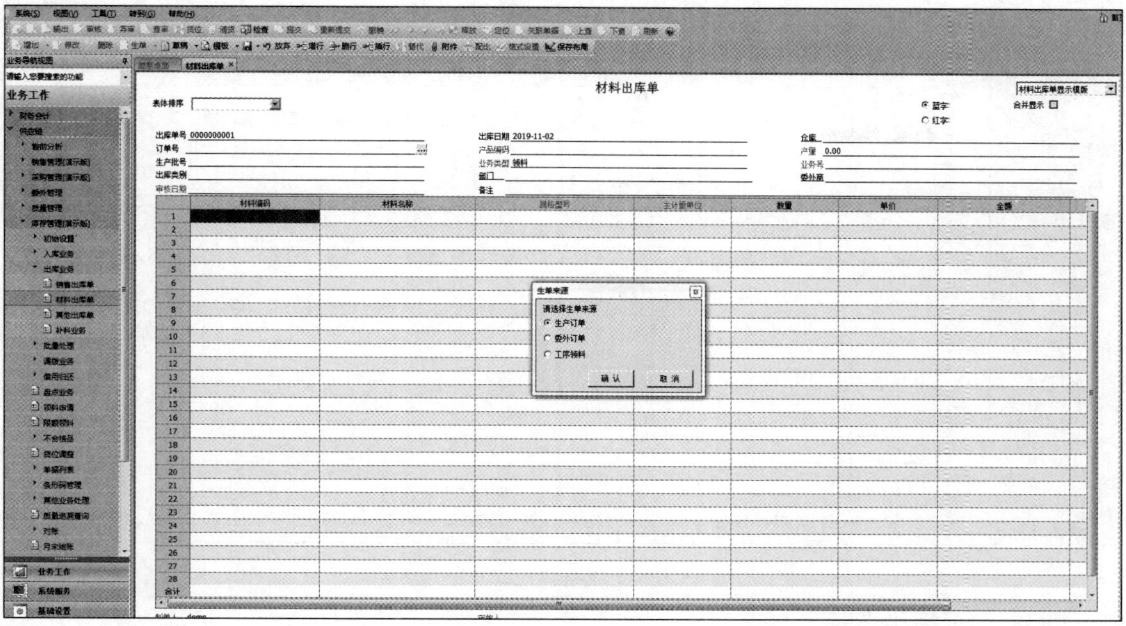

图 6-8　由生产订单 / 委外订单 / 工序领料生成材料出库单

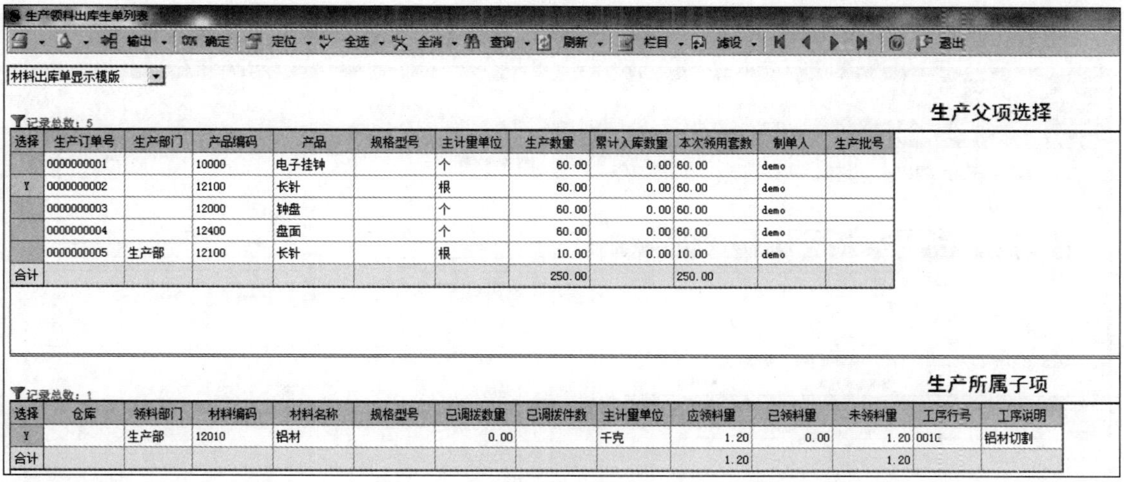

选择	生产订单号	生产部门	产品编码	产品	规格型号	主计量单位	生产数量	累计入库数量	本次领用套数	制单人	生产批号
	0000000001		10000	电子挂钟		个	60.00	0.00	60.00	demo	
Y	0000000002		12100	长针		根	60.00	0.00	60.00	demo	
	0000000003		12000	钟盘		个	60.00	0.00	60.00	demo	
	0000000004		12400	盘面		个	60.00	0.00	60.00	demo	
	0000000005	生产部	12100	长针		根	10.00	0.00	10.00	demo	
合计							250.00		250.00		

选择	仓库	领料部门	材料编码	材料名称	规格型号	已调拨数量	已调拨件数	主计量单位	应领料量	已领料量	未领料量	工序行号	工序说明
Y		生产部	12010	铝材		0.00		千克	1.20	0.00	1.20	0010	铝材切割
合计									1.20		1.20		

图 6-9　生产领料出库生单列表

（6）单击工具栏上的“保存”按钮，完成领料，如图 6-10 所示。

（7）单击工具栏上的“审核”按钮，对材料出库单进行审核。

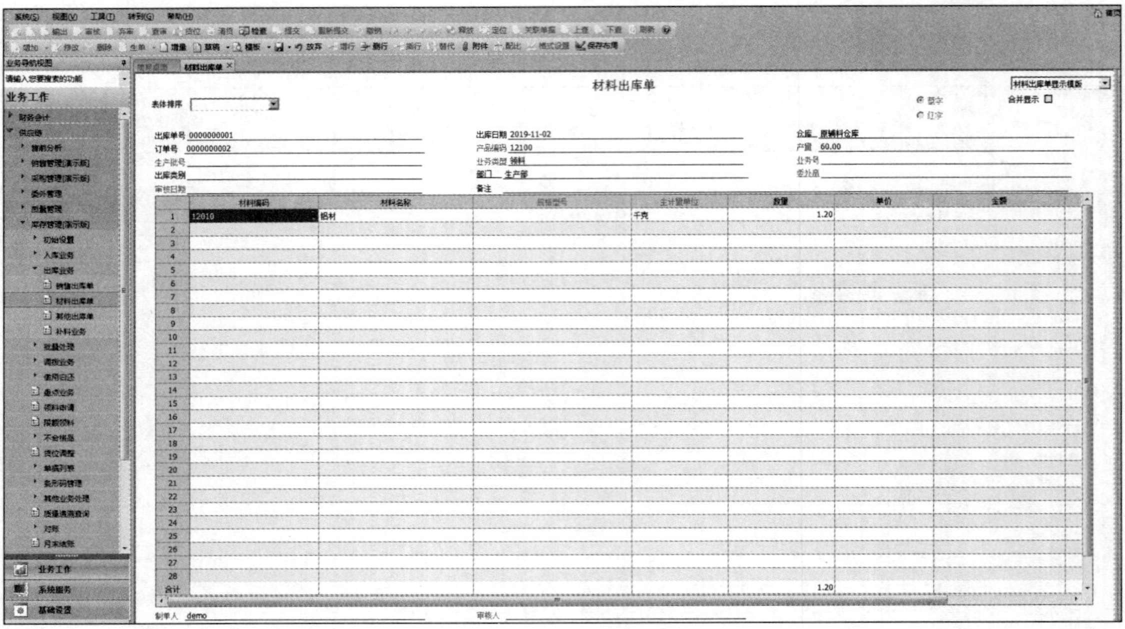

图 6-10 完成材料出库单的录入

业务（2）操作步骤:

（1）进入用友 ERP-U10 企业应用平台，选择“业务”→“供应链”→“销售管理”→“销售开票”→“销售普通发票”，进入“销售普通发票”窗口，单击“增加”按钮。在“过滤条件”窗口中单击“确定”按钮，进入“参照生单”窗口，选择要开票的订单，如图 6-11 所示。

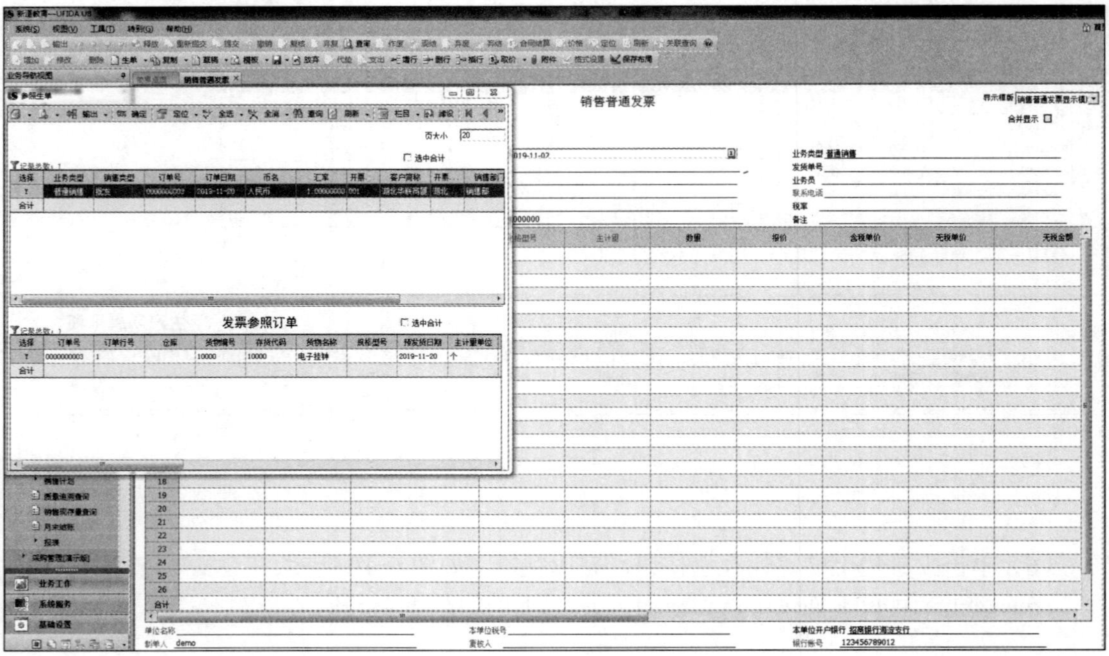

图 6-11 录入销售普通发票

（2）单击工具栏上的“复核”按钮，系统自动生成相应的销售出库单。

（3）在库存管理中的出库业务菜单下，打开销售出库单，就可以看到生成的销售出库单。

（4）单击工具栏上的“审核”按钮，完成销售出库单的审核，如图 6-12 所示。

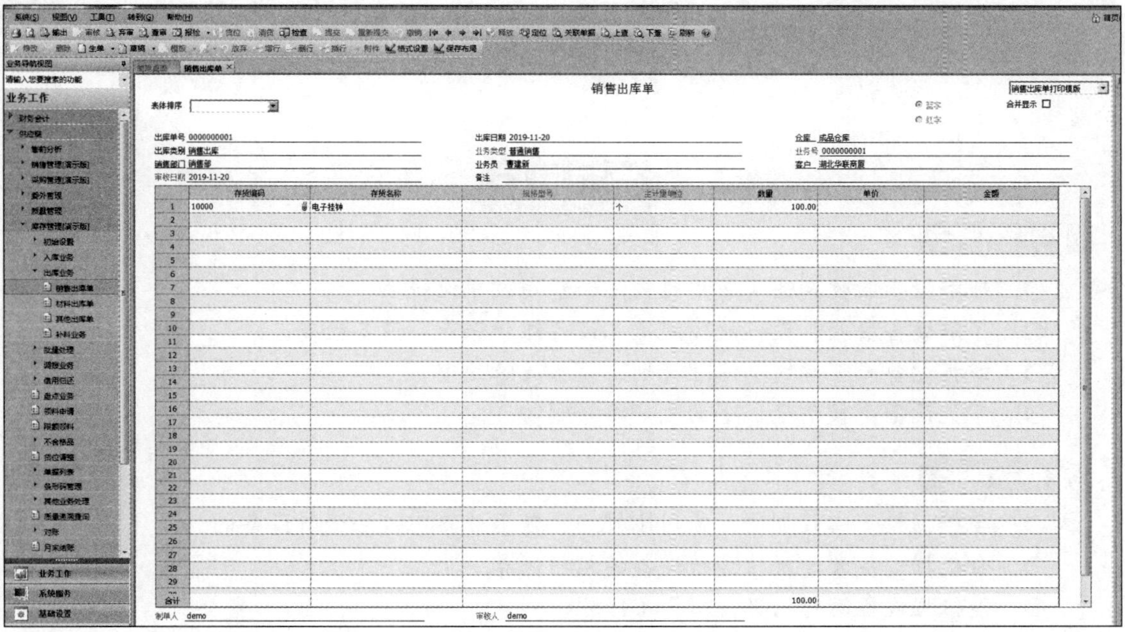

图 6-12　完成销售出库单的审核

思考题

在 ERP 系统中进行库存业务的处理，并写出下面业务的操作路径：

（1）购买塑料、机芯、电池、铝材已到货，进行验收入库处理。

（2）车间生产的电子挂钟加工完成，产品完工入库。

（3）根据“长针”生产订单进行领料（领用铝材）。

（4）向无锡八佰伴商厦销售发货 480 个电子挂钟，生成销售发票和销售出库单。

ERP 系统中库存业务的处理小测验

项目七

优化设备管理

学习目标

知识目标

- 理解投资回收期法、费用比较法、费用效率比较法。
- 了解设备磨损、设备故障规律、设备维护保养、设备检查。
- 掌握设备修理方式、修理计划、设备故障处理。
- 掌握设备更换年限、全面生产维修制。

能力目标

- 会根据投资回收期法、费用比较法、费用效率比较法进行设备的经济评价。
- 会根据设备故障规律进行设备的维护保养。
- 能根据设备运行状况提出设备修理计划。
- 会进行设备更换年限的决策。

素质目标

- 培养成本意识、质量意识。
- 强化安全意识。

引导案例

随着科技进步和自动化的快速发展，高精尖设备、自动化生产线、柔性生产设备等已广泛应用于各类企业，传统的单纯依靠设备维修部门来做好设备管理工作已很难适应企业的实际发展需要。如何提高设备综合利用率，减少各种故障损失成为企业改善经营效益、增强竞争实力所关注的问题。以设备综合效率为目标，以设备的时间、空间全系统为载体，全体人员参与为基础的全面生产维修体制的发展，为解决这些问题提供了有益的帮助。全面生产维修（Total Productive Maintenance，TPM）这一设备管理模式从20世纪70年代诞生至今已在全世界范围内产生了较大的影响，成为提高企业运行效率的利器。多年的实践经验表明TPM不是一个孤立的系统，它必须与企业的整体运作系统相匹配。

TPM概括起来讲就是全效率、全系统、全员参加，而全员参加是实施TPM的基础，是TPM管理理念的精髓所在，是实施TPM的切入点和重心。要想成功引入TPM，就必须从“全员参与”精神的培养入手，海尔就是一个成功实施TPM的典型例子。

一、OEC 管理法

海尔独创了一套管理理论——OEC 管理，O（Overall）意为“全面的”，E（Everyone、Everything、Everyday）意为“每个人、每件事、每一天”，C（Control and Clear）意为“控制和清理”。OEC 管理的含义是全方位地对每个人每一天所做的每件事进行控制和清理，做到“日事日毕，日清日高”，今天的工作今天必须完成，今天的效果应该比昨天有所提高，明天的目标要比今天的目标高。

具体地讲就是企业每天的事都要有人管，做到控制不漏项；所有的人均有管理、控制的内容，并依据工作标准对各自的控制项目，按规定的计划执行，每日把实施结果与预定的计划指标进行对照检查、总结、纠偏，达到对事务全系统、全过程、全方位控制和事事控制的目的，确保事务向预定的目标发展。

OEC 管理法由三个基本框架构成，即目标体系、日清控制体系和有效激励机制。这三个体系形成了一个完整的管理过程：首先由目标体系确定目标，然后由日清控制体系来保证完成目标的基础工作，为了使基础性的工作能朝着对企业有利的方向运动，必须对日清的结果进行正、负激励，这便是有效激励机制所要达到的目标。

OEC 管理法强调对全员、全方位、全过程的控制，将对结果的管理转变为对瞬间状态的控制。通过 OEC 管理法把所有的目标分解到每个人身上，每个人的目标每天都有新的提高，这样就可以使整体工作有条不紊地不断提升。海尔每个员工都有一张“三 E 卡”（Everyone、Everyday、Everything），每个员工干完当天的工作后填写卡片，填写完之后，其收入就与这张卡片直接挂钩。这张日清卡使海尔把整个的工作大目标分解落实到每个人身上。例如：海尔的冰箱共有 156 道工序、545 个责任区，全部都落实到每个人，这就使得整体质量得到了保证；就连冰箱仓库的 1 964 块玻璃，每一块玻璃都有责任人，必须擦得干干净净。所以，在海尔，全员参与不再是一句空喊的口号，而变成实实在在的行为，变成了效益。OEC 管理是海尔的基础管理模式，为海尔营造了严、细、实、恒的管理风格，使海尔上下形成一个有机的、积极向上的系统。

二、员工的市场链理念与设备管理

在 OEC 管理的基础上，海尔又辅以市场链这一有效调节机制。所谓市场链，主要是指把市场经济中的利益调节机制引入企业内部，围绕海尔集团的战略目标，把企业内部上下流程、上下工序和岗位之间的业务关系由原来的单纯行政机制转变成平等的买卖关系、服务关系和契约关系，通过这些关系把外部市场订单转变成一系列内部市场订单，形成以“订单”为驱动力、上下工序和岗位之间相互咬合、自行调节运行的业务链。在这个业务链中各岗位互为“客户”，本岗位（即本客户）不接受上一道工序传来的缺陷，同时自己也不能产生失误和差错，如果产生失误和差错，下一个工位或者说客户有权拒绝缺陷。市场链就是要把外部市场目标转化成内部目标，把内部目标转化成每个人的目标，把市场链完成的效果转化为每个人的收入。在实际操作中，通过索酬（S）、索赔（S）和跳闸（T）手段，形成岗位市场链。索酬是指通过建立市场链为服务对象提供满意的服务，从市场（服务对象）中取得报酬；索赔体现出了市场链管理流程中部门与部门、上道工序与下道工序之间互为咬合的关系，如果不能履约，就要被索赔；跳闸就是发挥闸口的作用，如果既不索酬，也不索赔，第三方就会自动“跳闸”，以发现问题。

例如：设备管理与使用部门，即技术装备本部和产品事业部，是紧密相关的两个部门，产品事业部是技术装备本部的市场，技术装备本部为产品事业部提供设备管理服务，技术装备本部时刻要考虑它的市场——产品事业部的要求，根据市场需求做出迅速行动。由于海尔的订单很多，产品事业部就要求设备尽可能减少停机或不停机，以保证机器完全有效运行。技术装备本部根据产品事业部的这一要求，制定了以降低设备停机时间为主项目标的设备管理收费标准，收费标准是经过技术装备本部和产品事业部协商后以合同形式确定下来的，其中合同中有这样一条规定：如果产品事业部的设备超指标停机 1min，则说明技术装备本部的工作做得不好，那么其市场——产品事业部就有权向其索取赔偿 1 元。相反，如果产品事业部的设备少停机 1min，则说明技术装备本部的工作做得到位，那么技术装备本部就可以从其市场——产品事业部索取 1 元的报酬。这也就是市场链的直观体现。

海尔通过市场链，将整个集团内部各部门、各工序、每个人都纳入市场链体系中。受到市场这只无形手的控制，海尔的各个部门、工序和全体员工都要积极地面对市场的挑战，因为任何工作都要得到下一部门、工序和个人即市场的验证，得到肯定才会得到相应的报酬。在海尔，员工的报酬完全来源于市场，只有你的工作被市场认可和接受，才能获得报酬，如果用户不满意，不但拿不到报酬，还要被用户索赔，这样就形成了一种观念，即：每个人都有一个市场，每一个人都与市场零距离，每一个人的收入都由市场来支付。在市场的压力下，每个员工都积极地参与到工作中，市场链促进了全员的参与性。

三、全员参与和设备管理

海尔通过 OEC 管理和市场链两大管理手段使员工积极主动地参与到企业生产管理过程中。在全员参与成为企业的一种习惯、文化的基础上，海尔在设备管理方面坚持了三级维修保养制，并结合企业实际发展了“6S 大脚印”；开展了“节拍经理”“设备远程诊断”“维修工人星级技能评定”“外聘尖端技术维修专家”等活动，着重解决了生产设备的节拍和生产保障，以设备的高效率保证产品订单的响应速度，通过“TPM 互动小组”“集团内部技术专家评定”“设备绿色机台评选”“资源存折”等活动的推行提高了设备的综合效率，使集团的整体维修水平和管理水平得到了提高。

海尔的经验表明 TPM 是一种有效的设备管理途径，采用时要结合企业实际。而要取得最终成功的第一步，也是最关键的一步就是要在企业内部培养全员参与精神，在全员参与的基础上再进行下面的工作，也就水到渠成了。

问题：

（1）什么是 TPM ？

（2）如何开展 TPM ？

随着科学技术的发展，生产手段现代化程度越来越成为提高经济效益的决定性因素之一。设备在固定资产中的比重不断加大，已成为工业企业赖以生存和发展的重要物质技术基础，加强设备管理对于保证企业生产的正常进行、推动技术进步、提高产品质量和经济效益都有着重要意义。

设备通常是指人类在社会、生产活动中使用的，能起到工具作用的物体。企业生产活动中使用的设备主要是指除土地和建筑物以外的有形固定资产，如各种机器、电子装置、车辆等。企业生产中所用的设备种类繁多，从设备在生产中的作用这一角度，可将设备分为以下几类：生产工艺设备（用来改变劳动对象的尺寸、形状和性能，使劳动对象发生物理和化学变化的那部分设备，如各种金属切削机床、锻压焊接设备等）、辅助生产设备（为主要生产提供服务的设备，如制造业中的动力、运输设备等）、科研设备（企业内部进行科研实验用的测试设备、计量设备等）、管理用设备（企业经营管理中使用的各种计算机、复印机、打印机等办公设备）和公用福利设施（主要指企业内的医疗卫生设备、通信设备、炊事机械设备等）。

所谓设备管理，是指依据企业生产经营目标，通过一系列的技术、经济和组织措施，对设备寿命周期内的所有物质运动形态和价值（资金）运动形态进行的综合管理工作。

设备寿命周期是指设备从规划、购置、安装、调试、使用、维修、改造、更新直至报废全过程所经历的时间，体现了设备的物质运动形态。设备的价值运动形态则是指设备的初始投资，维修费用支出，折旧，更新改造资金的筹措、使用和支出等。因此，设备管理的目标是使设备的寿命周期费用最少而综合效能最高。其主要内容包括：

（1）设备购置。根据企业生产和工艺要求，按照“技术上先进、经济上合理、生产上可行”的原则，选择和购置企业需要的各种设备。

（2）设备使用。根据设备的性能、特点和使用要求，合理地使用设备，防止不按操作规程和不按规定范围使用设备，特别是严禁超负荷使用设备。

（3）设备维修。及时地、经常地做好设备维护保养工作，减轻设备的磨损，推迟设备性能和效率降低时间；制定并贯彻执行合理的设备计划预防修理制度。

（4）设备折旧。根据企业的生产经营决策和技术发展情况，合理确定设备折旧率，为设备更新和技术进步筹措资金。

（5）设备日常管理。设备的日常管理是一项基础性工作，包括设备的验收、登记、保管、租赁、报废和事故处理等工作，应认真建立和执行设备管理制度和责任制度，保证设备正常运行。

（6）设备改造和更新。根据企业新产品开发、老产品改造、节能降耗等要求和可能条件，有计划、有步骤、有重点地进行设备的改造和更新工作，保证质量，推进企业技术进步。

任务1　设 备 评 价

选择和评价设备往往须首先进行技术上的认真考察，以确定设备在技术上是否可行。在评价设备的技术规格时，一般要考虑生产能力、可靠性、可维修性、易于操作性、安全性、互换性、配套性、节能性、售后服务、法律及环境保护、对现行组织的影响等因素。

设备在技术上先进，并不意味着就一定值得购买，还要考察其在经济上是否合理。国内外对设备经济评价的方法有很多，主要是测算设备的寿命周期费用，即投资费（在购置时支付的售价、运输费、安装调试费用等）和使用费（设备在投产运行后平均每年必须支付的能源消耗费、维修费、保险费、操作人员工资等），确定设备寿命周期费用较小的方案。

一、投资回收期法

投资回收期是指用设备的盈利收入来偿还该设备支出所需要的时间，其计算公式为

$$设备投资回收期（年）=\frac{设备投资额（元）}{设备运行带来的年净收益或节约额（元/年）}$$

计算出的投资回收期越短，说明设备投资效果越好。该方法可用于单方案评价或多方案比较。由于没有考虑资金的时间价值，分析较为粗略，因此该方法需要和其他方法结合起来使用。

例 7-1

YYB 管理有限公司线切割加工中心购买线切割机床有三个投资方案，有关数据如表 7-1 所示，试根据计算确定最佳方案。

表 7-1　线切割机床投资回收表

方　案	机床投资费用（万元）	采用该机床后年净节约额（万元/年）	机床投资回收期（年）	决　策
A	9	1.5	9/1.5=6	×
B	8	2	8/2=4	√
C	5	1	5/1=5	×

由表 7-1 可知，公司可选择方案 B 提出的设备进行购置。

二、费用比较法

费用比较法是指根据设备最初一次投资费用和设备每年支付的维持费，按设备的寿命周期和利率，换算为设备的年总费用或寿命周期总费用，然后对不同方案进行比较、分析，做出最优选择。该方法一般用于多方案比较。根据对设备费用换算方法的不同，分为年费法和现值法。

1. 年费法

首先把购置设备一次支出的设备费（指投资费）依据设备的寿命周期，按复利计算，换算成相当于每年的费用支出，然后再加上每年的使用费，得出不同设备的总费用，进行比较、分析，最后从中选出总费用最小的方案为最优方案。设备的年总费用计算公式为

$$C_{\mathrm{I}}=I\frac{i(1+i)^n}{(1+i)^n-1}+C_0$$

式中　C_{I}——设备年总费用；
I——设备最初投资费；
C_0——设备年使用费；
i——年利率；
n——设备寿命周期。

例 7-2

YYB 管理有限公司冲压中心计划购买一台冲压机床，有 A、B 两种型号的冲压机床可选择，相关参数如表 7-2 所示，设年利率为 6%，试比较二者的年总费用并做出选择。

表 7-2 设备参数表

冲压机床	初始投资（万元）	年使用费（万元 / 年）	寿命周期（年）
A	25	2	10
B	16	3	10

解：由公式得：

$$C_{IA}=25\times\frac{6\%\times(1+6\%)^{10}}{(1+6\%)^{10}-1}+2\approx 5.40\text{（万元）}$$

$$C_{IB}=16\times\frac{6\%\times(1+6\%)^{10}}{(1+6\%)^{10}-1}+3\approx 5.17\text{（万元）}$$

因为 $C_{IA}>C_{IB}$，所以选择冲压机床 B 较为经济，每年可比机床 A 节约近 0.23 万元。

2. 现值法

现值法是将设备寿命周期每年的使用费用按复利换算成相当于最初一次性投资的总额，再加上设备的最初购置投资额，得到设备的寿命周期总费用，选择费用最小的设备。设备寿命周期总费用计算公式为

$$C=I+C_0\frac{(1+i)^n-1}{i(1+i)^n}$$

式中 C——设备寿命周期总费用。

例 7-3

仍以例 7-2 为背景，按现值法计算，应选哪款机床？

解：由公式得：

$$C_A=25+2\times\frac{(1+6\%)^{10}-1}{6\%\times(1+6\%)^{10}}\approx 39.72\text{（万元）}$$

$$C_B=16+3\times\frac{(1+6\%)^{10}-1}{6\%\times(1+6\%)^{10}}\approx 38.08\text{（万元）}$$

计算结果 $C_A>C_B$，与年费法结果相同，即选择 B 机床优于 A 机床，B 机床在 10 年内全部支出的现值比 A 机床少 1.64 万元。

用年费法或现值法评价设备投资方案时，首先应比较各设备的寿命周期。如果各方案的设备寿命周期相同，则两种评价方法均可采用；如果设备的寿命周期不同，宜用年费法评价。另外，年费法和现值法的计算公式都建立在设备是一次性最初投资，且每年使用费

用相同的假定上，如果上述假设不能成立，即设备投资费是分期支出，或各年使用费不同，或两个假定均不满足，则需要用投资决策的其他方法来选择。

三、费用效率比较法

费用效率比较法是将综合效率与设备寿命周期费用结合在一起，以最佳效率费用作为选择准则。其计算公式为

$$费用效率=\frac{综合效率}{寿命周期费用}$$

上式中，综合效率包括七个方面：

产量（P），要完成产品产量的任务，设备的效率要高。

质量（Q），保证生产高质量的产品。

成本（C），成本要低、维修费用要低。

交货期（D），保证合同规定的交货期。

安全（S），保证安全生产。

环境（E），要求减少污染，保证环境卫生，文明生产。

士气（M），使工人保持旺盛的干劲和劳动情绪。

寿命周期费用是指设备寿命周期总费用，包括设备的购置费和维持费。

该方法一般用于多方案比较。

例 7-4

YYB 管理有限公司线切割加工中心有 A、B、C 三种型号可供选择的线切割机床，其有关数据如表 7-3 所示，试根据费用效率法选择机床。

表 7-3　设备费用效率计算表

可供选择的线切割机床	寿命周期费用（万元）	生产效率（件/天）	费用效率[件/（天·万元）]	决　策
A	40	600	600/40=15	×
B	50	800	800/50=16	√
C	60	870	870/60=14.5	×

解：根据表 7-3 可知，公司选择 B 机床费用效率更高。

思考题

1. YYB 管理有限公司线切割加工中心为扩大生产能力，拟购置一台关键设备，现有两个方案可供选择，相关数据如表 7-4 所示。请分别用年费法和现值法进行经济评价，并做出最优选择。

设备评价小测验

表 7-4　设备购置及使用费表

方　　案	最初投资(万元)	每年维持费用(万元/年)	设备寿命周期(年)	年　利　率	资金回收系数	资金现值系数
Ⅰ	30	5	10	6%	0.135 9	7.36
Ⅱ	25	6.5	10	6%	0.135 9	7.36

2. YYB 管理有限公司冲压中心为添置新设备，提出三个投资方案，相关资料如表 7-5 所示。请采用投资回收期法对各方案进行经济评价，并选择出最优方案。

表 7-5　设备添置费表

方　　案	设备投资费用（万元）	采用设备的年节约额（万元/年）
A	12	0.2
B	16	0.5
C	15	0.3

任务 2　设备维护与保养

机械设备在长时间的运行过程中，由于零部件之间相对运动的摩擦，会使零部件发生自然的磨损、锈蚀、老化变质等，使设备的技术状况逐渐劣化，性能逐渐下降，经济性、安全性、可靠性逐步降低，并成为设备隐患。因此，必须根据设备技术状况变化的规律，及时做好设备的维护保养、修理、更新与改造工作。

微课：设备维护与保养

一、设备磨损

设备磨损是设备在使用或闲置过程中逐渐发生的各种物质损坏、性能劣化和价值贬值的现象。设备的磨损可分为有形磨损和无形磨损。

1. 有形磨损（物理磨损）

设备在使用或闲置过程中，由于摩擦、应力和化学反应等作用，其部件和零件会逐渐磨损、疲劳、腐蚀、变形、老化和断裂等，一般将这种实体上的磨损称为设备的有形磨损或物理磨损。设备的有形磨损也有一定的规律，正常情况下可分为三个阶段，如图 7-1 所示。

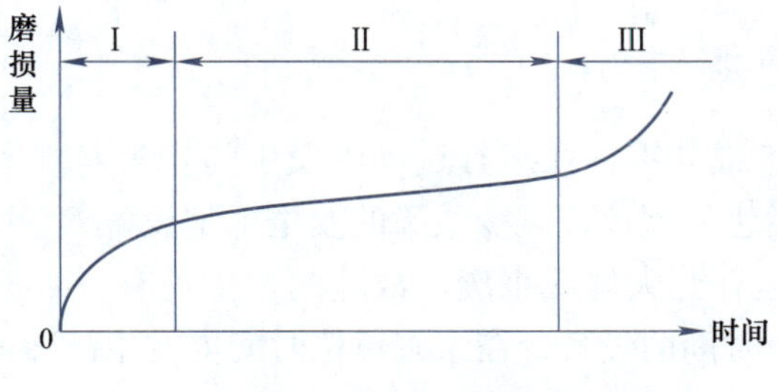

图 7-1　设备有形磨损变化曲线

第Ⅰ阶段为初期磨损阶段（又称磨合期）。在这一阶段，设备主要因相对运动的零件表面的微观几何形状（如表面粗糙度）在受力情况下的迅速磨损。该阶段磨损速度较快，但时间较短。例如，新买回来的自行车在使用了一段时间后会感到很轻便，就是因为自行车上有相对运动的零件经过磨合后达到一种良好的配合状态。

第Ⅱ阶段为正常磨损阶段。这一阶段设备处于最佳运动状态，磨损速度缓慢，磨损量小，曲线呈平稳状态。该阶段设备效率较高，对产品质量最有保证。因此，要合理使用设备，精心维护，最大限度地延长设备的使用寿命，达到最佳的经济效果。

第Ⅲ阶段为急剧磨损阶段。这一阶段，零件正常磨损关系被破坏，磨损急剧增加，设备的精度、性能和效率迅速降低。一般情况下不能允许设备使用到急剧磨损阶段，而应在正常磨损阶段后期就进行修复或更换。否则将加大修理工作量，增加修理费用，延长设备停工修理时间。

2. 无形磨损（精神磨损）

由于科学技术的进步而不断出现技术更加先进、生产效率更高、能源和原材料消耗更少的设备，使原设备的价值降低（技术性无形磨损）；或者由于工艺改进、操作熟练程度提高、生产规模加大等，使相同设备的重置价值不断降低而导致的原设备贬值（经济性无形磨损）。经济性无形磨损，虽然使机器设备的价值部分贬值，但设备本身的技术特性和功能不受影响，其使用价值并未因此发生变化，所以，不必提前更换现有设备；而技术性无形磨损则不仅使原设备贬值，而且还会使原设备的经济效率低于社会平均水平，因而有必要对原设备进行改造或用新设备代替原设备。

设备的磨损形式不同，补偿方式也不一样。设备补偿分局部补偿和完全补偿。设备有形磨损的局部补偿是修理；无形磨损的局部补偿是现代化改装和技术改造；有形磨损和无形磨损的完全补偿是更新。设备的磨损形式及其补偿方式的相互关系如图 7-2 所示。

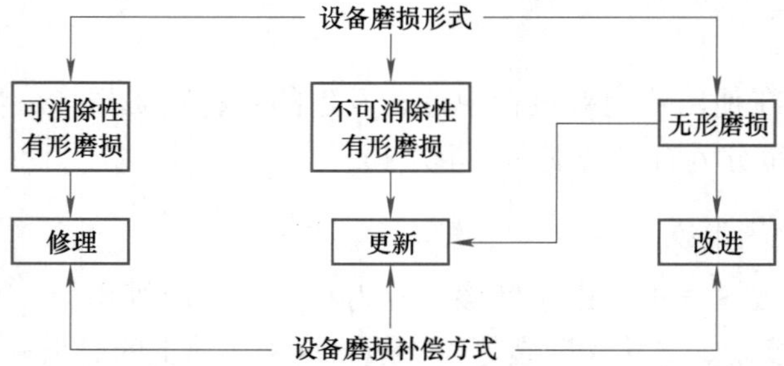

图 7-2　设备的磨损形式及其补偿方式的相互关系

二、设备的故障规律

设备的故障是指设备或其零件在运行过程中发生的丧失其规定功能的不正常现象。正确分析和掌握设备故障发生的规律，减少故障的发生，是设备管理中的一个重要问题。

一台设备，从投入运行到大修或报废，故障的发生是有一定规律的。研究表明，设备的故障率（即工作到某一时间的设备，在未来单位时间内发生故障的比率）在整个设备使用期间是按一条“浴盆曲线”分布的，如图 7-3 所示。

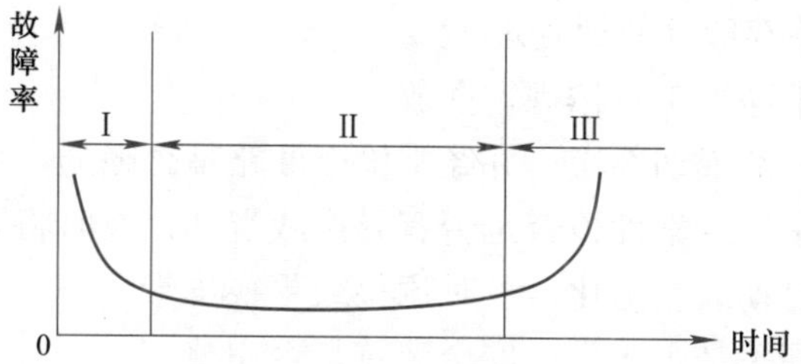

图 7-3　设备故障率变化曲线

根据故障率的变化情况，设备故障的发展过程可分为三个阶段：

第Ⅰ阶段：初期故障阶段。这一阶段设备刚投入使用，由于设计、制造中的缺陷或者操作者不适应、不熟悉等原因，往往会出现较多的故障。但随着缺陷的消除和使用熟练后，故障会逐渐减少，经过一段时间后故障率就相对稳定了。这一阶段减少故障的措施有：认真研究操作方法，并将设计制造中的缺陷及时反馈给有关部门；谨慎搬运、安装，严格进行试运行并及时消除缺陷；加强岗位培训，提高操作者的技术熟练程度。

第Ⅱ阶段：偶发故障阶段。这一阶段设备已进入正常运转阶段，故障很少，所出现的故障主要是由于操作失误、保养不善、设备使用条件不完备等偶然性因素引起的，发生故障的时间不确定。这一阶段持续时间较长，是设备最佳使用期，决定着设备寿命的长短。这一时期的设备管理主要任务是搞好日常维修保养，提高生产工人的操作水平和责任心，从而有效地延长设备寿命。

第Ⅲ阶段：劣化故障阶段。在这个阶段，由于设备的某些零件已进入剧烈磨损阶段或已经老化，因而故障率迅速上升。这时设备已经不能进行正常工作，必须停机检修，更换已损坏的零件，以降低故障率，延长设备的有效寿命。

三、设备维护保养

设备维护保养的目的是及时处理设备在运行中由于技术状态的发展变化而引起的问题，随时改善设备的使用状况，保证设备正常运转，并延长使用寿命。设备的维护保养一般实行定期分级保养，级别是按执行保养作业的时间间隔周期与作业的广度和深度划分的。低级保养的间隔周期短，作业广度小、深度浅；高级保养的间隔周期长，作业广度大、深度深。由于不同行业的生产工艺、生产过程不同，定期分级保养制度在执行上有较大差异，如机械制造行业的三级保养实行的是日常保养、一级保养、二级保养。

1. 日常保养

日常保养是指操作工在班前对设备的润滑、传动机构、操作系统、滑动面等进行认真检查，以确保设备在清洁、润滑、安全的情况下开机运行；使用中要严格按操作维护规程正确使用设备，发现异常及时停机处理；下班前要认真完成清除铁屑、擦拭设备、滑动面上注润滑油等日常维护保养工作，确保设备处于整齐、清洁、润滑、安全的状态才能交接班。日常保养一般在运行班内或在班前、班后的交接班时间内，由操作人员执行，目的是提高设备的完好率和利用率。其具体内容包括：

（1）机器周围随时清理整洁干净，地面不应有油污、水或掉落地上的物料或产品，生产中所产生的废品应集中存放并快速处理。

（2）机器表面保持干净，工具按规定摆放。

（3）按规定添加润滑油或切削液，并经常检查油路是否畅通。

（4）机器操作过程中，经常性检查是否有异声或震动，及时将紧固件上紧。

（5）检查皮带是否松动或呈劣化，及时调整或更换皮带。

（6）认真检查制动开关是否正常、安全装置是否完整。

2. 一级保养

一级保养是指除日常保养内容外，由设备外部进入内部，根据设备使用情况拆卸、清洗零部件，调整间隙，清除表面油污，疏通油路等，一般由操作人员在专业维修人员指导与配合下定期进行。通常来讲，每月最后一个周日为一级保养日。一级保养以操作工人为主，维修工人辅助，按设备维护规程中保养内容的要求对设备进行保养和检查，做到清除黄袍、油污、锈蚀；疏通油路、管道；更换清洗油线、油毡、滤油器；调整各部位间隙等。

3. 二级保养

二级保养由设备维修部门按事业部编制的二级保养年度计划执行。保养以维修工人为主，操作工人协助，对设备磨损部位检查和修复，更换磨损件，清洗、换油、检修电气，修复设备精度，使设备技术状况达到设备完好标准要求。完工验收合格后，必须填写“完工验收单”报设备管理部门归档。二级保养涉及的项目和部位最多，主要在设备内部，对设备进行局部群体检查、清洗与换油、修复或更换易损件、局部恢复精度并检查电气、冷却系统等，一般由专业维修人员在操作人员的参与配合下定期进行。

四、设备的检查

设备检查是对设备的运转情况、技术状况、工作精度、磨损程度进行检查和校验，通过检查可以及时发现隐患，有针对性地采取预防措施，消除故障，同时根据检查情况制订修理计划，做好修理前的准备，提高修理效率和质量。这里重点介绍一下设备点检制度。

1. 设备点检的含义

设备点检是指为了准确掌握设备所规定的机能，按预先规定的标准，通过人的自身感官和运用检测手段，对设备规定的部位进行有无异常的检查，使设备的异常和劣化能够尽早发现、尽早预防、尽早“治疗”。设备点检中的“点”是指设备的关键部位。点检的目的是要及时发现设备异常、缺陷和隐患，以防因突发故障而影响生产和使生产质量下降，维修费用、运转费用增加，影响安全，降低设备的使用寿命等，将故障可能造成的损失控制在最小范围。

设备点检制度是一种先进的设备维护管理方法，其指导思想是推行全员和全面设备管理，以“预知维修制”取代“预防维修制”，它具有制度化、规范化的特点，对改善设备管理有明显效果。

2. 设备点检的主要内容

设备点检包括日常检查、定期检查和专项检查。日常检查是由操作人员（或专职点检人员）根据规定标准，针对设备的关键部位，了解运行是否正常，并对设备进行必要的清洁、润滑、紧固和调整，并将检查结果记入标准的日常点检卡或表中。定期检查是由维修人员（或专职点检人员）凭自身感官和专门检测工具，定期对设备的技术状况进行全面检查和测定，测定设备的精度和性能以及设备的劣化程度，查明不能正常工作的原因，并记录下次检修时应消除的缺陷。定期检查内容比较复杂，一般需停机进行，且时间较长，所以，主要对象是重点生产设备。并且要注意，定期点检的计划要与生产计划相协调，其周期一般可分为周、月、季度、半年、一年等。专项检查是由专职维修人员（含工程技术人员）针对特定的项目进行的定期或不定期的检查测定。

根据设备管理层次的不同，设备点检又可分为“厂控”点检和“一般”点检。前者由厂部直接管理组织，一般适用于关键设备和公用设备；后者则由车间管理组织，是针对局部性设备进行的。

3. 在设备点检工作中应注意的问题

（1）正确确定检查点。要将设备的关键部位和薄弱环节作为检查点，其数目要符合要求，一经确定不可随意更改。

（2）明确检查点的检查内容或项目，进行规范化的登记。

（3）判定标准明晰并尽可能定量化。

（4）合理地确定点检周期。点检周期应根据生产工艺特点及检查点在维持生产或安全上的重要性，结合设备维修经验来确定。这是一个需要不断摸索的过程，可先拟订一个周期试行一段时间，再结合试行期间的情况进行全面分析和适当调整，最后确定出切合实际的点检周期。在完全无经验可循的情况下，也可用理论方法先推出一个周期，再在试行中调整。

（5）正确编制点检表。需在表中明确检查点、检查项目、检查周期、检查方法、判断标准，并统一记录符号，编制力求简明易懂、便于使用。

（6）认真做好记录和分析。检查人员记录要准确、全面、简明和规范，设备工程师和设备管理部门要及时检查记录，并进行分析研究，及时处理存在的问题。

（7）做好全面管理工作。要形成一个从厂部到车间的严密的设备点检管理网，实行岗位责任制，明确人员及其职责范围，并对各单位的点检工作进行定期检查、考核和奖惩。

思考题

如果让你负责企业的设备管理，你会如何安排企业设备的日常保养、一级保养和二级保养的具体内容？

设备维护与保养
小测验

任务3　设备修理

设备修理是指更换和修理已磨损的零件、部件及附属设施，恢复已经损坏的设备的工作性能、精度和工作效率，对设备磨损进行的一种技术补偿活动。设备在使用过程中发生故障，操作工人应立即报修，并同时填写好故障信息，维修人员应及时修理，恢复设备的性能和精度，确保生产和产品质量不受影响。事业部内部无法修理的设备，可委外修理，在委外修理过程中维修部门应安排维修人员参与维修，掌握维修方法和技能。维修结束后整理资料存档，以便提升以后自主维修的能力。

一、设备的计划修理

1. 修理方式

（1）预防性修理。预防性修理是指为了防止设备性能、精度的劣化，减少事故，通过日常点检、定期点检等，准确掌握设备实际技术状况，并按事先规定的计划和技术要求对设备所进行的修理活动。通常有定期修理和状态监测修理两种方式。

（2）改善性修理。改善性修理是指在对设备进行修理的同时，改进设备的局部结构或零件设计，使设备原有性能得到提高。改善性修理可以和设备大修结合起来进行。

（3）项目修理。项目修理又称局部修理，是指根据设备的技术状态，对精度丧失或不达工艺要求的项目进行针对性修理。主要适用于精密、大型、稀有、关键设备及其重点部位；生产线、成套设备、流程设备中关键单项设备及其重点部位；专用设备中对工艺要求有影响的部位；通用设备中影响精度、性能的部位。进行项目修理时要对设备进行局部解体、修复或更换磨损部件，校正设备的坐标等，以恢复其精度、性能。

（4）同步修理。如果一台设备上的两个或两个以上的零部件在同一时间内损坏，使其故障同步化，则可同时进行更换和修理，以减少修理停机时间。设备中故障周期接近的零件越多，修理停机时间就越短，经济效果越好。同步修理一般用于关键、大型、昂贵、复杂的设备及流水线上的设备。

（5）预知修理。预知修理又称预知维修，指通过对设备故障敏感部位的运转状态的连续监测，借助计算机对监测信息的处理，预测出将要发生的故障并发出警报，大大减少了维修工作中的盲目性。

2. 计划预防修理制度

计划预防修理制度简称为计划预修制，是我国从 20 世纪 50 年代开始推行的一种设备维修制度。该制度是按照预防为主的原则，根据设备的磨损规律，有计划地对设备进行日常维护保养、检查和修理，以保证设备经常处于良好状态。这种维修体制克服了事后修理的缺陷，能够及时发现设备隐患，避免了设备的剧烈磨损，延长了设备的使用寿命；同时也利于缩短修理时间，提高维修效率。

计划预修制的主要内容包括日常维护、定期检查和计划修理等。计划修理的主要工作有小修、中修、大修。

（1）小修。小修是指对设备的局部维修，通常只更换或修复少量的磨损零件，排除故障或清洗设备，紧固调整零部件。小修是工作量最小的设备修理，但其次数多，一般结合日常检查和保养进行。小修一般在生产现场由车间专职维修工人进行，由车间机械员、维修工人和操作工人共同检查验收。其费用计入生产成本。

（2）中修。中修是指对设备部分解体，修理或更换主要零件和基准件（主要更换件一般为 10% ～ 30%），校正设备的基准，以恢复设备性能、精度等技术指标，保证其达到工艺要求。中修的大部分项目由车间专职维修工人在生产现场进行，个别要求较高的项目可由机修车间承担。设备经中修后，设备管理部门和质量管理部门要组织车间机械员、主修工人和操作工人共同检查验收。其费用计入生产成本，列入当月车间的制造费用。

（3）大修。大修是指对设备进行全面的修理，将设备全面拆卸分解，更新或修复全部的磨损部件（主要更换件一般在 30% 以上），校正和调整整台设备，恢复设备原有的精度、性能和生产效率，并对设备外部重新喷漆等。其工作量大，修理费用高，所以，大修之前一定要精心计划，并可结合技术改造进行，从而提高设备的效率和先进性。大修一般由机修车间承担。设备大修后，设备管理部门和质量管理部门要组织使用与承修车间有关人员共同检查验收。设备大修是对损耗的固定资产进行部分补偿，其支出应小于重置固定资产所需费用。大修费用数额较大，应按递延费用处理，在大修间隔期内分两期平均摊销。

一般在设备的说明书中，都规定有大、中、小修的期限。但设备运行状况的影响因素较多，其修理期限应根据具体情况来掌握。

计划预修制作为一种比较科学的预防维修制度已充分得到人们的认可，但仍然存在不完善之处。例如，不能很好地解决修理计划切合实际的问题，对生产工人参与维修、保养的限制较多等，所以应在实践中不断总结经验，使这种维修制度得到全面的提升。

3. 设备修理计划

设备修理计划是企业生产经营计划的重要组成部分，由动力设备部门负责编制，一般包括年度计划、季度计划、月度修理作业计划和单台设备大修计划。编制设备修理计划的依据主要有：通过设备检查发现设备技术性能劣化状况；设备加工精度不良，尺寸和表面形状及位置公差不达技术要求；设备机能差，动作不良。

在设备修理计划中要规定企业计划期内修理设备的类别、内容、日期、修理工作量、修理停歇时间、修理所需的材料、备件及费用等。这些项目要依据修理周期定额和修理工作定额确定。

（1）修理周期定额。修理周期定额包括修理周期、修理间隔期、检查间隔期和修理周期结构。修理周期是指相邻两次大修之间的间隔时间；修理间隔期是指相邻两次修理（不论是大修、中修、小修）之间的间隔时间；检查间隔期是指定期检查与相邻的计划修理之间的时间间隔；修理周期结构是指一个修理周期内所安排的各种检修保养次数和排列顺序。

（2）修理工作定额。修理工作定额主要包括修理劳动量定额、修理停歇时间定额、修理费用定额和修理用材料定额等。

修理劳动量定额是各种设备修理工作的劳动时间标准，通常以一个修理复杂系数所需的劳动时间表示，如表 7-6 所示。

修理停歇时间定额是指设备从停机修理起到修理工作结束验收合格重新投入生产使用所经过时间的标准，其时间长短主要取决于修理钳工劳动量，也可按一个修理复杂系数来规定，如表 7-7 所示。

修理费用定额是指一个修理复杂系数所需的费用标准。由于企业的管理水平不一，工艺装备及修理工人的平均技术等级不一，故大修理的费用定额也不相同，但应努力逐步达到标准级定额。

修理用材料定额可以用一个修理复杂系数为单位来确定。表 7-8 为金属切削机床修理用主要原材料定额。

表 7-6　设备修理劳动量定额　（单位：h）

设备类别	大修					中修					小修			
	合计	钳工	机工	电工	其他	合计	钳工	机工	电工	其他	合计	钳工	机工	电工
精密机床	119	65	30	20	4	79	45	20	10	4	19.5	13	5	1.5
大型机床	90	50	20	16	4	64	35	15	10	4	16.5	11	4	1.5
一般机床	76	40	20	12	4	57	30	13	10	4	13.5	9	3	1.5
锻压设备	94	44	30	10	10	65	32	20	8	5	14	10	3	1
起重设备	75	40	15	12	8	65	32	20	8	5	8	5	2	1
电器设备	36	2	4	30	—	18	1	2	15	—	7.5	—	0.5	7
动力设备	90	45	25	16	4	64	35	15	10	4	16.5	11	4	1.5

表 7-7　设备修理停歇时间定额　（单位：天）

修理类别	停歇时间定额	修理类别	停歇时间定额
修前检查	0.2~0.3	中修（项修）	1~1.5
小修	0.3~0.5	大修	2.5~3.5

表 7-8　金属切削机床修理用主要原材料定额　（单位：kg）

修理类别	铸铁	铸钢	耐磨铸铁	碳素钢	合金钢	型钢	有色金属
大修	8	0.25	1	13.5	6.6	0.5	1.6
中修	4	0.2	0.3	8	3	0.3	1
小修	1	0.05	0.1	2	1	0.1	0.5

4. 设备修理计划的编制

在确定了上述修理定额后，就可以编制设备修理计划了。在制订年度计划时，除各项定额外，还要注意收集以前设备的维修记录、故障统计分析、全厂设备技术检查鉴定情况及计划期各车间的生产计划等资料，由机械动力部门在上年第三季度提出设备修理计划（草案），交计划部门综合平衡后，做出必要的调整和修订。年度计划编制好后，为了使年度计划得到充分实施，还需编制季度和月度的修理计划。季度修理计划需在计划季度前一个月，根据年度计划，结合本季具体情况编制。月度修理计划作为具体的执行计划，在编制时要优先安排和采取措施积极完成跨月的检修项目和上月未完成计划的项目，并尽量做到平衡、合理地利用劳动力，编排出作业进度，搞好劳动组织和派工工作。为了缩短修理停歇时间，更好地组织设备的修理工作，对比较复杂的大型设备还应编制单台设备大修计划。一般采用网络计划技术来编制这种计划。

二、设备的故障修理

1. 设备故障种类

设备故障通常包括突发故障和渐发性故障。突发故障是指在事先的测试和监控中无明显征兆，且无发展过程的随机故障，此类故障的发生概率同使用的时间无关，如切削液、润滑油突然中断，超负荷引起零件损坏等。渐发性故障是指通过事先的测试或监控能预测到的故障，故障的发生概率与使用时间有关，即设备使用时间越长，故障发生概率越高，如零件的磨损、腐蚀、老化等。

2. 设备的故障修理

设备使用部门遇到以下情况时，应填报故障修理委托书，向设备维修部门提出修理要求。

（1）设备突然发生故障。

（2）日常点检时发现必须立即由专业维修人员排除的故障或缺陷。

（3）定期检查时发现确有必要立即修理的故障。

（4）由于设备的问题造成了废品。

维修部门接到故障修理委托书，或看到生产工人打开了生产线附近的故障信号灯时，应立即赶到现场进行抢修。特别是重点设备的故障要优先进行抢修，以缩短修复时间。如若情况紧急，来不及办理委托手续，则可先进行修理，后补办手续。维修工人要认真做好维修记录，并在分析故障原因的基础上，采取有效的防范措施，防止故障的再次发生。

三、设备更换年限决策

为使设备更新经济合理，应考虑设备的三种寿命来确定其最佳更新周期，即自然寿命、技术寿命和经济寿命。

（1）自然寿命。从设备投入生产开始到设备报废为止所经历的时间称为设备的自然寿命。自然寿命主要取决于设备本身的质量，使用、维修、保管的状况。其报废年限根据最后一次大修费用是否合算的经济界限来确定。

（2）技术寿命。由于科学技术的发展，技术上更先进、经济上更合理的同类设备不断出现，使现有设备在自然寿命尚未结束前就被淘汰，这种寿命被称为技术寿命。设备技术寿命的长短取决于科学技术发展的速度。技术寿命是设备的有效寿命，企业也越来越重视设备的技术寿命。

（3）经济寿命。经济寿命即设备的费用寿命，是从设备开始投入使用到由于使用费用的原因而停止使用为止所经历的时间。当设备进入剧烈磨损期，由于维修费用的增加会造成经济上的不合算，所以，综合效益低决定了其报废的年限。

从理论上来讲，三种设备寿命终点均可作为设备更新时机，而从经济角度出发，设备的合理使用年限为设备经济寿命。设备经济寿命的计算方法很多，下面介绍两种常用方法。

1. 低劣化数值法

这是一种用设备年平均总费用的高低来确定设备经济寿命的方法。随着设备使用年限的增长，按年平均的设备费用不断减少，但设备的维护修理费用及燃料、动力消耗增加，这就叫设备的劣化。因此，设备的最佳使用年限（即经济寿命）可用公式表达为

$$T_0 = \sqrt{\frac{2K_0}{G}}$$

式中　K_0—— 设备的原始价值（购置费）；

　　　G—— 设备的年劣化值。

例 7-5

YYB 管理有限公司某设备的购置费用为 10 万元，每年低劣化递增值 4 000 元，试根据低劣化数值法确定其最佳使用年限。

解：$T_0=\sqrt{\dfrac{2\times 100\,000}{4\,000}}\approx 7.1$（年）

即该设备的经济寿命（最佳使用年限）约为 7.1 年（以上计算未考虑利息因素）。

2. 面值法

面值法即以同类型设备的统计资料为依据，不考虑利息、大修以及经营上的经济效益，通过分析计算其年度使用费用来确定设备经济寿命的一种方法。此方法适用于军用武器装备，如大炮、坦克等，这些装备很难计算其经济效益，用面值法比较合适。计算公式为

$$P_n=\frac{M-L_n+\sum y_t}{n}$$

式中 P_n—— 第 n 年的年度使用费；

M—— 设备原值；

L_n—— 第 n 年的实际残值；

y_t—— 第 t 年的维持费（t=1，2，3，…，n）；

n—— 设备使用年限。

例 7-6

已知 YYB 管理有限公司某设备的原值为 300 万元，每年的残值及各年的维修费用如表 7-9 所示。试利用面值法计算该设备的最佳更新周期。

表 7-9 设备各年残值及维修费 （单位：万元）

更新年份	1	2	3	4	5	6	7
残值	200	133.3	100	75	50	30	30
维修费	60	70	80	90	100	120	150

解：分别计算累计维修费用、设备使用到某年的折旧费（= 原值 – 某年设备残值）、总使用费（= 累计维修费 + 折旧费）和年平均使用费（= 总作用费 / 年限），计算结果如表 7-10 所示。可知，每年平均使用费最低的时限在第 5 年年末，所以，5 年为最佳更新周期。

表 7-10 面值法计算表 （单位：万元）

更新年份①	1	2	3	4	5	6	7
累计维修费②	60	130	210	300	400	520	670
折旧费③	100	166.7	200	225	250	270	270
总使用费④（=②+③）	160	296.7	410	525	650	790	940
年均使用费⑤（=④/①）	160	148.4	136.7	131.3	130	131.7	134.3

四、设备的封存与报废

1. 设备的封存

闲置或长期不使用的生产设备，可做封存保管，加封存标识，封存的设备应切断电源，放净油箱中的油，擦拭干净，导轨表面涂油防锈，随机装置、附件、专用工具同时封存，并做好防锈工作。

设备启封使用时，要做好维护保养，试运转正常且经使用部门负责人认可后，方可投入使用，封存期间可不做日常维护保养。

2. 设备的报废

对于不能通过修复、改造达到使用要求，或修复改造费用不如更新经济时，由设备部填写“设备报废单”（见表 7-11），经总经理批准后报废，设备部于“设备报废单”中注明报废情况。对于低值损耗的工装夹具、辅具等，由使用部门以“设备报废单”提出报废申请，经总经理批准后即可报废。报废的设备尚未撤离生产现场时应挂报废牌或标签。

表 7-11　设备报废单

设备编号		验收日期	
设备名称		设备价格	
型号规格		使用部门	
报废原因（可附清单）： 签名：　　日期：　　年　月　日			
审批意见： 审批人签名：　　日期：　　年　月　日			
备注：			

审批会签栏		
使用部门负责人	生产部门负责人	总经理
日期：	日期：	日期：

填表人：　　日期：

3. 设备事故的处理

设备因非正常磨损而造成停产或效能降低影响使用寿命，使设备损失价值达到规定数额者称为设备事故。设备发生事故应立即停止操作，保持现场，由设备部会同发生部门进行原因调查，采取相应的措施并妥善处理，设备部将调查及处理的情况以书面报告的形式呈交本企业总经理。

五、全面生产维修制（TPM）

设备日益朝大型化或超小型化、复杂化、精密化、连续化等方向发展，所需投资不断增加，如使用不当，将对企业造成较大影响，这对设备管理提出了更高的要求。1971 年学者丹尼斯·帕克斯（Dennis Parkes）提出了设备综合工程学，并在实践中得到丰富和发展，在各国广泛应用。其实质是系统论、控制论和信息论的基本原理，以及故障物理学、可靠性工程、维修性工程、摩擦学等在设备管理中的综合应用。其特点是把设备的整个寿命周期作为管理和研究的对象，将最经济寿命周期费用作为研究目的；将与设备有关的工程技术、财务、管理等方面结合起来进行综合性管理；研究提高设备的可靠性、维修性设计，提高设计质量和效率；强调设备的设计、使用和费用的信息反馈。在预防维修的基础上，吸收设备综合工程学的主要观点，结合企业的管理经验，提出全面生产维修制（Total Productive Maintenance，TPM），这是现代设备管理渐趋成熟的一个标志。

1. TPM 的指导思想

TPM 的指导思想是“三全”，即全效益、全系统、全员参与。全效益就是要求设备寿命周期内费用最小、输出最大，即综合效率最高；全系统就是从设备的设计、制造、使用、维修、改造到更新的设备寿命周期全过程的管理；全员参与就是发动企业所有与设备有关的部门和人员都来参加设备管理。

2. 生产维修与其他维修的关系

TPM 吸收了预防维修制的维修方式，包括日常维修、预防维修、事后维修、改善维修、维修预防等，总称为生产维修，其关系如图 7-4 所示。

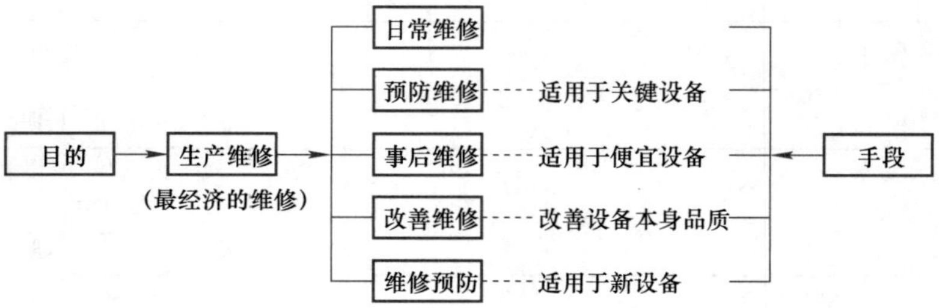

图 7-4　生产维修与其他维修的关系

3. 6S 活动与 TPM 教育的开展

6S 活动是指整理（Seiri）、整顿（Seiton）、清扫（Seiso）、清洁（Seiketsu）、素养（Shitsuke）、安全（Safety），主要目的是从思想上建立良好作风，不仅从技能上，更重要的是从职业道德和敬业精神上持续开展教育活动，使员工能自觉地执行各项规章制度。

曾获 TPM 优秀企业奖的丰田公司，在获奖之前的 3 年时间内，发动全体员工，认真整顿 TPM 体制，使产量增加 60%，设备费用降低 40%，取得了良好效果。

深思话题

全效益、全系统、全员参与设备管理，生产效益大幅提升

XG 公司是一家中外合资的机械制造企业，拥有各类机械设备 300 多台（套），其中 70% 由国内制造，30% 为进口设备。长期以来，公司一直致力于以低廉的成本为客户提供优质的产品与服务，本着质量是企业的生命的生产理念，公司于 2004 年顺利通过了 ISO 9000 国际质量体系认证。在严把质量关之后，企业认识到设备管理成了企业发展的瓶颈，2015 年，董事会决定在全公司范围内实施 TPM。

2015 年 1 月，公司下发《全院设备管理的概念》贯彻文件，在全公司全方位推行“全员生产维修”。3 月底，成立 TPM 项目组，由总经理任组长，成员包括专家顾问、各分厂厂长、设备科长等，并决定在机加工分厂进行试点。经过两个月的试点，公司最终确定了全公司开展 TPM 活动的相关政策，主要包括：①采用行政主导型非自愿小组来开展 TPM 活动。所谓行政主导型非自愿小组并不是丢弃现有的行政架构而另起炉灶建立单独的组织，而是与行政兼容或开展一体化的小组活动。高层以总经理为组长，分厂厂长、科长为组员；中层以分厂厂长为组长，工段长、班长为组员；基层以工段长、班长为组长，现场员工为成员。行政主导型活动在建设初期表现为非自愿性（甚至强制性）的活动，但一旦形成习惯就会成为一种自愿自律的活动。②管理规范化与信息可视化相结合。公司规定了设备管理的 12 项工作职责，全面编制了各类设备点检表 78 类共 158 种。同时为了指导操作工正确使用和维护设备，修改完善了设备使用工作指导书、设备维护保养指导书共 95 种。重新制订了设备的“定人定机”名单，责任落实到机台。修编、印制、下发设备使用维护规程、设备检修规程和质量标准。公司还大量运用管理看板，实现规范细致的信息可视化管理。③确定绩效指标，将 TPM 改善绩效与实施人员绩效挂钩。TPM 活动的成果是通过其绩效指标——总的设备效率反映的，各班组通过看板形式，使有关人员及时了解设备的运行绩效，包括各项分指标，为各活动小组制定及修改计划提供依据。同时还把推行 TPM 的工作纳入“公司综合奖金考核办法”进行考核，将设备效率与人员绩效挂钩，较好地推动了各阶段的工作。④诊断技术与 PDCA 的结合。在 TPM 实施初期，活动小组运用 PDCA 循环来开展相关设备管理活动。⑤员工自主管理。通过对设备基本条件（清扫、加油、紧固等）的管理，对使用条件的遵守、零部件的更换，以培养操作能手为目标，按照教育、训练、实践分阶段循序渐进地展开活动。⑥注意提升员工技能。公司还组织有关技术人员学习其他企业的先进设备管理技术与方法，注意收集国内外先进的设备管理技术信息。

企业在实施 TPM 后，设备效率及整个生产效率都得到了显著提高，公司各项主要生产设备的技术经济指标创造了历史最好纪录，其中主要生产设备事故及故障率下降了 23.5%，主要生产设备利用率提高了 4.58%。

思考：阅读上述案例后，谈谈你的收获。

思考题

结合企业实际情况，思考：如何利用全面生产维修制思想来提高设备运行效率？

设备修理小测验

项目八

优化质量管理

学习目标

知识目标

- 理解全面质量管理的含义。
- 明确质量管理体系的内涵。
- 掌握抽样检验的步骤。
- 掌握质量分析方法。

能力目标

- 能协助推行全面质量管理。
- 能协助建立、完善质量管理体系。
- 会进行质量检验与控制。
- 会用两图一表法、直方图法、控制图法开展质量分析。

素质目标

- 树立正确的质量理念。
- 培养系统思维、创新思维。
- 培养崇尚科学、实事求是、严谨认真、精益求精的职业素养。

引导案例

某降落伞制造商制作的降落伞的安全度不够完美，经过厂商的努力改善，降落伞的良品率达到了99.9%，但是一个飞行大队的客户要求所交降落伞的良品率必须达到100%。于是降落伞制造商的总经理专程到飞行大队商讨此事，看是否能够降低这个水准。厂商认为目前产品的质量已接近完美，没有什么必要再改。而飞行大队一口回绝，因为品质没有折扣。

飞行大队要求降落伞制造商改变了检查品质的方法，就是从厂商前一周交货的降落伞中，随机挑出一个，让厂商负责人装备上身后，亲自从飞行中的机身跳下。这个方法实施后，不良率立刻变成零。

问题:

从此故事中您得出什么结论？

质量（Quality）、成本（Cost）和交货期（Time）是衡量生产管理成败的三要素，也是决定市场竞争成败的关键因素，而质量更是企业参与市场竞争的必备条件。

提高生产率是社会生产的永恒主题，而如果质量达不到客户的要求，就不能在市场上实现其价值，那就是一种无效的劳动，因此，只有实现高质量才可能有高效率和高效益。

1. 质量

质量是客体的一组固有特性满足要求的程度（GB/T 19000—2016　3.6.2）。在质量的定义中涉及两个术语，即“特性”和“要求”，了解这两个术语能帮助我们更好地理解质量的概念。

（1）特性。特性是指“可区分的特征”。特性有多种类别，如物理特性、感官特性、行为特性、时间特性、人体工效特性和功能特性等。

特性可以是固有的也可以是赋予的。固有特性是指某事或某物中本来就有的，尤其是那种永久的特性，如机床的转速等技术特性。有的产品固有特性少，而有的产品固有特性多。例如：化学试剂只有一种固有特性；而对汽车来说，则具有多种固有特性，如物理特性（电子、机械性能）、感官特性（视觉和触觉）、时间特性（可靠性）和人体工效特性（生理特性、安全性）等。

赋予特性不是某事或某物中本来就有的，而是完成产品后因不同的要求而对产品所增加的特性，如产品的价格、供货时间、运输要求、售后服务要求等特性。

不同产品的固有特性与赋予特性是不相同的，某些产品的赋予特性可能是另一些产品的固有特性，如供货时间对有形产品而言，属于赋予特性，但对于运输服务而言，就属于固有特性。

（2）要求。要求是指“明示的、通常隐含的或必须履行的需要或期望”，可由不同的相关方对固有特性提出要求。

“明示的”一般是指规定的要求，如在文件中阐明的要求或客户明确提出的要求。

“通常隐含的”是指组织、客户和其他相关方的惯例或一般做法，所考虑的需求或期望是不言而喻的，如食品对人体健康的安全性等。一般情况下，客户或相关的文件中不会对这类要求给出明确的规定，供方应根据自身产品的用途和特性进行识别，并做出规定。

“必须履行的”是指法律法规的要求及强制性标准的要求。例如，我国对与人身、财产安全有关的产品发布了相应的法律法规，并制定了强制性标准，供方在产品的实现过程中必须严格执行。

不同有关方对固有特性的要求也是不同的，如对汽车而言，社会的要求是利用新能源、减少环境污染等；客户的要求是速度、安全性、舒适性、耗油低等特性，而且不同客户的要求还有所差异。因此，供方在确定产品要求时，应兼顾各有关方的要求。

2. 工作质量

以上所讲的主要是指产品质量，它是工作质量的综合反映，也是工作质量的结果。所谓工作质量，是指与质量有关的各项工作对产品质量的保证程度。工作质量涉及各个部门、各个岗位工作的有效性，同时决定着产品质量。工作质量能反映企业的组织工作、管理工作与技术工作的水平，它不像产品质量那样直观地表现在人们面前，而是体现在一切生产、技术、经营活动中，并通过企业的工作效率、工作成果，最终通过产品质量、经济效果表现出来。产品质量指标可以用产品质量特性值来表示，工作质量指标一般通过产品合格率、废品率和返修率等指标表示。

工作质量取决于人的素质，包括工作人员的质量意识、责任心、业务能力、技术水平和身体与心理素质等。其中高层管理者（决策层）的工作质量起主导作用，一般管理层和执行层的工作质量起保证和落实的作用。

对于生产现场来说，工作质量通常表现为工序质量。工序质量是指操作者（Man）、机器设备（Machine）、材料（Material）、工艺方法与检测方法（Method）和环境（Environment）五个因素（简称 4M1E）综合作用的加工过程的质量。在生产现场抓工作质量，就是要控制这五个因素，保证工序质量，提高产品质量。

3. 质量管理（Quality Management）

质量管理是指“关于质量的指挥和控制组织的协调活动”（GB/T 19000—2016　3.3.4），通常包括制定质量方针和质量目标，以及质量策划、质量控制、质量保证和质量改进。组织可通过建立质量管理体系来实施质量管理。

（1）质量方针是指由企业的最高管理者正式发布的该企业总的质量宗旨和质量方向，是该企业总方针的一个组成部分。

（2）质量目标是指企业在一定时期内，在质量管理方面所要达到的预期成果，是企业在一定时期内通过努力争取达到的理想状态或期望获得的成果。

（3）质量策划致力于制定质量目标，并规定必要的运行过程和相关资源以实现质量目标。

（4）质量控制是指为满足质量要求所采取的作业技术和活动，致力于满足质量要求。

（5）质量保证是指为使人们确信某实体能满足质量要求，在质量体系内所开展的并按需要进行证实的有计划、有系统的全部活动，致力于提供质量要求能够得到满足的信任。

（6）质量改进致力于增强满足质量要求的能力。

深思话题

注重质量是每一个公民应尽的社会责任

1985 年，刚到青岛电冰箱总厂（海尔集团的前身）任职不久的张瑞敏，一天巡视库房时发现 76 台存在缺陷的冰箱，他把职工们召集起来问怎么办。许多人说反正也不影响使用，便宜点儿处理给职工算了。当时一台冰箱价值 800 多元，相当于一名职工两年的收入。但张瑞敏不同意，他决定把这些冰箱全部砸掉，而且谁做的谁来砸，他自己抡起大锤先砸了第一锤。结果，这一锤砸出个中国冰箱行业第一块国家质量金奖。今天的海尔，早已是全球冰箱制造领先企业。张瑞敏用过的这把锤子，也已被国家历史博物馆收藏。

质量是企业的生命线。随着经济、科学技术日益发展，每个人都要深刻感受到产品质量的重要性。产品质量的好坏，关系到企业的生死存亡。企业发展就要把质量放在首位，更要落实到企业的每一名员工心中，形成牢固的质量意识。求品质，更要注重细节，从小事做起，要像呵护生命一样呵护产品质量。在日常生活中，不管做什么，我们都要牢记保证质量，认真做好每一件事。

思考：阅读上述案例后，你是如何理解“注重质量是一个公民应尽的社会责任”这句话的？

任务1　推行全面质量管理

全面质量管理（Total Quality Management，TQM）是指在全社会的推动下，企业的所有部门和全体人员都以质量为核心，把专业技术、管理技术和数理统计结合起来，建立起一套科学、严密、高效的质量管理体系，控制生产全过程中影响质量的因素，以优质的工作、最经济的方式，提供满足客户需要的产品或服务的全部活动。

一、TQM 的特点

TQM 的特点就体现在“全面”上，所谓“全面”，有以下四个方面的含义。

1. 全社会推动的质量管理

要使 TQM 深入持久地开展下去，不能仅局限于组织内部，而需要全社会的重视，需要质量立法、认证、监督等工作。例如：为了经济的可持续发展，政府、行业要重视宏观上的控制、引导；专业化、协作化是发展趋势，一个完整的产品往往是由许多企业共同协作完成，仅靠一个企业也无法完全保证产品质量。

2. 全面的质量管理

质量管理不仅要对产品（服务）质量进行管理，更要重视对过程质量、工作质量的管理，这样才能有效地改善影响产品质量的因素，把不合格品消灭在质量形成过程之中，做到防患于未然。

3. 全过程的质量管理

要把质量管理活动贯穿于产品质量产生、形成和实现的全过程，全面落实“以防为主”的方针。要将质量管理的范围从原来的生产制造过程扩展到包括市场调查、产品设计开发、工艺准备、采购、制造、检验、测试、销售和服务等全过程所有环节。

4. 全员的质量管理

质量管理存在于产品实现的全过程，涉及企业所有部门和所有岗位，需要调动全体人员的积极性和创造性来参与质量管理。①做好全员质量教育、培训工作，提高员工的质量意识、技术水平和业务素质；②明确各部门、各类人员的质量责任和权限，形成一个高效、协调、严密的质量管理工作系统；③开展多种形式的群众性质量管理活动，如质量管理小组（QC小组）活动，充分发挥广大员工的聪明才智。

二、TQM 的基本工作方法：PDCA 循环

PDCA 循环是由著名质量管理专家戴明（W. E. Deming）首先提出来的，因此又称“戴明循环法”，它反映了质量管理活动应遵循的科学程序。PDCA 是英文 Plan（计划）、Do（执行）、Check（检查）和 Act（处理）的缩写，即质量管理活动要按照计划、执行、检查和处理的顺序进行，形成从制订计划，经过组织实施、效果检查和总结提高的管理过程。

1. PDCA 循环的工作程序（四个阶段、八个步骤）

（1）计划阶段：

第一步，分析现状，找出存在的质量问题。

第二步，分析产生质量问题的各种原因、影响因素。

第三步，找出影响质量的主要因素，针对其采取措施，以便抓住主要矛盾，解决质量问题。

第四步，针对影响质量的主要因素，制订措施，提出改进计划，并预计效果。措施、计划应具体、明确，应包括必要性（Why）、目的性（What）、地点（Where）、时间（When）、执行者（Who）、方法（How），即 5W1H。

（2）执行阶段：

第五步，实施措施，执行计划。

（3）检查阶段：

第六步，调查实施结果，并与预期效果对比。

（4）处理阶段：

第七步，总结经验，把成功的经验和失败的教训都纳入相应的标准或制度、规定中，以巩固成绩，防止再犯。

第八步，提出尚未解决的遗留问题，转入下一轮 PDCA 循环。

2. PDCA 循环的特点

（1）大环套小环，相互促进。如果将整个企业的质量管理作为一个大的 PDCA 循环，那么各个部门、小组都有各自的 PDCA 循环，依次还有更小的 PDCA 循环，直至落实到每个员工。例如，某职能部门根据企业计划（即企业 PDCA 循环中的 P）制订自己的计划，这就是本部门 PDCA 循环中的 P，同理依次落实到员工。上一级的 PDCA 循环是下一级 PDCA 循环的依据，下一级 PDCA 循环是上一级 PDCA 循环的贯彻落实和具体化，如图 8-1 所示。通过循环把企业的质量管理体系有机地联系起来，彼此协同、互相促进。

（2）循环上升。四个阶段要周而复始地运转，而每一轮都有新的内容与目标，因而也意味着整体前进了一步。犹如爬楼梯一样逐步上升，使质量水平不断提高，如图 8-2 所示。

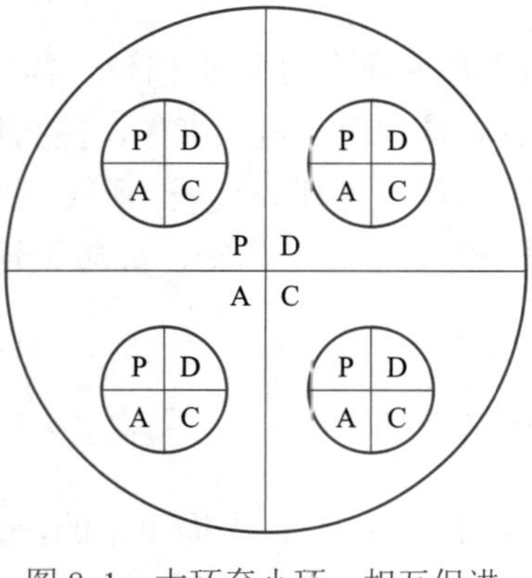

图 8-1　大环套小环，相互促进

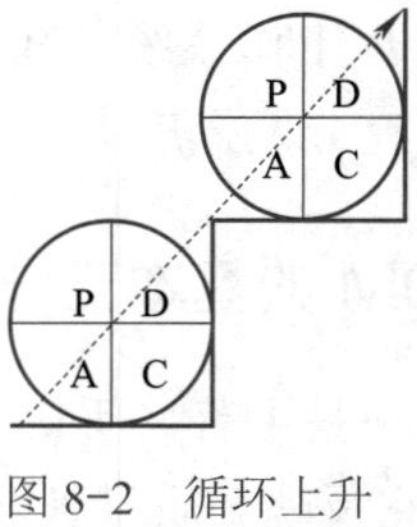

图 8-2　循环上升

（3）强调提高计划质量。传统观点认为，质量管理的关键在于处理阶段，但从 20 世纪 90 年代以后，人们普遍认为应把重点放在计划阶段，强调提高计划质量及事前的精心准备。

思考题

如果企业让你负责实施全面质量管理，你该如何实施呢？

推行全面质量管理小测验

任务 2　建立质量管理体系

质量管理体系（Quality Management System，QMS）是指建立质量方针和质量目标，然后为实现这些质量方针、目标确定相关的过程、活动和资源而建立的一个管理体系。质量管理体系主要在质量方面能帮助组织提供持续满足要求的产品，增进客户和相关方面的满意程度。质量管理体系的建立要注意与其他管理体系的整合性，以方便组织的整体管理。

质量管理体系的建立与运行是贯彻 ISO 9000 族标准的基本环节，也是 ISO 9000 族标准的各项要求在一个组织中的具体落实与体现。

一、ISO 9000 族标准及 ISO 14000 系列标准

ISO 9000 族标准是国际标准化组织（ISO）在 1994 年提出的概念，是指“由 ISO/TC176（国际标准化组织质量管理和质量保证技术委员会）制定的所有国际标准”。该标准族可帮助组织实施并有效运行质量管理体系，是质量管理体系通用的要求或指南。2015 版标准的理论依据是八项质量管理原则。

1. 以客户为关注焦点

任何组织均应始终关注客户，将理解和满足客户的要求作为首要工作考虑，并以此安排所有的活动。运用此原则可采取以下措施：

（1）识别、理解客户的需求。首先应该识别谁是组织的客户，并判断客户的要求是什么，深入了解并掌握客户当前的和未来的需求。

（2）确保组织的目标与客户的需求相结合。组织的全部活动应以满足客户的需求为目标，应针对客户当前的和未来的需求，以实现客户满意为目标，确保客户的需求得到满足。

（3）测量客户的满意程度，并根据结果采取相应的活动或措施。客户满意程度测量的目的是评价预期目标是否达到，为进一步的改进提供依据。良好的客户关系有助于保持客户的忠诚，改进客户的满意程度。

2. 领导作用

领导者的作用体现在能否将组织的运作方向与组织宗旨统一，创造并保持使员工能充分参与实现组织目标的内部氛围和环境。运用此原则可采取以下措施：

（1）考虑所有相关方的需求和期望。

（2）为组织未来描绘清晰的远景，确定富有挑战性的目标。

（3）通过管理文化在组织的所有层次上建立价值共享、公平公正和道德伦理观念，重视人才，尊重每一个人，创造良好的人际关系。

（4）为员工提供所需的资源和培训，并赋予其职责范围内的自主权，充分调动员工的积极性、主动性和创造性。

3. 全员参与

各级人员均是组织之本，只有让他们充分参与，才能使其才干为组织带来效益。运用此原则可采取以下措施：

（1）让每个员工了解其工作的目标、内容以及达到目标的要求、方法，理解其活动的结果对下一步以及整个目标的贡献和影响，以利于协调开展各项质量活动。在质量管理体系活动的要求中，职责和权限的规定可为这一措施提供条件。

（2）使员工能够以主人翁的责任感去解决各种问题。

（3）让每个员工根据各自的目标评估其业绩状况。

（4）使员工积极地寻找机会增强他们自身的能力、知识和经验。

4. 过程方法

为使组织有效运行，必须识别和管理众多相互关联的过程。系统地识别和管理组织所应用的过程，特别是这些过程之间的相互作用，可称为“过程方法”。采用过程方法的好处是基于每个过程考虑其具体的要求，将资源的投入、管理的方式和要求、测量方式和改进活动等相互有机结合并做出恰当的考虑与安排，从而可以有效提高资源利用率，降低成本。运用此原则可采取以下措施：

（1）为了取得预期的结果，系统地识别所有的活动。也就是要全面地考虑组织产品实现的所有活动及其相互关联性，可以使组织采取有效的方法对这些活动予以控制。

（2）明确管理活动的职责和权限。活动对输出结果起着重要作用，这些活动应在受控状态下进行，因此，必须确定如何管理这些活动。首先要确定实施活动的职责和权限，并予以管理。

（3）分析和测量关键活动的能力。掌握关键活动的能力，有助于了解相应的过程是否有能力完成预计的结果。

（4）识别组织职能之间与职能内部活动的接口。通常，组织会针对实现过程的不同分过程或阶段，设置多个职能部门承担相应的工作。这些职能可能会在过程内，也可能涵盖一个或多个过程。从某种意义上讲，职能之间或职能内部活动的接口，可能就是过程间的接口。因此，识别这些活动的接口，有助于过程的顺利运行。在质量管理体系活动中，内部沟通为这种识别接口的措施创造了条件。

（5）注重能改进组织活动的各种因素，如资源、方法、材料等。

5. 管理的系统方法

将相互关联的过程作为系统加以识别、理解和管理，有助于提高组织实现目标的有效性和效率。运用此原则可采取以下措施：

（1）建立一个体系，以最佳效果和最高效率实现组织的目标。一个良好的体系是高效地实现目标的保证，质量管理体系标准为建立这样的体系提供了系统的方法和逻辑步骤，同时也指明这样的系统用文件来表述将更加清晰。

（2）理解体系内各过程的相互依赖关系。体系是由一组关联的过程及其相互作用构成的，过程的相互作用和相互依赖关系表现在某个过程的输出是下一个过程的输入。

（3）更好地理解实现共同目标所必需的作用和责任，从而减少职能交叉造成的障碍，提高过程运行的效率。

（4）理解组织的能力，在行动前确定资源的局限性。最高管理者及整个组织应清楚地理解保证产品实现过程和支持过程有效运作所需的资源并应确保得到这些资源，包括人力资源、设备资源、工作环境及信息资源等。

（5）设定目标，并确定如何运作体系中的特殊活动。根据组织的目标设定各过程的分目标，运作这些过程，实现其分目标，从而确保预期总目标的实现。

（6）通过测量和评估，持续改进体系。

过程方法和管理的系统方法既有区别又紧密联系。这两种方法研究的对象都与过程有关，都可采用 PDCA 循环方式；两者均着重于关注客户，并通过识别组织内的关键过程，以及随后对其展开的持续改进来增强客户满意；目的都是促进过程和体系的改进以提高有效性和效率。两者的区别在于：过程方法侧重于研究单个的过程，即过程的输入、输出、活动及所需的资源，以及该过程和其相关过程的关系；管理的系统方法侧重于研究若干个过程乃至过程网络组成的体系，以及体系运作如何有效地实现组织的目标。显然，过程方法是管理的系统方法的基础；而管理的系统方法是将相关的各个有效运行的过程构筑成一个有效运行的体系，从而高效地实现组织目标。

6. 持续改进

持续改进作为一种管理理念、组织的价值观和行为准则，在质量管理体系活动中是必不可少的重要要求，是持续满足客户要求、增加效益、追求持续提高过程有效性和效率的活动。运用此原则可采取以下措施：

（1）为员工提供有关持续改进的方法和手段的培训。持续改进是一个制定改进目标，寻求改进机会，最终实现改进目标的循环过程。过程活动的实现必须采用合适的方法和手段，对于员工来说，这些方法的真正掌握只有通过相应的培训才能实现。

（2）将产品、过程和体系的持续改进作为组织内每位成员的目标。持续改进的最终目的是改进组织质量管理体系的有效性，改进过程的能力，最终提高产品质量。涉及产品、过程、体系的持续改进是基本的要求，在组织内也是非常广泛的，是每位员工的日常工作都会涉及的。只有将这几方面的持续改进作为每位员工的目标，才能真正达到实现持续改进的目的。

（3）建立目标，以指导、测量和追踪持续改进。持续改进是一种循环的活动，每一轮改进活动都应首先建立相应的目标，以指导和评估改进的结果。

7. 基于事实的决策方法

有效决策是建立在数据和信息分析的基础之上的。基于事实的决策方法的优点在于，决策是理智的，增强了依据事实证实过去决策的有效性的能力，也增强了评估、挑战和改变判断及决策的能力。应用此原则可采取以下措施：

（1）确保数据和信息足够精确、可靠。

（2）使用正确的方法分析数据。

（3）基于事实分析，权衡经验与直觉，做出决策并采取措施。

8. 与供方互利的关系

组织与供方或合作伙伴是互相依存的，互利的关系可增强双方创造价值的能力。应用此原则可采取以下措施：

（1）在对短期收益和长期利益综合平衡的基础上，确立与供方的关系。

（2）与供方或合作伙伴共享专门技术和资源。由于竞争的加剧和客户要求越来越高，组织之间的竞争不仅仅取决于组织的能力，同时也取决于供方过程的能力，组织应考虑让关键的供方分享自己的技术和资源；组织吸收供方专家的知识，有助于确保高效地使用采购的产品。

（3）识别和选择关键供方。供方或合作伙伴的范围包括：材料或零部件供应方、提供某种加工活动的合作伙伴、某项服务（如技术指导、培训、检验、运输等）的提供者等。组织可通过数据分析提供有关供方的信息，以供评价和选择使用。

（4）清晰与开放的沟通。组织与供方或合作伙伴的相互沟通，对于产品最终能满足客户的要求是必不可少的环节。沟通可以使双方减少损失，在最大程度上获得收益。

（5）对供方所做出的改进和取得的成果进行评价并予以鼓励。实施这一措施可以进一步促进组织与供方或合作伙伴的密切关系，增进供方或合作伙伴改进产品的积极性，增强双方创造价值的能力，共同取得客户的满意。

ISO 14000 系列标准是环境管理体系系列标准的总称，发布于 1996 年，它是在人类无限制地消耗自然资源、破坏自然环境的情况下，国际标准化组织为规范从政府到企业等所有组织的活动、产品和服务的环境行为，以减少环境污染，最大限度地节约资源，保护全球环境而制定的一系列国际标准，涵盖了环境管理体系、环境审核、环境标志、环境行为评价、生命周期分析等国际环境管理领域内的许多焦点问题。到目前为止，该系列标准正式发布了五个标准，我国等同采用的国家标准代号是 GB/T 14000 系列标准。

二、质量管理体系的建立与完善

质量管理体系的建立与完善一般要经历三个阶段，即质量管理体系的策划、质量管理体系文件的编制、质量管理体系的试运行及改进。

1. 质量管理体系的策划

根据组织质量管理体系策划的一般活动过程及已经获得注册认证组织的经验，质量管理体系策划步骤如下：

（1）领导决策。领导是实施质量管理体系的基本。领导者通过自身作用及各种措施，可以创造一个员工充分参与的环境，这是质量管理体系有效运行的前提条件。只有领导者提高和统一质量意识、管理意识、问题意识、改进意识，才能对本组织质量管理体系的策划做出正确的决策。

（2）组织落实。质量管理体系是一个系统工程，建立统一规划、分级负责的组织机构是建立和完善质量管理体系的关键。一般根据企业规模、产品及组织结构不同可以有不同的形式，大中型企事业单位可以建立三个层次的领导及工作班子：①建立由最高决策层成员（或指定的管理者代表）为首的领导班子，负责总体策划、协调和指导；②建立由各职能部门领导组成的工作班子，负责总体规划的实施；③建立由职能部门领导或业务骨干组成的体系设计和文件编写的工作班子，负责体系设计、文件编写、过程的展开和落实等。

（3）教育培训。发动全体员工充分参与，通过标准培训，各级人员可有效理解标准的内涵及基本原理、目的和作用。组织内参与培训的人员可分为三个层次，即决策层要“学懂”，执行层要“学透”，操作层要“学好”。

（4）现状分析。在学习培训的基础上，管理者要从组织体系和质量管理现状出发，分析成功经验，诊断存在的问题，识别协调质量管理体系过程，确定各部门及岗位之间的接口，合理配置资源，明确各方的职责、权限和相互关系等。

（5）总体设计。根据现状调查和分析、组织机构、资源配备情况等，由最高管理者或管理者代表领导下的工作小组提出总体设计方案，主要内容包括质量方针、质量目标、质量管理体系覆盖范围、组织结构及职能分配、质量管理体系涉及的产品和过程及接口关系、质量管理体系文件结构及编制要求、资源配置计划等，由最高管理者主持的决策会议审定。

2. 质量管理体系文件的编制

质量管理体系文件的形成不是目的，而是一项增值的活动，它是组织内部质量管理活动的执行标准，又为进一步的改进和创新奠定基础。

编制文件时应当遵循“符合性”和“有效性”两个基本原则，即文件应符合 ISO 9000 族标准的通用要求和组织的实际情况，要注重实效，不做表面文章；要贯彻“把质量方针和目标写实、职责和权限写准、过程展开及质量活动写全”的要求。

质量管理体系文件一般可分为三个层次，一是质量手册（根据所阐明的质量方针和目标描述质量管理体系），二是质量管理体系程序（为实施质量管理体系所描述的相互关联的过程和活动），三是作业指导书和质量管理体系使用的其他文件。除质量手册由组织统一编写外，其他文件可按分工由归口部门分别编制，一般原则是“谁主管，谁编制；谁实施，谁修改”，提出草案再统一由组织审定。

3. 质量管理体系的试运行及改进

质量管理体系的试运行及改进涉及四个环节：①试运行阶段的培训重点在执行层，可举办各种形式的质量管理体系文件培训班、岗位职责培训班等；②在运行过程中要做好记录，做好信息的收集、分析、传递、反馈和处理；③针对体系运行中发生的或潜在的问题及原因进行调查分析，采取纠正和预防措施；④要及时做好质量管理体系的审核与评审，确保质量管理体系持续的适宜性、充分性和有效性。

三、质量管理体系认证

1. 认证与认可

认证是指第三方认证机构依据程序对产品、过程或体系符合规定的要求给予书面保证（认证证书）。认可是指权威机构依据程序对体系和人员具有从事特定任务的能力给予正式承认。

认证依据其性质可分为强制性认证和自愿性认证；依据其对象又可分为产品认证和管理体系认证。目前国内的 3C（China Compulsory Certification）认证，即中国强制性产品认证。

2. 产品质量认证

产品质量认证是指依据产品标准或相应的技术要求，由产品认证机构对某一产品实施合格评定，并颁发产品认证证书和认证标志，以证明某一产品符合相应标准和要求的活动。产品的质量认证分为合格认证和安全认证。

3. 质量管理体系认证

质量管理体系认证是指依据质量管理体系标准，由质量管理体系认证机构对质量管理体系实施合格评定，并颁发体系认证证书，以证明某一组织有能力按规定的要求提供产品的活动，也称为质量管理体系注册。质量管理体系认证一般都是自愿性认证（除非法律法规有特殊要求）。

思考题

谈谈你所理解的 ISO 9000 族标准及 ISO 14000 系列标准。

建立质量管理体系小测验

任务 3　质量检验与控制

一、质量检验

1. 质量检验的概念

在质量管理过程中，除了要对生产过程进行严格控制，还要对过程的结果进行严格的检验。对实体的一种或多种质量特性进行诸如测量、检查、度量、试验，并将结果与规定的质量要求进行比较，以确定各个质量特性的符合性的活动称为质量检验。质量检验的目的一是看生产出的产品是否合格，二是了解相关过程是否稳定。

通常符合规定要求的为“合格”，不符合规定要求的为“不合格”。ISO 9000：2015 质量管理体系—基础和术语中，合格即满足要求；不合格即未满足要求。

2. 质量检验的分类

质量检验的类型有很多，按不同的分类标志划分可以得到不同的类型。

（1）按检验对象所占比例不同，质量检验可分为全数检验和抽样检验。

全数检验也可称为“100% 检验”，是指对一批产品的每一个产品、每一个过程或每一项服务都进行检验，以确定每一个产品是否符合要求。全数检验通常应用于下述情况：检验是非破坏性的；检验的项目较少；检验的费用较少；影响质量的关键项目或重要项目；能用自动化方法检验的；有特殊规定的。

抽样检验是指按统计方法确定的抽样方案，从每一批产品中抽取适当数量的部分产品作为样本，对样本中的每一个产品、每一个过程或每一项服务进行检验，以判别一批产品是否符合要求。

(2)按工作过程的次序不同，质量检验可分为进货检验（预先检验）、工序检验（中间检验）和成品检验（最后检验）。

进货检验即对外购件、外协件的检验（如原材料、标准件、半成品等的检验）。其目的是防止不合格品入厂；同时可以了解供货商、协作者的情况，以便采取相应措施。

工序检验即在现场进行的对各工序结果的检验。其目的是防止不合格品流入下一道工序；判断工序质量是否正常、稳定，是否满足要求。

成品检验即对完工的成品在入库前的检验。其目的是防止不合格品出厂，对社会、用户产生危害，甚至损害企业利益。成品检验在某种意义上说是最后的质量检验，所以要求较全面。

二、抽样检验

1. 抽样检验的基本概念

从一批产品中随机抽取一部分产品作为样本，对样本中的产品进行检验，根据样本中不合格的多少或反映的特性，按事先确定的规则对总体（或批）的质量状况做出判断，称为抽样检验。

在实践过程中买卖双方、车间与仓库、工序之间等在进行产品交换时，经常利用抽样检验来判定产品质量，以便确认是否接受产品。

抽样检验的样本是取自总体（或批）中的一个或多个个体。样本中所包含的抽样单位数目称为样本容量。

抽样有放回抽样和不放回抽样两种。放回抽样是指抽取并经过检测的个体在抽取其他个体前，放回到总体中；不放回抽样是指抽取并经过检测的个体在抽取其他个体之前，不放回到总体中。

由于抽样检验实质是统计检验，所以可能发生两类错误，即把不合格的判断为合格的而接受，或把合格的判断为不合格的而拒收。虽然抽样检验可能发生两类错误，但是根据统计检验的原理，可以把这两种可能控制在一定的概率内。

2. 抽样检验方案

在实践过程中，对产品进行抽样检验，是按确定的抽样检验方案完成的。判断一批产品是否符合要求，是以该批产品不符合要求的产品数量（或不合格率）的多少为依据。如果不符合要求的产品数量（不合格率）少（小）于规定的数量（值），则该批产品符合要求（合格）；反之，则该批产品不符合要求（不合格）。但抽样检验过程中，我们无法保证样本的不合格率与总体（或批）的不合格率相等，只能用样本的不合格率与规定的不合格率相比，来估判总体是否合格。而在实际操作过程中是用样本的不合格品数 d 与规定的合格判定数

Ac 和不合格判定数 Re 比较，若样本不合格品数 d 小于或等于合格判定数 Ac，则认为该批产品符合要求；若 d 大于或等于不合格判定数 Re，则认为该批产品不符合要求。

最简单的抽样检验方案是一次抽样方案（即从批量中只抽取一个样本的抽样方式），通常用（n，c）表示；复杂的有二次抽样 [简写为（n_1，n_2，c_1，c_2），是根据第一个样本提供的信息，决定是否抽取第二个样本的抽样方式] 及多次抽样方案。其中计数一次抽检、二次抽检过程如图 8-3、图 8-4 所示。

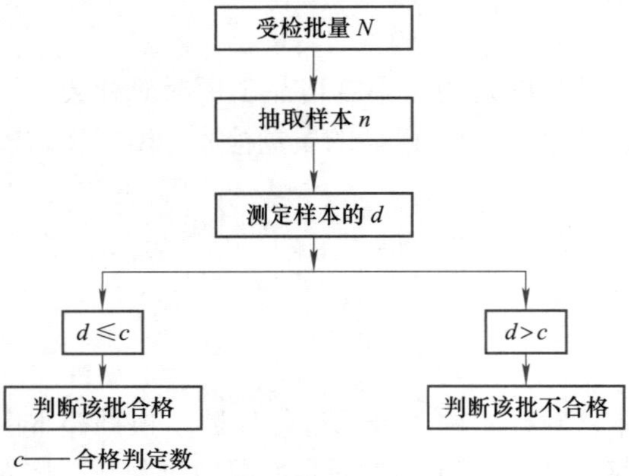

图 8-3　计数一次抽检过程

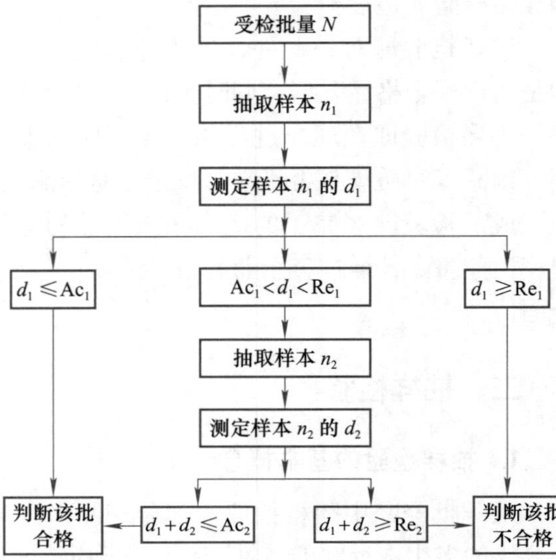

图 8-4　计数二次抽检过程

3. 抽样检验的步骤

抽样检验一般是依据由 MIL-STD-105E 标准编制的企业标准进行检验，抽样检验的步骤如下：

第一步，明确检验的项目及规格。对于来料检验，依据产品设计的零部件图样、材料、要求等事项编制检验规格书；对于成品检验，依据成品的图样及设计规格等，编制成品检验规格书。

第二步，进行质量缺陷等级划分。明确质量缺陷的各种等级的具体划分及判定方法。

第三步，决定品质允收水准（AQL）。品质允收水准（Acceptable Quality Level，AQL）是指生产方和接收方共同认为可以接受的不合格品率（或每百单位的缺陷数）上限。AQL 值在 10.0 及以下的，可表示不合格品率或每百单位的缺陷数；超过 10.0 的只表示每百单位的缺陷数。AQL 有很多种，应根据企业自身特点以及企业客户的要求来确定。

第四步，确定检验水平。通常设有三个一般检查水平（Ⅰ、Ⅱ、Ⅲ）和四个特殊检查水平（S-1、S-2、S-3、S-4）。它与检查的宽严程度没有关系。如无特殊要求，采用一般检查水平Ⅱ；但检查费用较高或允许降低抽样的鉴别能力时，可采用一般检查水平Ⅰ；当检查费用较低或需要提高抽样鉴别能力时，可采用一般检查水平Ⅲ。特殊检查水平一般用于破坏性检查，或产品价值及检查费高的情况；特殊检查水平的样本量较少，所以又称小样检查。

第五步，选定抽样方式。抽样方式有一次抽样和多次抽样。一次抽样检验取决于样本量、接收数和拒收数；多次抽样检验至多三次，在第三次抽取样本后必须做出接收或拒收的决定。

第六步，抽取及检验样本。抽取样品后，按第一步编制的检验规格书进行检验。

三、生产工序质量控制

工序质量是指工序过程的质量，反映了操作者、设备、材料、方法、检测和环境因素对产品质量所起作用的综合效果。工序质量控制就是把工序质量的波动限制在规定范围内。控制步骤如下：

1. 确定工序质量控制点

工序质量控制点是指产品生产过程中必须重点控制的质量特性、关键部位、薄弱环节和主导因素。确定工序质量控制点的步骤如下：

第一步，根据产品质量特性重要性分级，明确要控制的质量特性值。

第二步，根据要控制的质量特性值，确定其质量形成过程，绘制必要的工艺流程图。

第三步，确定工序质量控制点，并编制必要的明细表。

第四步，对已确定的工序质量控制点进行工序能力调查。

2. 操作人员控制

出现工序质量问题的主要原因包括操作人员质量意识差，操作时不遵守操作规程，操作时粗心大意；操作技术不熟练；对工作产生厌烦情绪等。对操作人员进行控制的措施主要有：

（1）建立健全质量责任制。

（2）制订详细的操作规程，对员工加强质量意识和操作规程培训。

（3）加强检验工作，增加检验次数。

（4）通过工作扩大化和丰富化等方法，消除操作人员的厌烦情绪。

（5）开展 QC 小组活动，促进自我提高。

3. 机器设备控制

（1）根据设备的维护和保养计划，做好设备的日常维护和定期的保养工作。

（2）对关键设备进行点检。

（3）进行首件检验。

（4）设备维修要及时。

4. 材料控制

材料控制主要是对外购和自制两个方面做好控制，外购材料控制首先要严格选择供应商，然后是加强外购材料的入库检验；自制材料控制主要是加强自制零部件的检验。

5. 工艺方法控制

（1）严格进行首件检验，确保定位中心准确。

（2）加强操作人员的工艺技术培训，使操作人员熟练掌握刀具、夹具等的安装与调试。

（3）严肃工艺纪律，严格按操作规程操作。

（4）加强工具、工装和计量器具的管理，做好定期检查。

6. 测量控制

（1）测试设备要适用。

（2）测试设备要定期进行确认与校准。

（3）制订详细的测量规程与标准。

（4）及时对测量数据进行记录与分析。

7. 环境因素控制

环境因素控制是指对车间的照明、温度、湿度、噪声、粉尘等因素控制在一定范围内，以满足产品和操作人员对环境的要求，加强生产现场的 6S 管理，开展文明生产。

四、半成品制程控制

半成品制程控制的目的是在半成品加工阶段及时发现不合格品，避免在不合格品上浪费资源。半成品制程控制要做好以下工作：

（1）抓住控制点。重点加强对不良品记录较多的工序、有不良情况的工装夹具、新产品或新材料的投入等环节的控制。

（2）进行首件检验。

（3）开展巡检。巡检员要不间断地按机台、工位进行巡检，特别是在生产高峰期要增加巡检次数。

（4）按质量标准对生产的各环节进行检验，包括员工的操作方法、环境条件、产品摆放等，对存在的异常情况及时进行分析与处理。

（5）对产品异常情况及时反馈与处理。

（6）不合格品要进行隔离、标识。

思考题

企业为了保证产品质量，需要对产品进行质量检验，抽样检查是其中一种方法。请结合企业具体情况，说明抽样检验的步骤。

质量检验与控制小测验

任务 4　质 量 分 析

开展质量分析常用的工具包括排列图法、因果分析图法、对策表法、分层法、相关图法、直方图法和控制图法等。其中，排列图法、因果分析图法、对策表法、分层法和相关图法为质量分析的常用方法（排列图法、因果分析图法和对策表法通俗地归纳为两图一表法，一般要结合起来使用）；直方图法和控制图法为工序质量控制的常用方法。

一、两图一表法

1. 排列图法

排列图的全称是“主次因素排列图”，也称为帕累托（Pareto）图。排列图法是用来判断影响产品质量的各种因素中主要因素的一种方法，由此可以用来确定质量改进的方向。因为在现实中存在的多数问题通常是由少数原因引起的。经济学上的80/20原则用到管理领域，其基本原理是区分“关键的少数”和“次要的多数”，这样有助于抓关键因素，解决主要问题，为直观起见，用图形表示出来，这一图形便是排列图。排列图中横坐标表示影响产品质量的因素或项目，一般以直方的高度来表示各因素出现的频数（不合格品件数），并从左至右按频数由小到大的顺序排列；纵坐标设置两个，左边的表示因素出现的频数（件数、金额等），右边的表示出现的频率（百分数），曲线纵坐标值表示因素累计百分数的大小。通常把累计百分数分为三类：0%～80%范围内为A类，是引起质量问题的主要因素，因此从A类因素着手解决质量的关键问题，可以取得最佳效果；80%～90%范围内为B类，是引起质量问题的次要因素；90%～100%范围内为C类，是引起质量问题的一般因素。排列图不仅可用于产品质量波动问题的分析，还可用于分析物资、能源消耗、资金、成本、安全事故等各种问题的原因，它是一种应用广泛、简便有效的分析方法。做排列图应当注意以下几点：

（1）表示项目的各矩形宽度相等，高度按该项目的大小决定。

（2）主要因素一般为1～2个，最多不超过3个，否则要对因素重新分类。

（3）纵坐标用件数、金额、时间等表示，原则是以更好地找到主要因素为准。

（4）不重要的项目很多时，可以归入“其他”栏列在最后。

例 8-1

YYB管理有限公司某产品质量的影响因素有12项，其中有6项因素对产品质量的影响较小，为作图方便将其归为“其他”项，具体情况如表8-1所示。

表 8-1　影响产品质量的因素

影响因素	项目代号	缺陷数（件）	百分数	累计百分数
杂音	A	130	65%	65%
变形	B	40	20%	85%
裂纹	C	12	6%	91%
耐压	D	8	4%	95%
轴铆固	E	2	1%	96%
开壳	F	2	1%	97%
其他	G	6	3%	100%
合计		200	100%	—

则影响该产品质量因素的排列图如图8-5所示。

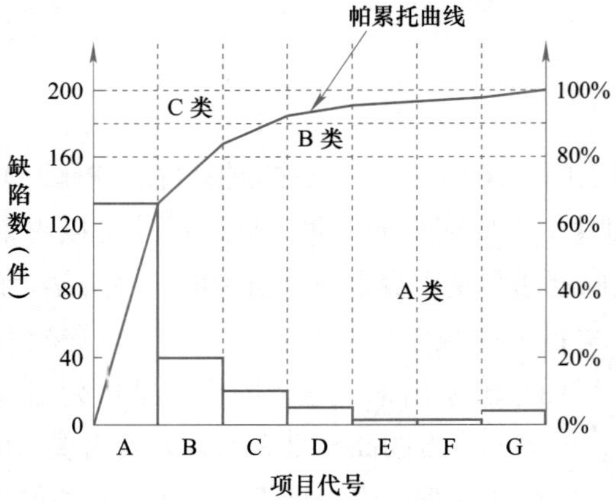

图 8-5　排列图

由上可知，影响该产品质量的主要因素是杂音和变形。

2．因果分析图法

因果分析图又称鱼骨图或树枝图，如图 8-6 所示，是用来寻找某种质量问题所有可能原因的有效工具。在生产过程中影响质量的原因主要有操作者、设备、材料、工艺方法与检测方法、生产环境与信息五个方面，这些大原因是由一系列中原因构成的，并且还可以进一步逐级分层地找出构成中原因的小原因及更小原因，如此分析下去，直到找出能直接采取有效措施的原因为止，这就是在质量分析时要追究的根本原因，最后根据根本原因采取对策。

微课：开展质量分析——鱼骨图

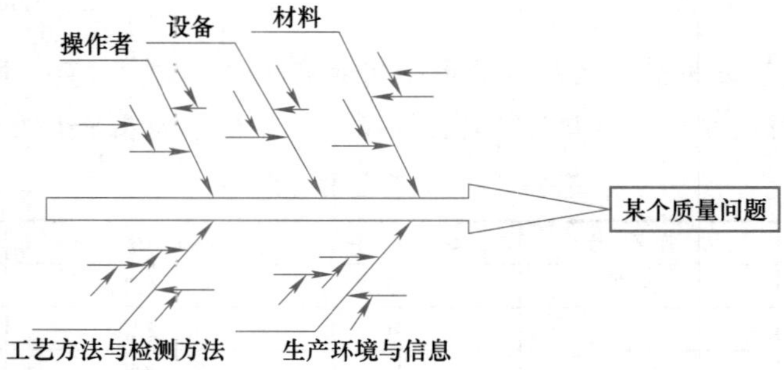

图 8-6　因果分析图

3．对策表法

对策表又称措施计划表，是针对质量问题的主要原因而制订的采取措施计划表。表中要列出各种存在的问题、应达到的质量标准、解决问题的具体措施、责任者和期限等，一般格式如表 8-2 所示。

表 8-2　对策表

序　号	项　目	存在问题	质量标准	对策措施	负责人	完成日期	备　注

二、分层法

分层法又称分类法，是分析影响质量（或其他问题）的原因的一种基本方法，是通过分层（或分类）把性质不同的数据以及影响质量的原因及其责任划分清楚，找出解决的办法。分层时层次分得越细，则所收集到的数据的分散性越小，也越均匀，所反映的问题越具有代表性和针对性。根据质量管理的不同需要，可根据操作者、使用设备、原材料、操作方法、时间等进行分层（或分类）。

总之，分类的目的是把不同性质的问题分清楚，便于分清问题找出原因。但是，运用分层法时若只按一个标志分类往往不能完全解决问题，因而需要按几个相关的标志分别分类，进行综合分层分析，有时还应与质量管理中的其他方法联合使用。

三、相关图法

相关图又称散布图，是根据影响质量特性因素的各对数据，用点表示并填列在直角坐标系中，以观察和判断两个质量特性因素之间的相关关系，进而对产品或工序质量进行控制。

所谓相关关系，是指各因素之间存在一定的关系，但又难以用精确的公式或函数关系表示，在这种情况下，通过相关图可以客观、形象地反映因素之间的关系。相关关系可从不同角度划分为不同类型。

（1）按相关程度可分为完全相关、不完全相关和不相关。如果各变量的数量变化相互独立，则其关系为不相关；如果一个变量的变化是由其他变量的数量变化所唯一确定，其关系为完全相关，实际上就是函数关系，所以，函数关系是相关关系的一种特殊情况；如果变量间的关系介于不相关和完全相关之间，则称为不完全相关，大多数相关关系属于不完全相关，是统计研究的主要对象。

（2）按相关的方向可分为正相关和负相关。正相关是指两个变量之间的变化方向一致，即自变量的数值增大（或减小），因变量的数值也相应地增大（或减小）；负相关是指两个变量之间的变化方向相反，即自变量的数值增大（或减小），因变量随之减小（或增大）。

（3）按相关的形式可分为线性相关和非线性相关。线性相关是指当自变量发生变动，因变量随之发生大致均等的变动，从图像上近似地表现为直线形式；非线性相关是指自变量发生变动，因变量也随之发生变动，但这种变动不是均等的，在图像上的分布是各种不同的曲线形式。

相关图的应用很广，如在加工零件时需要了解切削用量、操作方法与加工质量的关系，热处理时需要了解钢的淬火温度与硬度的关系等，都要应用相关分析，以便能控制影响产品质量的相关因素。

四、直方图法

直方图是指将收集到的数据按其大小等间距地分为若干组，以组距为底，以组内数据个数（频数）为高的一系列直方形所连起来的矩形图，是可用于工序质量控制的一种数据分布图形。

1. 直方图的绘制

例 8-2

YYB 管理有限公司加工 $\phi6\pm0.44$cm 电子手表盘面的外径，从工序加工的产品中随机抽取 100 件，检测数据如表 8-3 所示。

表 8-3　产品检测数据表　（单位：cm）

5.77	6.27#	5.93	6.08	6.03	6.12	6.18#	6.10#	5.95	5.95
6.01	6.04	5.88	5.92	6.15	5.72	5.94	6.07	6.00	5.75
5.71*	5.75*	5.96	6.19	5.70*	5.65	5.84	6.08	6.24#	5.61*
6.19	6.11	5.74	5.96	6.17	6.13#	5.80*	5.90	5.93	5.78
6.42#	6.13	5.71*	5.96	5.78	5.60*	6.14	5.56*	6.17	5.97
5.92	5.92	5.75	6.05	5.94	6.13	5.80	5.90	5.93*	5.78
5.87	5.93	5.80	6.12	6.32#	5.86	5.84	6.08	6.24	5.97
5.89	5.91	6.25#	6.21#	6.08	5.95	5.94	6.07	6.00	5.85
5.96	6.05	6.00	5.89*	5.83	6.12	6.18	6.10	5.95	5.95
5.95	5.94	6.07	6.02	5.75	6.03	5.89	5.97	6.05	6.45#

注：# 为列中最大值；* 为列中最小值。

基于上述数据按照如下步骤绘制直方图：

（1）抽取样本，测量数据。数据一般在 30 个以上，以 N 表示。本例中 N=100。

（2）找出数据中的最大值（La）和最小值（Sm）。本例中 La=6.45，Sm=5.56。

（3）计算最大值与最小值之差，即极差（R）。本例中 R=La−Sm=6.45−5.56=0.89。

（4）将数据进行分组，划分组数（K），组数可根据表 8-4 选取。本例选取 K=10。

表 8-4　分组数参考表

数据个数（N）	适当的分组数（K）
30 ～ 50	5 ～ 8
50 ～ 100	6 ～ 10
100 ～ 250	7 ～ 12
250 以上	10 ～ 20

（5）计算组距（即分组的宽度，以 h 表示），一般用公式“h=（La−Sm）/K=R/K”来确定。本例中 h=R/K=0.89/10≈0.09。

（6）确定各组的组界（上下界值）。

第一组的下界值计算公式：下界值 =Sm − 测量单位 /2。

第一组的上界值计算公式：上界值 = 下界值 + h。

本例中测量单位为 0.01cm，故：

第一组的下界值 =5.56−0.01/2=5.56−0.005=5.555

第一组的上界值 =5.555+0.09=5.645

第二组的下界值＝第一组的上界值 =5.645

第二组的上界值 =5.645+0.09=5.735

依此类推，得到各组的组界（见表 8-5）。

（7）记录各组中的数据，整理成频数 f_i 分布表（见表 8-5）。

（8）计算各组的中心值（x_i）。中心值是各组中间的数值，计算公式为

$$x_i=\frac{\text{某组下限值}+\text{某组上限值}}{2}$$

各组中心值见表 8-5。

（9）计算各组简化中心值（u_i）。计算公式为

$$u_i=\frac{x_i-a}{h}$$

式中　a——频数最大组的组中值。

本例中 a=5.96，各组简化中心值见表 8-5。

（10）计算平均值。计算公式为

$$\overline{x}=a+h\frac{\sum_{i=1}^{K}f_iu_i}{\sum_{i=1}^{K}f_i}$$

本例中 $\overline{x}\approx5.983$。

（11）计算标准偏差 S。计算公式为

$$S=h\sqrt{\frac{\sum_{i=1}^{K}f_iu_i^2}{\sum_{i=1}^{K}f_i}-\left(\frac{\sum_{i=1}^{K}f_iu_i}{\sum_{i=1}^{K}f_i}\right)^2}$$

本例中 S≈0.166。

表 8-5　直方图计算表

组号	组界	x_i	f_i	u_i	f_iu_i	$f_iu_i^2$	$\overline{x}$	S
1	5.555 ～ 5.645	5.60	2	−4	−8	32	$\overline{x}=a+h\frac{\sum_{i=1}^{K}f_iu_i}{\sum_{i=1}^{K}f_i}$ =5.96+0.09×26/100 ≈5.983	$S=h\sqrt{\frac{\sum_{i=1}^{K}f_iu_i^2}{\sum_{i=1}^{K}f_i}-\left(\frac{\sum_{i=1}^{K}f_iu_i}{\sum_{i=1}^{K}f_i}\right)^2}$ $=0.09\times\sqrt{\frac{346}{100}-\left(\frac{26}{100}\right)^2}$ ≈0.166
2	5.645 ～ 5.735	5.69	3	−3	−9	27		
3	5.735 ～ 5.825	5.78	13	−2	−26	52		
4	5.825 ～ 5.915	5.87	15	−1	−15	15		
5	5.915 ～ 6.005	5.96	26	0	0	0		
6	6.005 ～ 6.095	6.05	15	1	15	15		
7	6.095 ～ 6.185	6.14	15	2	30	60		
8	6.185 ～ 6.275	6.23	7	3	21	63		
9	6.275 ～ 6.365	6.32	2	4	8	32		
10	6.365 ～ 6.455	6.41	2	5	10	50		
合　计			100	5	26	346		

（12）画直方图。以纵坐标为频数，横坐标为组距，画出由一系列直方形构成的直方图。本例直方图如图 8-7 所示。

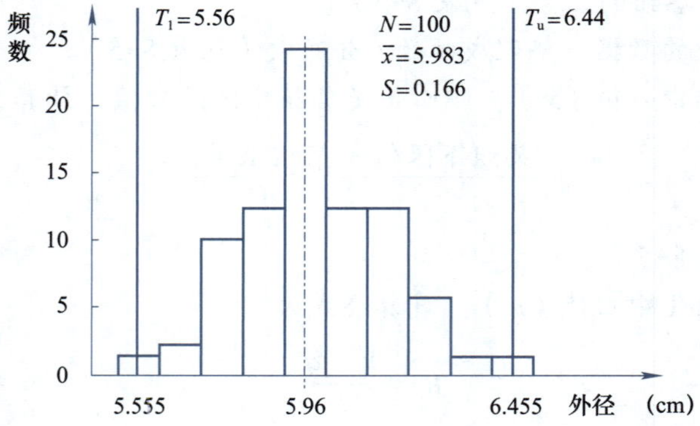

图 8-7　直方图

2. 直方图的观察分析

图 8-8 中的四种直方图分别说明四种情况：图 a 为正态分布，表明工序只存在随机误差，情况正常稳定；图 b 为分立小岛型，通常是由少量原材料不合格，或短时间内工人操作不熟练造成的；图 c 为偏态型，直方图的分布中心线偏向一侧，通常是由操作者的主观因素造成的；图 d 为双峰型，通常是由于抽样检查之前的分层工作没做好，使两个分布混淆在一起造成的。

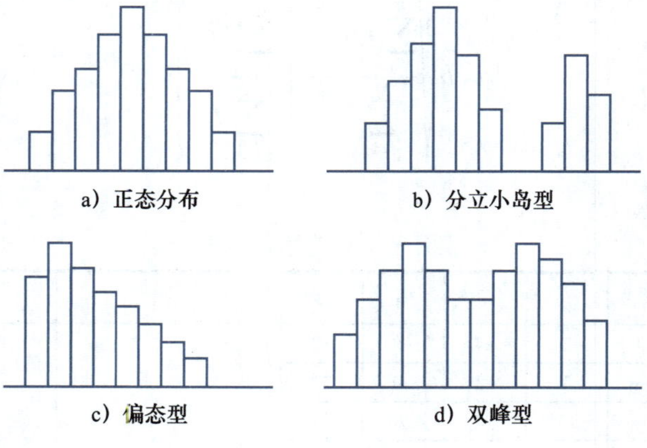

图 8-8　直方图观察分析

另外，通过直方图尺寸分布与公差进行对比，也可对工序的稳定性做出判断，如图 8-9 所示。

图 8-9 中，B 是实际尺寸分布范围，T 是公差范围。从图中可知有以下六种情况：图 a 是理想状况；图 b 中 B 虽在 T 内，但偏向一边，有超差的可能；图 c 中 B 过分小于 T，加工不经济；图 d 中 B 过分偏离 T 的中心，造成废品过量；图 e 中 B 与 T 一样，分布太宽，有超差的可能；图 f 中 B 的范围太大，超出了 T，产生了超差，工序能力不能满足技术要求。

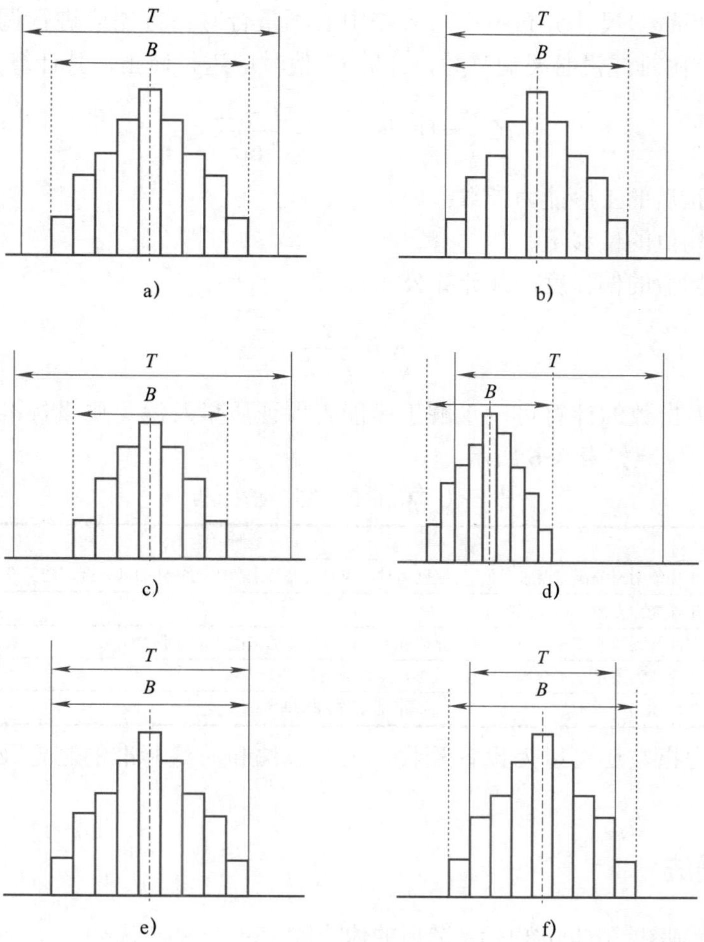

图 8-9　直方图尺寸分布与公差对比图

3. 工序能力指数

工序能力是指在正常条件和稳定状态下产品质量的实际保证能力，又称为加工精度，用 B 表示。工序能力的高低一般通过计算工序能力指数的方法测定。工序能力指数用 C_p 表示，其计算公式为

$$C_p = \frac{T}{B}$$

从上式中不难看出，工序能力指数同这道工序的技术要求（T）和加工精度（B）均有关系，因此它是反映工序能力满足质量要求程度的一个综合性指标。工序能力指数越大，说明工序能力越能满足技术要求甚至有一定储备，质量指标越有保证或越有潜力。下面分不同情况来介绍工序能力指数的计算方法：

（1）当加工产品的尺寸分布中心与质量标准中心（即公差中心）重合时，C_p 的计算公式为

$$C_p = \frac{T}{6\sigma}$$

（2）当加工产品的尺寸分布中心与公差中心不重合时，首先应进行调整，使两个中心重合；如果调整有困难或没必要调整时，计算 C_p 值时应进行修正，其计算公式为

$$C_{pk}=(1-K)\ C_p=\frac{T-2\varepsilon}{6\sigma}$$

式中　C_{pk}——修正后的工序能力指数；

ε——平均值的偏移量；

K——平均值的偏移度，其计算公式为

$$K=\frac{\varepsilon}{T/2}$$

通过工序能力指数的计算可以了解工序能否保证质量及满足质量标准的公差要求的程度，它的判断评价标准如表 8-6 所示。

表 8-6　C_p 值的判断评价标准

C_p 值的大小	评　价
$C_p > 1.33$	工序能力充分满足要求，但 C_p 值过大时，应对公差要求和工艺条件加以分析，避免设备精度的浪费
$C_p=1.33$	工序能力充足，是理想状态
$1 \leqslant C_p < 1.33$	工序能力符合要求，但 C_p 值过分接近 1 时，有超差的可能，应加强控制
$0.67 \leqslant C_p < 1$	工序能力不足，不合格率将接近 5%，应采取措施
$C_p < 0.67$	工序能力严重不足，不适宜生产该项产品，应研究与调整工艺

利用工序能力指数还可以为设备验收、工艺方法和质量标准的制定及修改提供科学的依据。

五、控制图法

控制图又称管制图，由贝尔电话实验所的休哈特（W. A. Shewhart）博士在 1924 年首先提出和使用，是科学管理的一个重要工具，特别是在质量管理方面成了一个不可或缺的管理工具。它是一种有控制界限的图形，用来区分引起质量波动的原因是偶然的还是系统的，可以提供系统原因存在的信息，从而判断生产过程是否处于受控状态。

微课：开展质量分析——控制图法

深思话题

以科学方法提升工作实效

统计过程控制（Statistical Process Control，SPC）是由休哈特博士于 20 世纪 20 年代提出的，自第二次世界大战后，SPC 已逐渐成为西方工业国家进行在线质量控制的基本方法。根据 SPC 理论，产品质量特性的波动是出现质量问题的根源，质量波动具有统计规律性，通过控制图可以发现异常，通过过程控制与诊断理论（SPCD）可以找出异常的原因并予以排除。

习近平总书记也非常重视运用科学的思想方法和工作方法，尤其是在《习近平新时代中国特色社会主义思想学习纲要》中，专门用一个章节的内容，就“马克思主义思想方法和工作方法”进行集中阐释，强调了科学思维能力的重要性。

思考：谈谈你是如何通过科学方法提升工作实效的？

1. 质量波动原因分析

现实生产中造成产品质量波动的因素有两类，一类是随机性因素（也称偶然性因素），另一类是非随机性因素（也称系统性因素）。

随机性因素是指对产品质量经常起作用的因素，如原材料性质的微小差异、机床的固有振动、刀具的正常磨损、夹具的微小松动、工人操作中的微小变化等，一般来说，随机性因素虽然多，但它们对质量波动的影响小，不易避免，也难以消除，可以不必加以控制。因此，把仅是随机原因造成的质量波动称为正常波动，认为仅存在正常波动的生产过程处于被控制状态。

非随机性因素是指可以避免的因素，如原材料中混入了不同成分或规格的原材料，机床、刀具的过度磨损，夹具的损坏，机床、刀具安装和调整不当，测量错误等。非随机性因素对质量波动的影响大，容易识别，也能避免。对于影响质量波动的非随机性因素，我们应严加控制。由非随机性因素引起的波动称为异常波动，异常波动造成的误差大小往往可以在造成波动的物体上测量出来，如孔加工的系统误差，如果是由刀具基本尺寸的误差造成的，那么可在刀具本身上测量出来。这些差异的大小和方向，对一定时间来说，都是一定的或呈周期性变化。因此，控制非随机性差异造成的质量波动就成了控制图法的主要任务。

2. 控制图的作用

（1）用于工序控制，即用于判断生产过程、工序质量的稳定性是否正常。

（2）用于工序质量分析。

（3）为评定质量以及确定对机器设备、工装的调整规律提供依据。

（4）用于改进产品检验，决定产品检验的方式或改变检验的范围。

3. 控制图的基本格式

控制图的基本格式如图 8-10 所示。

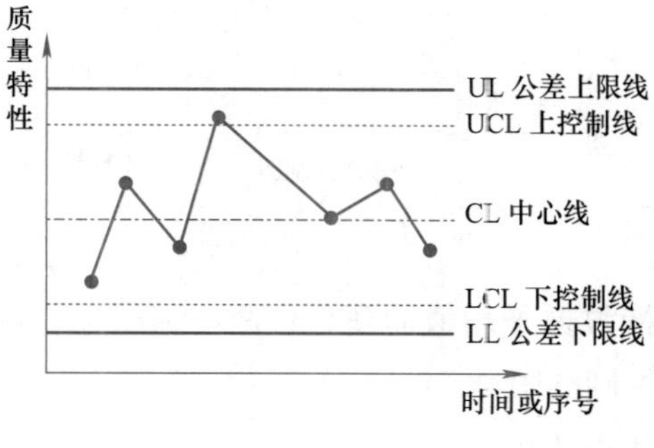

图 8-10　控制图

图 8-10 中，横坐标为取样时间或取样序号，纵坐标为测得的质量特性值。图上有五条与横坐标平行的线，中间一条为中心线，用点画线表示；中心线上面一条虚线为上控制线，另一条实线是公差上限线；中心线下面一条虚线为下控制线，另一条实线是公差下限线。一般取中心线上下 3σ（σ 为标准差）作为上、下控制线的范围。然后在生产过程中按规定的时间间隔抽取样本，测量其特性值，并用点标在图上，根据点的分布情况对生产过程的状态做出判断。如果点的分布无异常情况出现，则表明生产过程正常；否则表明将会出现质量问题，应采取相应的预防措施。

4. 控制图的种类和绘制

控制图的种类虽多，但基本可分为两大类，一类为计量值控制图，另一类为计数值控制图，每一类又可分为若干种。常用控制图种类如表 8-7 所示。

表 8-7　常用控制图种类

类　别	符　号	名　称	用　途
计量值控制图	X	单值控制图	用于计量值，在加工时间长、测量费用高，需要长时间才能测出一个数据或样品数据不便分组时使用
	$\overline{X}$-R	平均数和极差控制图	用于计量值，如尺寸、重量等的管理
	$\tilde{X}$-R	中位数和极差控制图	用于计量值，如尺寸、重量等的管理
计数值控制图	P_n	不合格品控制图	用于各种计数值，如不合格品个数的管理
	P	不合格品率控制图	用于各种计数值，如不合格品率、出勤率等的管理
	U	单位缺陷数控制图	用于单位面积、单位长度上的缺陷数的管理
	C	缺陷数控制图	用于焊接缺陷数、电镀表面麻点数等的管理

$\overline{X}$-R 控制图是一种最常用的控制图，该图由两部分组成，即子样的平均数控制图（$\overline{X}$ 控制图）和子样的极差控制图（R 控制图），通常 $\overline{X}$ 控制图放在 R 控制图的上面，如图 8-11 所示。

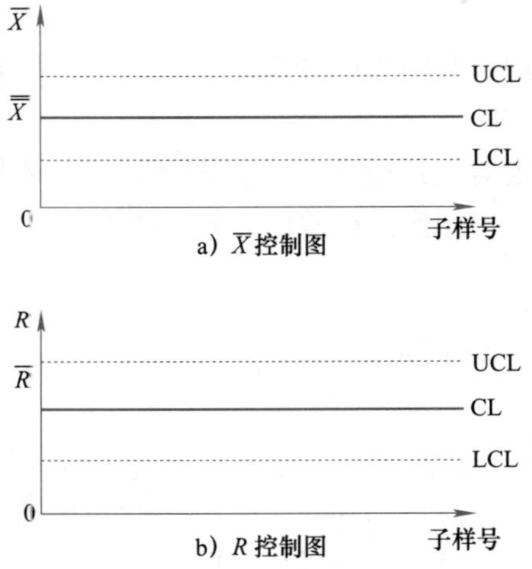

图 8-11　$\overline{X}$-R 控制图

$\overline{X}$ 控制图主要用来分析数据平均值的变化；R 控制图主要用来分析加工误差的变化，同时用它定出 $\overline{X}$ 控制图的控制界限。

绘制 $\overline{X}$-R 控制图的具体步骤如下：

（1）收集数据。从需要控制的工序中随机抽取样本，测量后取得数据，一般数据量不能少于 100 个。

（2）数据分组，并按组列成数据表。按测量顺序或批次分组，一般组数（K）取值 20 ～ 25，每组数据个数（n）取值 4 ～ 5 个，并将数据按组列成数据表。

（3）计算各组的平均值，计算公式为

$$\overline{X_j}=\frac{\sum X_j}{n}$$

（4）计算所有数据的总平均值，计算公式为

$$\overline{\overline{X}}=\frac{\sum \overline{X_j}}{K}$$

（5）计算各组的极差值，计算公式为

$$R_j = X_{\max} - X_{\min}$$

（6）计算各组的极差值的平均值，计算公式为

$$\overline{R}=\frac{\sum R_j}{K}$$

（7）计算中心线和控制界限

$\overline{X}$ 控制图：

中心线　　CL=$\overline{\overline{X}}$

上控制线　　UCL=$\overline{\overline{X}}+A_2\overline{R}$

下控制线　　LCL=$\overline{\overline{X}}-A_2\overline{R}$

R 控制图：

中心线　　CL=$\overline{R}$

上控制线　　UCL=$D_4\overline{R}$

下控制线　　LCL=$D_3\overline{R}$

A_2、D_3、D_4 一般可通过查表得到（见表 8-8）。

表 8-8　控制图系数表

n	A_2	D_3	D_4	n	A_2	D_3	D_4
2	1.880	0	3.267	6	0.483	0	2.004
3	1.023	0	2.574	7	0.419	0.076	1.924
4	0.729	0	2.282	8	0.373	0.136	1.864
5	0.577	0	2.115	9	0.337	0.184	1.816

（8）作 $\overline{X}$-R 控制图。将$\overline{X}$控制图放在 R 控制图的上面，画出上、下控制线和中心线，并根据数据在图上标出坐标点，最后将各点按组号顺序或时间顺序用直线连接起来，以便观察和分析质量分布的变化趋势。

例 8-3

YYB 管理有限公司选择了 6 个批次的 A 型电子挂钟，然后在一个为期 5 天的时间段内每天从每个批次随机抽取了 100 个样本。统计 6 个批次为期 5 天的 100 个样本的缺陷产品数据如表 8-9 所示。

表 8-9　6 个批次为期 5 天的 100 个样本的缺陷产品数量　（单位：件）

批　次	周　一	周　二	周　三	周　四	周　五	总　和	平　均
批次 1	6	7	7	11	9	40	
批次 2	8	10	9	7	10	44	
批次 3	8	9	7	11	7	42	
批次 4	7	10	8	10	8	43	
批次 5	16	4	5	7	8	40	
批次 6	7	9	10	8	9	43	
总　和	52	49	46	54	51	252	
平　均							8.4

基于上述样本按照如下步骤绘制控制图：

第一步：画出样本点的缺陷数据的折线图，如图 8-12 所示。

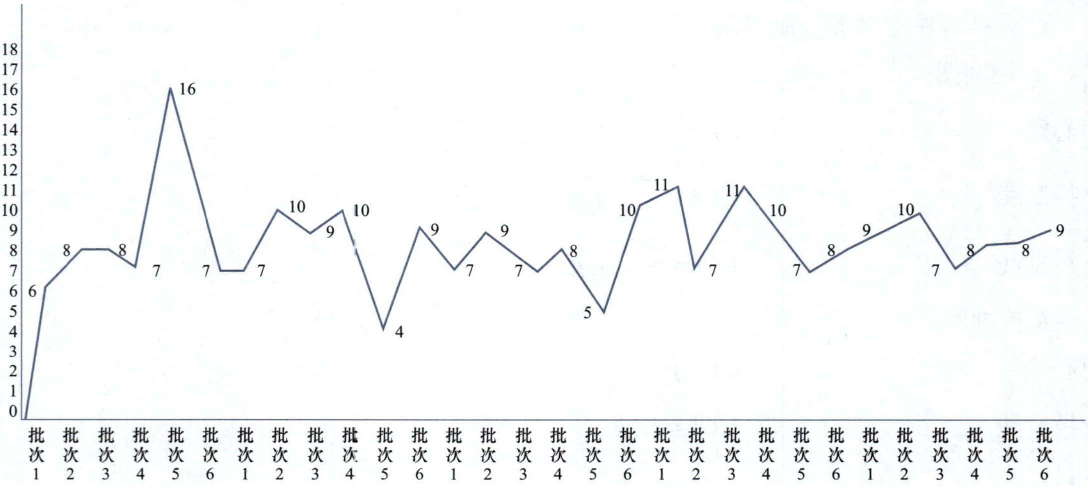

图 8-12　每批样本的缺陷产品数量折线图

第二步：对数据进行计算。总故障数、总样本点及每个样本点的缺陷平均数，都直接来自统计数据表 8-9。其他数值的计算方法如下：

$$总样本数 = 样本规模 \times 总样本点$$

$$故障比例 = \frac{总故障数}{总样本数} = \frac{252}{3\ 000} = 0.084$$

控制图的计算数据如表 8-10 所示。

表 8-10　控制图的计算数据

数据名称	数　值
总故障数	252
总样本点	30
每批样本点的缺陷平均数（均值）	8.4
样本规模（每个样本点）	100
总样本数	3 000
故障比例	0.084

第三步：添加均值线的折线图，如图 8-13 所示。

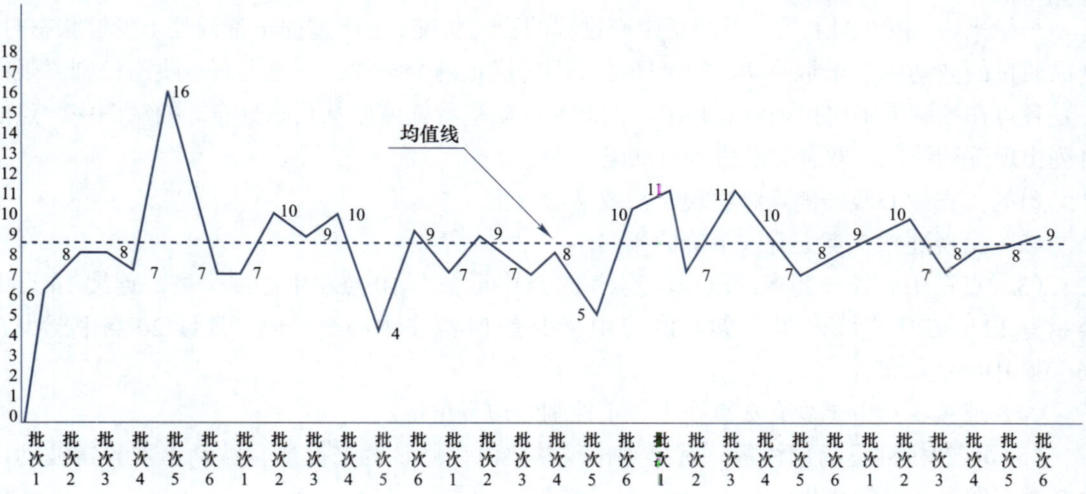

图 8-13　添加均值线的折线图

第四步：添加控制线。在缺陷数控制图中，控制上（下）线用以下公式计算：

$$上（下）控制线=平均数\pm 3\sqrt{平均数}\times（1-故障比例）$$

本例中：

上控制线 $=8.4+3\times 2.898\times 0.916\approx 16.4$

下控制线 $=8.4-3\times 2.898\times 0.916\approx 0.4$

得出上控制线为 16.4，下控制线为 0.4。

把上控制线和下控制线添加到折线图中，就得到了控制图，如图 8-14 所示。

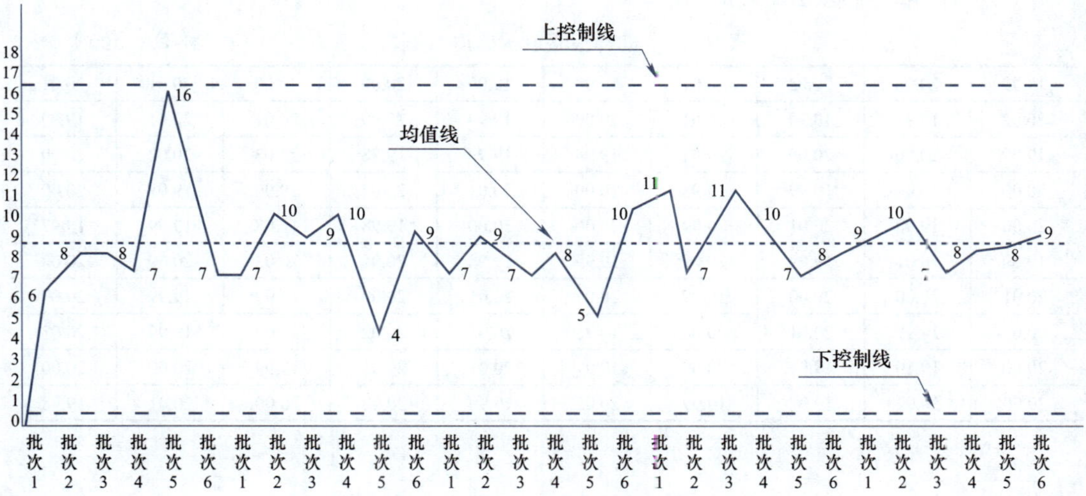

图 8-14　缺陷产品数量控制图

5. 控制图的观察分析

作控制图的目的是以此判断生产过程的稳定性、预防废品的发生和改进生产过程，从而提高产品质量，因此，还需要对控制图进行观察和分析。

一般来说，控制图上的点反映了生产过程的稳定状况。生产过程正常或处于受控状态时，产品质量的波动属于正常波动，控制图必须同时满足两个条件：一是没有点跳出控制界限；二是各点在控制界限内排列没有缺陷，即产品的质量特性值服从正态分布。控制图中，点的排列出现下列情况，即意味着排列有缺陷：

（1）点在中心线一侧连续出现 7 次或 7 次以上。

（2）出现连续 7 点上升或下降的倾向。

（3）点在中心线一侧多次出现，连续 11 点中至少有 10 点在中心线一侧，连续 14 点中至少有 12 点在中心线一侧，连续 17 点中至少有 14 点在中心线一侧，连续 20 点中至少有 16 点在中心线一侧。

（4）连续 3 点中至少有 2 点在上、下控制线边界出现。

（5）点的排列呈周期性等。其排列出现缺陷时，则认为产品质量波动出现异常波动，生产过程发生了异常变化。

这时就必须对生产过程进行分析，把导致这种异常变化的原因找出来，排除掉，使生产过程处于受控状态，产品质量得到保证。

思考题

质量分析小测验

某轧钢厂生产钢板，其厚度公差为 20.00±0.03mm，从生产的批量中随机抽样 100 个，检验数据如表 8-11 所示。要求：

（1）画出直方图。

（2）进行观察分析。

（3）计算工序能力并做出判断。

表 8-11　抽样检验钢板厚度数据表　（单位：mm）

19.99	20.00	20.02	20.01	19.98	19.99	20.00	20.00	20.01	20.01
20.02	19.97	19.99	20.01	20.00	19.99	19.99	20.01	20.01	19.99
19.99	20.00	20.00	20.01	19.98	19.99	19.98	20.03	20.02	20.00
20.00	20.01	19.99	19.98	20.00	20.01	20.02	19.99	19.98	20.00
20.00	19.98	20.01	19.99	20.00	20.00	19.98	19.98	19.99	19.97
19.89	20.01	19.99	20.00	19.99	19.98	20.01	20.03	20.00	20.02
20.01	20.00	20.00	19.99	20.01	20.01	20.00	19.99	19.99	20.00
20.01	19.99	20.01	20.00	19.98	20.01	20.02	20.00	19.99	20.01
20.00	19.89	19.99	20.00	19.99	20.01	20.01	19.99	20.00	20.00
20.00	20.02	19.99	19.99	20.02	19.99	20.02	20.00	20.01	19.98

项目九

推进文明生产

学习目标

知识目标

- 理解车间布置的方法。
- 掌握产品移动方式。
- 掌握6S管理方法。
- 掌握定置管理、目视管理与看板管理方法。

能力目标

- 能根据车间情况合理布置设备。
- 能够合理选择产品移动方式。
- 会开展6S管理。
- 会实施定置管理、目视管理与看板管理。

素质目标

- 培养成本意识、质量意识和安全意识。
- 培养文明生产的职业素养和勇于创新的职业精神。

引导案例

由于市场环境较好，产品需求量较大，YYB管理有限公司的智能儿童手表供不应求，但是在这种大好形势下，智能儿童手表的生产却始终跟不上市场的需求，存在供货周期长、产品质量不稳定等情况。通过调查发现问题主要有：生产现场管理人员不能贯彻落实6S管理，产品检验把关不严，检验单填写不准，生产报表统计不及时，无法满足工厂多产品小批量生产的要求。针对这种情况，公司购买了专用设备，组建了一条新的流水线，专门用于智能儿童手表的大量生产，并且对智能儿童手表的期量标准和生产组织进行了设计，满足社会对智能儿童手表的大量需求，解决了智能儿童手表供不应求的状况。其他的小批量产品用企业原有设备进行生产，根据各产品的生产情况对车间进行了重新布置。同时，车间领导带头认真贯彻6S管理，企业生产面貌焕然一新，产品质量得到保证，生产效率也显著提高。

问题：

1. 什么是生产现场管理？ YYB 管理有限公司智能儿童手表生产设备应如何布置？
2. 产品的移动方式有哪几种？智能儿童手表产品在流水线上应按哪种方式进行移动？
3. YYB 管理有限公司智能儿童手表生产车间应如何推行 6S 管理？

现场一般是指作业场所。生产现场就是从事生产、制造和提供生产服务的作业场所，既包括各基本生产车间的作业场所，也包括各辅助生产部门的作业场所，如仓库、试验室、锅炉房等。生产现场集中了企业大量的人力、物力和财力，由劳动者、机器设备、材料、工艺方法和测量方法、生产环境和信息等要素组成。

生产现场管理就是用科学的管理制度、工艺流程、标准和方法，对生产现场的各要素进行合理配置，对生产过程进行有效的计划、组织、指挥、协调和控制，实现均衡、文明、安全、有序生产，达到优质、低耗和高效的目的。

任务 1　布置生产现场

车间是进行产品生产或其他业务活动的主要场所，车间如何布置直接关系到生产力的三个要素，即劳动者、劳动手段和劳动对象如何更好地结合的问题。合理的车间布置有利于企业实现文明生产，提高生产的经济效益。车间布置一般分为两部分：一是车间整体布置，二是车间设备布置。

一、车间整体布置

进行车间布置时，首先要安排车间的整体布置，即确定车间各组成部分的位置。车间由哪些部分组成取决于车间的生产性质和生产规模，一般大型的生产车间由以下六个部分组成：

（1）基本生产部分，如机械加工车间的各种机加工设备（车床、铣床、磨床、钻床、插床等）。基本生产部分的布置要符合生产工艺流程的要求，尽量缩短物料流程。

（2）辅助生产部分，如机修组、电工组、磨刀间等。辅助生产部分的布置要便于向基本生产部分提供服务，如机械加工车间的工具室应设在工人领取工具方便的位置，并与磨刀间靠近。

（3）仓库部分，如半成品存放区、零配件存放区、材料存放区。仓库部分的布置要考虑车间的面积、设备摆放及产品的大小等情况，要便于工人对零配件、材料等的加工或拿取，并且不影响运输及车间面积的合理利用。

（4）过道部分，如主要过道、次要过道等。车间内过道的设置要考虑物料运输与安全的需要，主要过道两旁应有明显标志，最好能与进出车间的大门相连接。

（5）车间管理部分，如办公室、资料室等。根据车间的形状及面积，一般安排在车间入口处。

（6）生活设施部分，如休息室、盥洗室、更衣室等。更衣室、盥洗室等生活设施部分的面积应根据车间男、女职工的人数计算确定，以便于职工使用。

在车间的各个组成部分中，基本生产部分决定着车间面貌，占用车间面积也最多，车间布置的重点应放在这一部分的设备布置上。

二、车间设备布置

车间设备布置（即生产过程的空间组织）是否合理，将影响产品生产周期和生产成本，影响劳动生产率的提高。

1. 设备布置的要求

（1）尽量使产品通过各设备的加工路线最短。多设备看管时，工人在设备之间的行走距离最短。

（2）便于运输。加工大型产品的设备应布置在有桥式吊车的车间里；加工长形棒料的设备尽可能布置在车间的入口处。

（3）确保安全。各设备之间，设备与墙壁、柱子之间应有一定的距离，设备的传动部分要有必要的防护装置。

（4）便于工人操作和工作地的布置。

（5）充分利用车间的生产面积。在一个车间内，可因地制宜地将设备排列成纵向、横向或斜角，尽可能不要剩下不好利用的面积。

2. 单件小批生产类型企业的车间设备布置

单件小批生产的特点是品种多而不稳定，每种产品的产量也低，每个工作地上所担负的品种数和工序数都很多。单件小批生产类型企业的车间设备要求能够根据客户的个性化需求生产，要求设备的适应性强，所以其设备基本上是通用设备，在布置时要采用工艺专业化布置。

工艺专业化布置是指按照生产工艺性质的不同来布置车间（或工段、小组），在按工艺专业化布置的生产部门里，集中着同种类型的工艺设备，对企业的各种产品（零件）进行相同的工艺加工。例如，加工某零件需经过粗车、精车、铣键槽、磨端面、插齿、淬火和磨齿七道工序，则可以把所有同类设备，如车床、铣床、磨床等各放在一起，如图 9-1 所示。

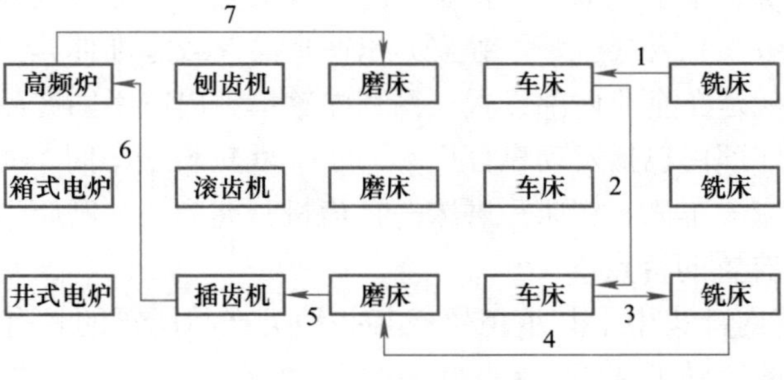

图 9-1　按工艺专业化布置车间示意图

可见按工艺专业化进行车间设备布置，就是在企业内部设置一系列具有各种特定功能的工艺中心。采用这种布置方式形成的生产部门包括铸造分厂（或车间、工段）、机械加工分厂（或车间、工段）、热处理分厂（或车间、工段）等。

（1）工艺专业化布置的特点：

① 同一生产部门内部的所有机器设备均是功能相同或相近的机器设备，所配备的人员也是相应的同工种或相近工种的工人。

② 机器设备按相同型号集中，呈“机群式”排列。

③ 每一生产部门只担负各种产品的一种特定工艺性质的生产任务，除担负最后工序的生产部门外，其他所有生产部门均不能出产成品。

④ 各生产部门之间的生产联系频繁。

（2）工艺专业化布置的优点：

① 适应性强。当市场需求的产品品种发生变化时，如果需求的新品种仍属本企业既定的产品专业方向内，则有很强的适应能力；如果需求的新品种已经超出了本企业既定的产品专业方向，但只要生产工艺相近，仍具有较强的适应能力。

② 有利于实行专业化的工艺及设备管理。由于每个生产部门内部各个生产环节的工艺性质相同，集中了同专业同工种的工程技术人员和生产工人，长期重复地进行同工艺性质的生产活动，因此可以有效地实行专业化的工艺管理，提高人员和设备的工艺技术水平。

（3）工艺专业化布置的缺点：

① 经济效果差。因为每一种产品的生产过程均需先后通过本企业全部或大部分工艺专业化的生产部门，有时还会出现交叉迂回和反复的运输，因而运输路线长，交接次数多，运输、保管、装卸的费用高；生产过程占用的在制品和半成品数量多；因多使用通用机床，生产效率低，导致生产周期长，生产成本高，总的经济效果较差。

② 管理工作比较复杂。主要表现为：协作关系复杂，协调任务重；贯彻执行各种责任制度的难度较大。

3. 大批大量生产类型企业的车间设备布置

大批大量生产的特点是产品固定、品种少、生产量大、生产的重复性高，通常每个工作地上固定地完成一道或少数几道工序，工作地专业化程度很高。因此，大批大量生产的车间设备布置宜采用对象专业化布置。

对象专业化布置是指将企业专业方向规定生产的各种产品（或零部件），分别交由不同的生产部门生产，每一个生产部门只担负一种或少数几种产品（或零部件）的全部或大部分工艺过程的生产任务，独立（或基本独立）出产产品（或零部件）。可见，按对象专业化进行车间设备布置，就是在企业内部设置一系列能够单独出产不同产品的产品中心。采用这种布置方式形成的生产部门包括发动机分厂（车间）、涡轮转子车间、轴承车间、齿轮工段等。

如上例可按“车床—车床—铣床—磨床—插齿机—高频炉—磨床”进行设备布置。

（1）对象专业化布置的特点：

① 同一生产部门内部集中了其承担生产某些种类产品所需的具有不同功能的各种机器设备，并配备了相应的不同工种的工人。

② 在一般情况下，机器设备按产品工艺路线的先后顺序排列，形成以生产某些种类产品为特征的生产线。

③ 对象专业化的生产部门能够独立或基本独立地出产所担负的某些种类的产品。

④ 各个对象专业化生产部门之间没有或只有很少量的生产联系，分别进行封闭或基本封闭的生产活动。

（2）对象专业化布置的优点：

① 经济效果较好。对象专业化的生产部门可以使用专用设备及工具，使劳动生产率大大提高，并按照规定生产的某些种类产品的技术要求，实行非常紧凑的生产布置，从而有利于缩短运输距离，杜绝交叉迂回和重复运输，降低运输、装卸和保管费用，减少生产过程中在制品和半成品的占用量，缩短生产周期，降低生产成本；也有利于按质、按量、按期、成套地完成生产任务。

② 管理工作相对简化。由于各生产部门的产品方向非常明确且稳定，不同时期生产任务的变化主要表现为数量的增减和时间先后的调整；易于贯彻执行各种责任制度，由于分工明确、交接环节少，当发生差错和失误时很容易分清责任。

（3）对象专业化布置的缺点：

① 适应性差。当市场需求的产品品种发生变化，需求的新品种已经超出了本企业既定的产品专业方向时，就会出现毫无适应能力或适应能力极低的严重局面。

② 开展工艺技术管理工作的难度较大。由于在同一生产部门内部同时进行多种性质的工艺技术活动，各生产环节的工艺操作技术和工艺装备方面、安全生产方面、工作地服务方面等都存在着各不相同的要求，因而增加了工艺技术管理的难度。

4. 成批生产类型企业的车间设备布置

成批生产的特点是产品的品种较少，每种产品有一定的产量，生产有一定的重复性；工作地上成批轮番地生产不同的制品；工作地专业化程度较高。成批生产的车间设备布置一般采用综合布置，即将工艺专业化与对象专业化结合起来进行设备的布置。

由于工艺专业化和对象专业化的优缺点恰好是互补的，即前者的优点可弥补后者的缺点，后者的优点也可弥补前者的缺点。因此，在实际生产过程的组织中一般综合运用以上两个原则，以取两者的优点。在车间内部，有些工段和班组可按对象专业化布置，而另一些则可按工艺专业化布置。

思考题

根据引导案例，思考：什么是生产现场管理？ YYB 管理有限公司的设备应如何布置？

布置生产现场小测验

任务 2　选择产品移动方式

微课：产品的移动方式

合理组织生产过程，不仅要求各个生产部门在空间上密切配合，而且要求它们在时间上紧密衔接，即进行合理的时间组织，选择适当的产品移动方式，缩短产品的生产周期，以达到提高劳动生产率和设备利用率的目的。为实现这一目标，企业要实现有节奏的连续均衡生产，并尽量组织平行作业，提高生产过程的平行性。

一些企业产品的生产周期相当长，其中大部分的时间属于等待、闲置等无效时间，其时间构成如图 9–2 所示。因此，时间组织的一个重要任务就是要提高时间利用率，尽量减少无效时间，以缩短生产周期。

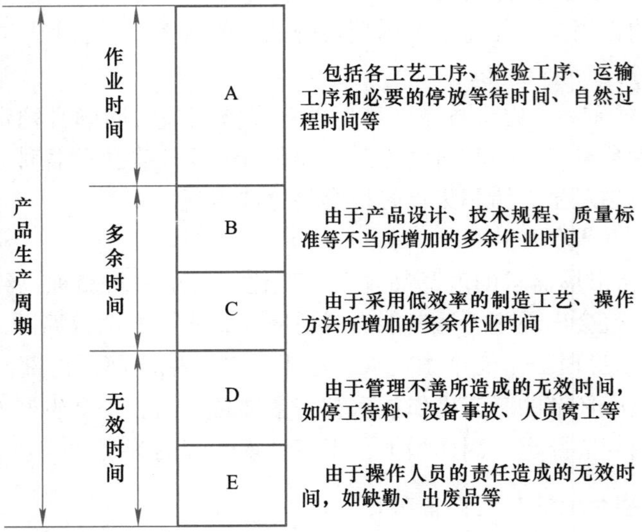

图 9–2　产品生产周期时间构成示意图

产品（零件）在工序之间的移动方式通常有顺序移动、平行移动和平行顺序移动三种，一般来讲，产品批量不大、工序的单件作业时间较短的生产适合采用顺序移动方式；批量大、单件工时长的生产适合采用平行移动方式；成批生产适合采用平行顺序移动方式。

一、小批生产产品移动方式

产品批量不大、工序的单件作业时间较短的生产适合采用顺序移动方式。顺序移动方式的特点是产品（零件）在各道工序之间是整批移动的，即一批产品只有在前道工序全部完工的情况下才转送到后道工序进行加工。

顺序移动方式的组织与计划工作比较简单，由于一批产品是集中加工、集中运输的，因此有利于减少设备的调整时间和提高工作效率，但是在一批中大多数的产品都有等待加工和等待运输的时间，因而生产周期长，资金周转慢。顺序移动方式下生产周期的计算公式为

$$T_{顺} = n\sum_{i=1}^{m} t_i$$

式中　$T_{顺}$——顺序移动方式下一批零件的生产周期；

n——零件批量（件）；

m——工序数；

t_i——零件在第 i 道工序上的单件作业时间（min/ 件）。

例 9-1

零件字模的批量为 4 件，经 3 道工序加工完成，各工序的单件工时为：t_1=10min，t_2=5min，t_3=7min，试计算顺序移动方式下的生产周期。

解：生产周期为

$$T_{顺} = n\sum_{i=1}^{m} t_i = 4\times(10+5+7)=88\,(\text{min})$$

顺序移动示意图如图 9-3 所示。

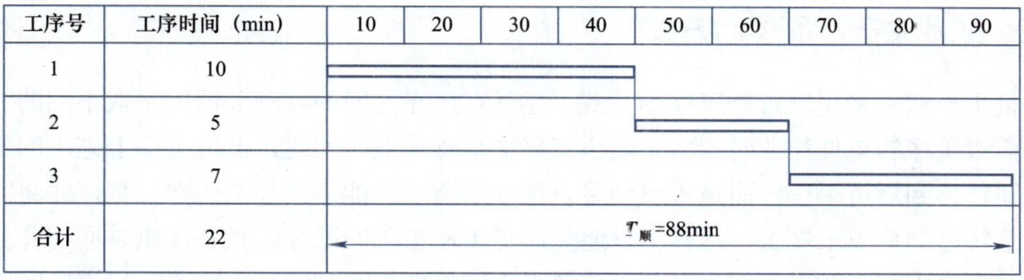

图 9-3　顺序移动示意图

二、大批生产产品移动方式

批量大、单件工时长的生产适合采用平行移动方式。平行移动方式的特点是每件产品在前道工序加工完毕后，立即转移到后道工序继续加工，即产品（零件）在各道工序之间是单件移动的，在各道工序上成平行作业。

在平行移动方式下，零件在各道工序之间是按件或按运输批量移动的，很少停歇，因而整批零件的生产周期最短。但其运输工作频繁，特别在前后两道工序的单件作业时间不相等时，会出现等待加工或停歇的现象，如前道工序的单件作业时间比后道工序大，则在后道工序上会出现间断性的设备停歇时间，这些时间很分散，不便于充分利用。平行移动方式下生产周期的计算公式为

$$T_{平} = \sum_{i=1}^{m} t_i + (n-1)\max(t_i)$$

式中　$T_{平}$——平行移动方式下一批零件的生产周期；

max（t_i）——各工序中单件作业时间最长的工序时间。

例 9-1 中，若产品按平行移动方式生产，则生产周期为

$$T_{平} = \sum_{i=1}^{m} t_i + (n-1)\max(t_i) = (10+5+7)+(4-1)\times 10=52\,(\text{min})$$

平行移动示意图如图 9-4 所示。

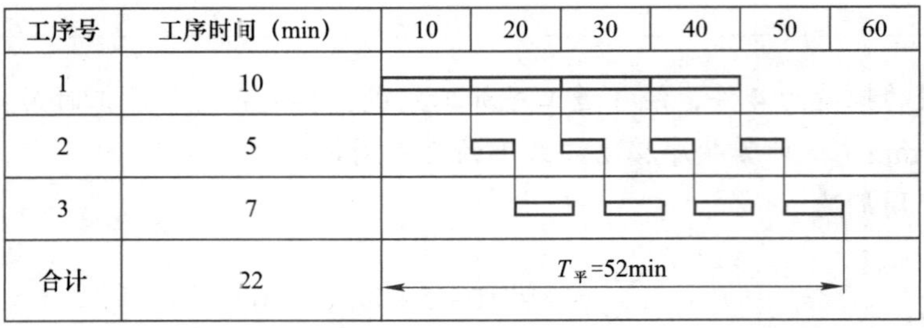

图 9-4　平行移动示意图

三、成批生产产品移动方式

成批生产适合采用平行顺序移动方式。零件在工序之间的移动分情况采取不同的方式：一是当前道工序的单件作业时间大于后道工序的单件作业时间时，前道工序上完工的零件，并不立即转移到后道工序，而是等待到足以保证后道工序能连续加工的那一刻，才将完工的零件全部转移到后道工序去，这样可以避免后道工序出现间断性的设备停歇时间，并把分散的停歇时间集中起来加以利用；二是当前道工序的单件作业时间小于或等于后道工序的单件作业时间时，则前道工序上完工的每一个零件应立即转移到后道工序去加工，即按平行移动方式单件运输。

平行顺序移动方式的特点是将前面两种移动方式结合起来，存优避短。该方式下生产周期的计算公式为

$$T_{平顺}=n\sum_{i=1}^{m}t_i-(n-1)\sum_{i=1}^{m-1}\min(t_i,t_{i+1})$$

式中　$T_{平顺}$——平行顺序移动方式下一批零件的生产周期；

min（t_i,t_{i+1}）——相邻工序（两两比较）较短的工序单件工时。

仍以例 9-1 为背景，若产品按平行顺序移动方式组织生产，则生产周期为

$$T_{平顺}=n\sum_{i=1}^{m}t_i-(n-1)\sum_{i=1}^{m-1}\min(t_i,t_{i+1})=4\times(10+5+7)-(4-1)\times(5+5)$$
$$=58\text{（min）}$$

平行顺序移动示意图如图 9-5 所示。

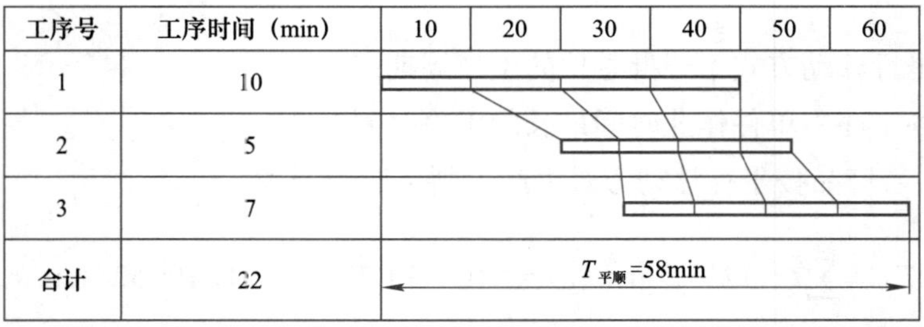

图 9-5　平行顺序移动示意图

四、选择移动方式应考虑的因素

上述三种移动方式是工艺加工过程中组织各工序在时间上相互衔接的基本形式，实际生产当然要比这复杂得多。从生产周期看，平行移动方式最短，平行顺序移动方式次之，顺序移动方式最长。但在选择移动方式时，不能只考虑生产周期，还应结合企业的生产特点，全面考虑以下因素（三种移动方式特点及适用条件见表 9-1）。

表 9-1　三种移动方式特点及适用条件

移动方式	产品运送方式	产品运送次数	在制品资金占用	产品生产周期	生产连续性	管理工作难易	适用条件
顺序移动方式	成批运输	最少	量大期长	最长	好	易	批量小、单件工时短
平行顺序移动方式	时而成批时而单件	一般	一般	一般	好	难	成批生产类型
平行移动方式	单件运输	最多	量小期短	最短	差	易	批量大、单件工时长

1. 生产类型

单件小批生产宜采用顺序移动方式；大量大批生产，特别是组织流水生产线时，宜采用平行移动方式；成批生产宜采用平行顺序移动方式。

2. 产品生产任务的缓急情况

对于一些紧急任务，如为某项重点工程配套的任务，限期完成的援外和外贸任务以及影响产品成套的缺件等，应尽量采用平行移动方式或平行顺序移动方式，以便争取时间，满足需要。

3. 企业内部生产部门的专业化形式

对象专业化的生产部门，宜采用平行移动方式或平行顺序移动方式；工艺专业化的生产部门因受设备布置和运输条件限制，一般以采用顺序移动方式为宜。

4. 工序劳动量的大小和零件的重量

工序劳动量不大、重量较轻的零件，采用顺序移动方式，有利于减少搬运次数，节省运输力量；工序劳动量较大、重量很重的零件，为减少资金占用和节省生产面积，可采用平行移动方式或平行顺序移动方式。

5. 改变加工对象时，调整设备所需的劳动量

如果改变加工对象时调整设备所需的劳动量很大，就不适合采用平行移动方式；如果改变加工对象时不需要调整设备或者调整设备所需劳动量很少，则可以考虑采用平行移动方式。

思考题

1. 根据引导案例，思考：产品的移动方式有哪几种？智能儿童手表在流水线上应按哪种方式进行移动？

2. 企业加工一批零件，数量为 5 件，均须经过 4 道工序的加工，各工序的单件加工时间分别为 10min、8min、12min、5min。试计算这批零件在三种移动方式下的加工周期并画出示意图。

选择产品移动方式小测验

任务 3　推行 6S 管理

一、6S 管理的概念

微课：如何推行 6S 管理

6S 管理是指对生产要素所处的状态不断地进行整理、整顿、清扫、清洁、提高素养和安全的活动。由于整理（Seiri）、整顿（Seiton）、清扫（Seiso）、清洁（Seiketsu）、素养（Shitsuke）、安全（Safety）这六个词的日文用拉丁字母拼音时，第一个字母都是 S，所以简称“6S”。

（1）整理——区分要与不要的东西，坚决扔掉不要的东西。目的是将“空间”腾出来活用。整理不仅仅是指平常所说的把东西整理好，而更多的意思是指将不要的东西处理掉。通过整理，对物品进行区分和归类，划分出无用的东西，在此基础上将多余的物品从作业现场清除出去。

推行要领：对工作场所（范围）进行全面检查，包括看得到和看不到的；制定“要”和“不要”的判别基准，不要的物品及时清除，要的物品要调查使用频度，决定日常用量；每日自我检查。

（2）整顿——将必要的东西定位放置，使用时随时就能拿到。整顿就是将必要的物品以容易的方式放置于固定场所，并做好适当的标识，目的是不浪费时间寻找物品，在最大限度内消除寻找的行为。实施整顿可以创造整齐的工作环境，减少过多的积压物，从而减少寻找物料而造成的时间损失，并且用固定的、醒目的标识标明不同的场所和物品，可以避免放错地方和物品混乱。例如，待检查区配以白色标志、良品区配以绿色标志、废品区或危险警告区配以红色标志、待处理区配以黄色标志等。

推行要领：前一步骤整理的工作要落实；需要的物品明确放置场所；摆放整齐、有条不紊；地板画线定位；场所、物品标示；制订废弃物处理办法（重点）。

整顿的结果要让任何人都能立即取出所需要的物品；要站在新人、不熟悉现场的人的立场来看，使得什么物品该放在什么地方更为明确；要想办法使物品能立即取出使用；另外，使用后要易于恢复到原位，没有恢复或误放时能马上知道。

（3）清扫——将灰尘、油污、垃圾清除干净。清扫是指将工作场所、设备彻底清扫干净，使工作场所保持一个干净、宽敞、明亮的环境，使不足、缺点凸现出来。其目的是消除“脏污”，保持现场干净、明亮，从而维护生产安全，减少工业灾害，保证品质。通过清扫把污秽、油渍、灰尘、原材料加工剩余物清除掉，这样漏油、裂纹、松动、变形等设备缺陷就会暴露出来，就可以采取相应的措施加以弥补。对于清扫，应该进行区域划分，实行区域责任制，责任分配到人。制订相关清扫基准，明确清扫对象、方法、重点、周期、使用工具等项目。

推行要领：建立清扫责任区（室内、室外）；开始一次全企业的大清扫；每个地方清洁干净，管理干部以身作则，人人参与；调查污染源，予以杜绝或隔离；建立清扫基准，作为规范。

清扫就是使现场处于没有垃圾、没有污脏的状态。虽然已经整理、整顿过，需要的物品马上就能取得，但是被取得的物品要能正常使用才行，这就是清扫的第一目的。尤其是从事高品质、高附加价值产品的制造，更不允许有垃圾或灰尘的污染，造成产品不良。

（4）清洁——前项的坚持和深入，保持清洁。清洁有三个要素：一是干净；二是高效；三是安全。目的是通过制度化来维持成果。

推行要领：落实前 3S 工作；制订目视管理及看板管理的基准；制订稽核方法；制订奖惩制度，加强执行；高层主管亲自选定样板场所，坚持监督检查，带动全员重视 6S 活动。

（5）素养——遵章守纪，重视道德品质修养。其目的是提升“人的品质”，培养对任何工作都讲究认真的人。素养活动要求员工时刻牢记 6S 规范，自觉地进行整理、整顿、清扫和清洁，使 6S 活动更重于实质，而不是流于形式。素养是使员工言行举止都形成良好的习惯，是 6S 管理的核心。

推行要领：持续推动前面 5S 至习惯化；制订企业有关规则、规定；制订礼仪守则；加强教育训练；推动各种激励活动；遵守规章制度；例行打招呼、礼貌运动。

（6）安全——使人身不受伤害，环境没有危险。其目的是创造对人、企业财产没有威胁的环境，避免安全事故，减少工业灾害。

推行要领：彻底识别现场危险要素，包括危险物品、危险工装设备、危险场所环境；杜绝危险行为；进行安全警示，形成安全制度；制订服装、臂章、工作帽等识别标准；电源开关、风扇、灯管等损坏要及时报修；物品堆放、悬挂、安装、设置不存在危险状况；特殊工位无上岗证严禁上岗；正在维修的设备贴上标识；危险物品、区域、设备、仪器、仪表特别提示；保障企业财产安全，保证员工在生产过程中的健康与安全。总之要杜绝事故隐患，避免事故发生。

开展 6S 管理，可使现场的工作井然有序，产品质量得到保证，设备故障的再发生得到有效预防和控制；使人际关系和睦，人们心情舒畅，从而进一步提高人的素质。

二、6S 管理的实施技巧

动画：6S 管理

（1）明确 6S 管理的岗位责任制。各部门要明确本部门在 6S 活动推行中应该承担的责任。

公司领导的责任：领导 6S 管理活动；负责公司 6S 管理活动的资源配置；确定公司 6S 管理活动各阶段的目标；制订公司 6S 管理活动的实施方案；定期对 6S 活动取得的经验进行总结和推广。

部门主管的责任：负责本部门 6S 管理活动的宣传和培训工作；按照公司 6S 活动计划和实施方案，制订部门的活动计划；划分部门内部 6S 责任区域；督导和巡查下属的清扫、点检工作及行动规范等；分析解决 6S 活动中的问题点，并对 6S 活动实施奖惩。

班组长的责任：负责本班组 6S 活动的宣传和 6S 管理知识的培训工作；带领班组员工学习 6S 管理知识和技巧；划分本班组 6S 责任区域；按公司 6S 管理活动的要求检查本组成员的行为和 6S 工作开展情况；实施奖惩并对 6S 活动的经验进行总结。

（2）严格执行检查、评比和考核制度。检查是为了加强现场管理，具体包括：检查现场物品是否规范；检查员工是否遵守作业规范，以保证产品品质；检查现场各类物料是否存在浪费；检查是否存在安全隐患，提高全员的安全生产意识，减少生产安全事故的发生；

并将 6S 活动检查结果纳入考核，与奖惩制度挂钩，以进一步推动 6S 管理活动。

（3）坚持 PDCA 循环，不断提高现场 6S 水平。

P（计划阶段）：主要任务是找出企业生产现场中所存在的各种问题，如物料、生产用具等随意摆放问题，现场使用的设备存在跑冒滴漏情况，卫生有死角，员工的质量意识不高等，通过对问题的分析，制订相应的改进措施和方法。

D（实施阶段）：按照 P 阶段制订的计划、方案去执行；建立 6S 活动的规章、标准和方法，并对全体员工进行培训，让他们知道本职工作应遵循的规则、要达到的标准和要求。

C（检查阶段）：按照制订的措施计划对生产现场各项活动进行监督和检查，并对执行的效果进行评估，最终评价是否达到预期的效果。

A（处理阶段）：对成功的经验加以肯定，形成标准；对发现的不足认真总结，及时纠正。根据评价进行奖惩。对改进效果不显著的措施及改进实施过程中出现的问题，进行原因分析，寻求达标的方法，补充、修订措施计划，转到下一个 PDCA 循环中加以解决。

（4）进行“红牌作战”。在 6S 管理中，“红牌作战”是一个很重要的活动工具，即运用醒目的红色标志标明问题所在。红牌要贴在“有问题”的设备、推车、踏板、工装或刀具架、桌椅、资料柜、模具或备品架、材料或产品容器、空间等。红牌作战由公司指定专门人员，针对现场有问题的对象进行。

（5）开展目视管理。目视管理是一种以公开化和视觉显示为特征的管理方式，也可称为看得见的管理，或一目了然的管理。目视管理配合 6S 管理来进行能达到更好的效果。

（6）登记查检表（见表 9-2）。通过定期检查，能得到 6S 活动进展的情况，若有偏差，则立即采取修正措施。

表 9-2　生产现场 6S 检查表

部门：　　　　　　　　　　日期：　　　　　　　　　　检查人：

项目	内容	满分	得分	问题点
整理	1. 有无定期实施红牌作战管理	4		
	2. 有无不需要用、不急用的工具和设备	4		
	3. 有无剩余材料等不需要品	4		
	4. 有无不必要的隔间挡住视野	4		
	5. 作业现场有无设置区域化标识	4		
整顿	1. 有无设置地址，物品是否放置在规定位置	4		
	2. 工具、夹具有无手边化、附近化、集中化	4		
	3. 工具、夹具有无归类存放	4		
	4. 工具、夹具、材料有无规定放置位置	4		
	5. 废料有无规定存放点，并妥善管理	4		
清扫	1. 作业现场是否杂乱	4		
	2. 工作台是否混乱	4		
	3. 生产设备有无污损或附着灰尘	4		
	4. 区域线（存物、通道）是否明确	4		
	5. 工作结束、下班前有无清扫	4		
清洁	1. 前 3S 是否规范化	4		
	2. 有无定期按规定点检设备	4		
	3. 有无穿着工作服	4		
	4. 有无任意放置私人用品	4		
	5. 有无规定吸烟场所并被遵守	4		

（续）

项　目	内　容	满　分	得　分	问题点
安全	1．有无制订服装、臂章、工作帽等识别标准	4		
	2．电源开关、风扇、灯管损坏有无及时报修	4		
	3．物品堆放、悬挂、安装、设置是否安全	4		
	4．特殊工位是否严格执行持证上岗	4		
	5．正在维修或修理设备有无贴上标识	4		
	6．危险物品、区域、设备、仪器、仪表有无特别提示	4		
素养	1．有无日程进度管理表并认真执行	4		
	2．有无安全保护装备用品并按规定使用	4		
	3．有无制订作业指导书并严格执行	4		
	4．有无发生紧急事件的应急方案、程序	4		
	5．有无遵守上、下班时间，积极参加推进小组的会议	4		
评语	合计	124		

思考题

根据引导案例，思考：YYB 管理有限公司在车间如何推行 6S 管理？

推行 6S 管理小测验

任务 4　实施定置管理

动画：定置管理

所谓定置，就是根据生产活动的规律和目的，考虑到生产活动的安全、质量、效率等制约条件和物品自身的特点，划分适当的放置场所，确定物品在场所中的位置状态，明确人与场所、物品联系的信息媒介，从而有利于人、物的结合，有效进行生产活动。

定置管理实际上是 6S 管理的深入和继续。企业定置管理研究就是追求生产现场中的人、物、场所的一体化。也就是说，定置管理是对生产现场中的人、物、场所三者之间的关系进行科学的分析研究，使其达到最佳结合状态的一种科学管理方法。它以加强生产管理运行机制、提高生产效率、保证产品质量为目的，通过对生产现场进行整理、整顿，科学利用现场空间，将企业的生产现场管理提高到科学化、规范化、标准化的新水平。

一、定置管理的基本理论

1. 人与物的关系

（1）人与物的三种结合状态。在企业生产活动中，构成生产工序的人、物、场所、信息等因素中最基本的是人与物两种因素，只有实现人、物的合理结合，才能使生产有效地进行。人与物的结合可归纳为以下三种基本状态：

① A 状态——人与物处于立即结合并发挥效能的状态。例如，操作工人使用的各种工具，由于摆放地点合理且固定，当操作者需要时，能立即拿到或者做到得心应手。

② B 状态——人与物处于需要寻找、尚不能很好发挥效能的状态。例如，加工某个零件时需要使用某种工具，由于生产现场杂乱无章，工具未放在固定位置，需要寻找，因而浪费时间，既影响了工时，又增加了工人的劳动强度。

③ C 状态——物与人、生产、工作无关。此时的物是长期无用，已经报废或失去使用价值的物品，它们与生产无关，不需要人与它们结合。例如，生产现场中存在的料头、垃圾、废品、切屑以及同生产现场无关的工人生活用品，这些物品放在生产现场势必占用作业现场空间，而且影响工人的工作效率及安全。

因此，定置管理就是要在整理、整顿的基础上通过相应的设计、改进和控制，消除 C 状态，分析和改进 B 状态，使人与物的结合始终保持 A 状态。

（2）人与物的结合成本。在生产活动中，为实现人与物的结合，需要消耗劳动时间，支付相应的工时费用，这种工时费用称为人与物的结合成本，用符号 g 表示。

从人与物结合的价值观念来计算人与物的结合成本，表现为两种价值形态，即物的存在价值和物的原来价值。物的存在价值是指人与物未结合时物品呈存在状态时的价值，用符号 V 表示。物的原来价值是指人与物结合后物发挥效用状态时的价值，由物的平均购买价格和物的合理储备期间发生的保管费用之和构成。在实际工作中，这相当于物的企业内计划价格，用符号 V_0 表示。

要想把呈存在状态的物改变成与人结合并发挥效用的状态，还需要支付一定的结合费用，所以物的存在价格 V、物的原来价格 V_0 和人与物的结合成本 g 三者的关系可用公式表示为

$$V_0=V+g$$

当人与物的结合处于 A 状态，即人与物立即结合进行有效的生产活动时，结合成本 g 近似为零，物的存在价值几乎等于物的原来价值，即 $V\approx V_0$。

例 9-2

YYB 管理有限公司加工长针所需的某种模具按定额领取需用 10min，由于管理规范化，实际领取只用 6min。若该模具价值为 3 000 元，该企业每工时产值为 60 元，试计算该模具的存在价值。

解：$g=60\times(6/60)=6$（元）

$V=V_0-g=3\,000-6=2\,994$（元）

可见，处于 A 状态下，人与物的结合成本很小，物的存在价值几乎等于物的原来价值。当人与物的结合处于 B 状态时，即人与物处于寻找状态，这时人与物的结合成本高，物的存在价值明显小于原来价值。

仍以例 9-2 为例，若寻找模具时间为 2h，则人与物结合成本为

$g=60\times2=120$（元）

可得 $V=3\ 000-120=2\ 880$（元）

当人与物的结合处于 C 状态时，即物的存在与生产活动无关，在这种状态下，物的存在价值等于零。

通过以上讨论，不难看出，人与物的结合保持 A 状态是降低结合成本、提高物的存在价值的最佳途径。

2. 场所与物的关系

在企业生产活动中，人与物的结合状态是生产有效程度的决定因素，但人与物的结合是在一定场所进行的。要想实现人与物的最佳结合，必须首先处理好物与场所的关系，实现物与场所的合理结合，这是前者的基础。也就是说，定置管理要研究物与场所的有效结合，以缩短人取物的时间，消除人的重复动作，促进人与物的最佳结合。

（1）实现物与场所的合理结合，首先要使场所本身处于良好的状态，场所本身的布置也有三种状态：

① A 状态——良好状态，即良好的工作环境。作业场所布局合理，场所中通风、采光、照明、噪声、粉尘等状态符合国家标准，即符合人的生理要求，符合生产和安全的要求。

② B 状态——需要改善的状态，即工作环境需要不断改善。在这种状态下的作业场所，布局不尽合理，对人的生理要求和安全要求不能完全满足或不能同时满足。

③ C 状态——需要彻底改造状态。在这种环境下，人的生理要求和生产、安全要求都得不到满足，应避免此种状态的产生。定置管理的任务就是要把 C、B 状态改善至 A 状态。

（2）实现场所与物的结合，要根据物流运动的规律性，科学地确定物品在场所内的位置，即定置。定置方法有两种基本形式，即固定位置和自由位置。

固定位置，即场所固定、物品存放位置固定、物品的信息媒介物固定。此方法适用于那些在物流系统中周期性地回归原地，在下一次生产活动中重复使用的物品，如工艺装置、工位器具和检测工具等。

自由位置，即相对固定在一个存放区域内，但具体位置有一定的自由。此方法适用于物流中那些不回归、不重复使用的物品，如原材料、毛坯、产成品等。

3. 信息媒介与定置的关系

信息媒介是人与物、物与场所合理结合过程中起着指导、控制和确认等作用的信息载体，如各种标志牌、标志线，以及物品的台账等。生产中使用的物品种数繁多时，为了及时寻找，需要信息指引；物品在流动中不回归时，其流向和数量也需要信息指导和控制；为了避免物品混放，也需要进行信息确认。因此，在定置管理中，完善、正确的信息是一分重要的，它影响着人、物、场所的有效结合程度。

定置管理必须重视和健全各种信息媒介物，良好的定置管理要求信息媒介物达到下列要求：

（1）场所标识清楚。

（2）场所设有定置图。

（3）物品台账齐全，存放物的序号、编号齐备。

（4）信息标准化，区域所放物品有标牌显示。

二、实施定置管理的步骤

1. 进行工艺研究

工艺研究是定置管理的起点，是对生产现场现有的加工方法、机器设备、工艺流程进行详细调查、研究，以确定工艺在技术水平上的先进性和经济上的合理性，进而确定生产现场产品制造的工艺路线和搬运路线。

一般来讲，首先要组织有经验的管理人员和现场有关人员对生产现场进行调查，详细记录现行方法，调查内容包括设备和各工序的联系情况、人机操作情况、原材料和在制品管理情况、物流情况、物品摆放和搬运情况、质量保证和安全措施、生产中的各类消耗情况等；然后在调查的基础上，寻找存在的问题，并对查出的问题进行逐条分析、归纳整理。

深思话题

勇于创新，少年强则中国强

中国科技的腾飞离不开无数科学家院士的日夜奋斗，而在这个科技爆炸式发展的年代，更不能缺少的是年轻的科研血液。任正非也曾说要挖掘全球天才少年，推动科技发展。有幸的是，我们中国科研界，有着许许多多的青年天才。

沈亦晨在 2017 年凭借正在研发的光子芯片，获得麻省理工学院创业大赛和哈佛大学创新挑战赛的第一名；而在 2018 年，他又获得由网易智能、清华大学数据科学研究院和 24 家评审机构共同评出的“2018 中国 AI 英雄风云榜”年度人物荣誉，被称为“追光的人”。

我们一直说光速是最快的，但这种速度我们迟迟无法达到和利用，但年轻的沈亦晨的目标是：用光速加速 AI。他要研制光子芯片，一旦成功将会使 AI 芯片的计算能力提升 1 000 倍，同时能耗降低 100 倍，人类科技将再一次实现大飞跃。

而如今，正值我国科技发展超越的关键时刻，沈亦晨主动挑起重担：面对 7 纳米制程的光刻机不能进口到中国的现实，沈亦晨雄心勃勃，他瞄准最新的芯片技术方向——回避光刻机制程的光学芯片。如果他的研发成功，我们中国芯的制造难题就可以完美解决。这是华为都无法攻克的难关，这也意味着笼罩在中国科技面前的一大壁障将被冲破。

少年强则国强！中国科技的发展，离不开一个又一个这样以时代发展为己任的少年，他们不像大明星，没有众多粉丝追捧，但却毅然决然把科技重担挑在肩上！

思考：阅读上述案例后，谈谈你的体会。

2. 分析问题，提出改善方案

通过对问题的分析，才能提出改善的方案。主要分析人与物的结合情况、现场物流和搬运情况、现场信息流情况、工艺路线和加工方法情况、现场利用情况等。其中，分析人与物的结合情况是开展定置管理的关键环节，定置管理要在生产现场实现人、物和场所的最佳结合，首先就应解决人与物的有效结合问题。在推行定置管理中，需要定置的物品无论是毛坯、半成品、成品，还是工装、工具等，都会随着生产的进行而按照一定的规律流动，它们所处的状态也在不断变化。这种有规律的流动和状态变化称为物流。同样，在生产现场，起着引导和确认作用的信息也会随着相应的物品流动，这就是信息流。能否按照定置管理的要求形成畅通的信息流，有效地引导和控制物流，是推行定置管理成败的关键。完成以上各方面的情况分析后，针对具体问题提出改善方案。

3. 定置管理设计

定置管理设计就是对各种场地（厂区、车间、仓库等）及各类物品（机台、货架、箱柜、管道、工位器具等）做出科学、合理的统筹安排。定置管理设计主要包括定置图设计和信息的标准化设计。

（1）定置图设计。定置图是对生产现场所存在的物品进行定置，并通过调整物品来改善生产场所中人、物和场所相互关系的综合反映图，一般应有工厂、车间、区域定置图以及机台、工具箱定置图，其实质是工厂布置的细化过程，所以场所及物品的定置设计要符合工厂布置的基本要求，即：单一的流向和看得见的搬运路线，最大限度的空间利用，最大的操作方便和最小的不愉快，最短的运输距离和最少的装卸次数，切实的安全防护措施，最低的改进费用和统一标准，最大的灵活性及协调性。

（2）信息的标准化设计。例如：各种区域、通道的位置信息符号的设计；各种物品的结构和编号的标准设计；位置台账、物品确认卡片的标准设计；物品收发、进出的定置管理办法的设计，等等。企业应根据实际情况设计和应用有关信息符号，并纳入定置管理标准。

4. 定置实施

定置实施是理论付诸实践的阶段，也是定置管理工作的重点。所谓定置实施，即按照定置设计的具体内容进行定置管理，将生产现场的所有物品进行定位，做到有图必有物，有物必有区，有区必有牌，有牌必分类；按区存放，按图定置，图（账）物相符。通过科学的整理、整顿，使人、物、场所三者的结合状态达到最佳。

5. 定置检查与考核

定置管理的一条重要原则就是要持之以恒，因此，为了巩固已取得的成果，发现存在的问题，不断完善定置管理，必须坚持定期检查、考核。定置考核的基本指标是定置率，它表明生产现场中必须定置的物品已经实现的程度。其计算公式为

$$定置率=\frac{实际定置的物品种类（个数）}{定置图规定的定置物品种类（个数）}\times 100\%$$

三、实施定置管理需注意的几个问题

（1）实施定置管理，应从本企业的实际情况出发，不宜生搬硬套、使用统一模式。

（2）实施定置管理，领导者必须重视。该工作涉及面广、工作量大，领导者必须足够重视，才能达到效果。如果仅将其视为是厂区卫生工作，当作是后勤部门的事，则定置管理工作是无法做好的。

（3）实施，贵在坚持。定置管理在技术和管理上的难度并不是很大，但使职工养成习惯、形成自觉行动是比较难的。抓好这项工作不可能是一劳永逸的，必须下决心常抓不懈。

案例

调整设备布局，划分物品区域—— 华强水泵有限公司实行生产现场定置管理

华强水泵有限公司是以潜水电泵、污水电泵为主导产品的生产企业。该企业多年来注意狠抓技术进步，及时调整产品结构，开发出了一批适销对路的新产品，使企业得到较快发展。但也存在不少问题，如产品成本高、质量不稳定、生产周期长、资金周转慢等，这些问题严重影响了企业的信誉和发展。

通过分析诊断，发现问题主要出在生产现场管理上，具体表现为：①工艺流程不合理，有些设备布局不当；②生产现场物品存放混乱，既没有标志也没有固定位置，脏、乱、差的现象比较严重；③工位器具少，且不合要求，在制品在存放和运输过程中经常发生磕划碰伤；④生产现场作业方法不规范，执行工艺纪律不严，甚至存在“野蛮操作”。

针对以上情况，企业决定以实施定置管理为突破口，全面改进生产现场管理：

首先成立由总经理任组长的厂级定置管理领导小组，生产副总、总工任副组长，有关职能部门负责人参加，并下设定置管理办公室。各车间也相应地成立定置管理小组，由车间主任任组长，技术员、调度员、班组长、分工会主席参加。

其次，进行广泛的思想发动。不少干部、职工对定置管理不了解，认为就是打扫卫生、摆摆工件，只要完成生产任务，不实施定置管理也无所谓。对此，企业认真组织广大干部职工学习定置管理知识，派人到定置管理先进企业学习，此外还利用黑板报、宣传栏、广播、闭路电视等宣传工具广泛宣传。

在做好一系列组织思想准备的基础上，企业根据实际情况，确定在污水泵车间进行试点。该车间面积约 3 500m^2，厂房较新，但设备布置较乱，工位器具不全。通过学习，他们自己找问题，制订了严密的定置管理计划方案：

（1）优化工艺流程，调整设备布局，使物流合理化。调整 15 台设备的位置，使整个车间主要设备和生产班组的布局趋向合理。

（2）确定物品类别，划分定置区域，制订定置平面图，使物品摆放有序。根据生产现场特点，将物品分为四类，分别规定定置区域、定置要求及标识（见表 9-3），将车间内所有设备、物品按类就位的情况，科学合理地表现在车间定置图上，车间定置图用 0 号图样绘制，挂在车间显要位置。

表 9-3　车间物品类别、定置区域、定置要求及标识

物资类别及符号	定置状态	实例	定置区域划分规定	定置标识
A	人、物紧密联系或立即结合，直接影响产品质量和生产效率的物品（每天使用）	正在加工、交检的产成品，正在装配的零部件，正在使用的工装等	作业现场周围	红色 A 标牌
B	人、物周期性联系或半紧密状态，随时可能转为 A 类的物品（轮番使用）	作业计划的毛坯，加工周转为半成品；带装配的外购配套件、周转零件用的运输工具、润滑清洁设备、吊装器具及消防设备	近离作业现场	黄色 B 标牌
C	人、物处于待联系或处于寻找状态的物品（暂时不用）	已办理入库手续而未入库等待处理的产成品；外协产成品、零部件；封存设备；使用很少的工装、辅具等	远离作业现场	蓝色 C 标牌
D	人、物失去联系或生产现场不需要的物品（等待消除）	废品、料头、垃圾、废料等	检查台周围或指定地点	黑色 D 标牌

（3）改进和增设工位器具，改善车间环境，设计制作各种工位器具 112 套（件）、工具箱 35 个、更衣柜 12 个。

（4）严格验收，制订定置管理考核办法，使定置管理制度化，该企业的定置管理考核内容主要有：①定置率（= 实际定置物的个数 / 定置图上定置物的个数）；②将定置率的考核纳入内部责任制考核；③做好定置管理考核记录，及时上报有关部门。

通过试点，企业全体职工看到了推行定置管理的优越性，各部门主动在本部门开展定置管理工作，大大改善了生产现场管理工作，主要表现为：①提高了安全文明生产水平，良好的作业环境使操作者心情舒畅，物品合理存放，道路畅通，实行安全文明操作，最大限度地清除了事故隐患；②提高了产品质量和生产效率，企业产品合格率由 89% 提高到 93%；③促进了职工传统思想观念的转变，为进一步系统优化生产现场管理打下了基础。

思考题

根据引导案例，思考：YYB 管理有限公司车间如何开展定置管理？

实行定置管理
小测验

任务 5　实行目视管理与看板管理

一、目视管理

1. 目视管理的含义

目视管理又称“看得见”管理，是利用形象直观而又色彩适宜的各种视觉感知信息（如

红牌、看板、信号灯或者异常信号灯、操作流程图、提醒板、区域线、警示线、告示板等）来组织现场生产活动，及时反映生产现场动态，让每个生产工人和现场管理者做到一目了然，以便及时发现问题，采取纠正措施，保证生产顺利进行，提高劳动生产率的一种管理手段。例如，在生产现场用很显著的彩色线条标注某些最高点、最低点，让操作人员一看便明白；在通道拐弯处设置一个反色镜，以防止撞车；装绿灯表示通行，装红灯表示停止等。

在日常活动中，人们一般是通过视觉、嗅觉、听觉、触摸、味觉来感知事物的，而最常用的是视觉。据统计，人的行动的 60% 是从视觉感知开始的。因此，在企业管理中，强调各种管理状态、管理方法清楚明了，达到“一目了然”，员工容易理解、易于遵守，从而自主性地接受、执行各项工作，这将给企业生产管理带来极大的好处。

2. 推行目视管理的要点

（1）以视觉信号显示为基本手段，即让大家都能够看得见。例如：在通道拐弯处设置一个反光镜，以防止撞车；用小纸条挂在出风口，显示空调、抽风机是否在工作；在有危险的地方设置警示标识等。

（2）以公开化、透明化为原则，尽可能让大家知晓和理解管理者的要求和意图，借以推动自主管理（自主控制）。实行公开化和透明化能够使员工更好地了解并掌握车间生产管理，参与生产管理过程，这对于激发员工的工作积极性、提高车间管理水平、防止出现重大失误具有重要作用。

（3）现场的作业人员可以通过目视的方式将自己的建议、感想、成果展示出来，与领导、同事进行交流。

（4）推行目视管理应注意对事不对人。当出现问题时要协助当事人来共同查找原因并进行改善，如果有人犯了错，要针对事情去解决问题，因为语言稍微不慎，就很有可能在企业内部造成不良影响。我们只是判定事情对或不对，而不是根据做事情的人来判定对错。

3. 推行目视管理的方法

（1）规定场所和去向。规定产品、零件、物件的放置场所和流转去向，使库存管理、工作程序、进展状况、搬运作业等发生异常时能立即反映出来。例如，设置取货看板、生产看板、在制品储备定额看板、库存目视板、实物对照板、标准作业指导书、标准作业目视板、各种管理板等。

（2）装置指示信息。在生产线、装配线或关键设备上装置停工指示信息，以便及时了解生产线、装配线的运转和事故状况。

（3）悬挂目视板。目视板应悬挂在生产线或管理场所的醒目处，使职工了解正在进行的工作和需要做些什么。

推行目视管理的方法很多，不应拘泥于某几种特定形式，而应因地制宜地采用，只要能做到一目了然、迅速反映信息、指导生产作业即可。

目视管理可以通过“目视管理检查表”的灵活运用来有效地实现（见表 9-4）。

表 9-4　目视管理检查表

年　月　日

场　所		检　查　者		
检　查　项　目		检　查　方　法	评　　价	备　　注
人员管理	是否维持了出勤率	调查出勤管理表		
	是否进行了必要的教育	调查教育记录		
	离开工作现场的人员的去向是否清楚	确认不在者		
整理、整顿	通路是否保持畅通	确认道路的标记		
	废品、不良品是否有区别	确认不良品放置场所		
	各现场有无标识	确认现场的标识		
	道路上有无纸屑等脏物	观察道路、现场		
	是否遵守 6S 的时间规定	查看日常例行工作计划表		
现场管理	现场的整理、整顿如何	调查作业现场		
	是否根据作业标准书进行作业	调查作业标准书		
	安全、卫生状况如何	调查卫生状况及安全隐患		
货期管理	能否掌握与预定的货期延误了多少天	确认进度管理表		
	作业者是否知道预定的货期	向作业者做调查		
品质管理	品质保证系统是否确立	调查品质手册		
	有无 QC 工程表、作业标准书	调配标准资料		
	是否了解不良率的情况	调查不良率图表		
	计量器的制度管理如何	确认计量器		
	是否了解投诉发生的情况	调查投诉发生图表		
资料管理	材料、物品放置场所有无标识	确认放置场所的标识		
	能否知道资料的过剩与不足	调查资料管理表		
	有无老化的资料	查看老化管理对象		

评价水准：A—非常清楚，B—清楚，C—一般，D—不太清楚，E—不清楚。

二、看板管理

1. JIT 与看板管理

准时生产（Just in Time，JIT）由丰田汽车公司创立，其基本思想是“只在需要的时候，按需要的量，生产所需的产品”。其核心是追求一种无库存生产系统，或使库存达到最小。

看板管理是把希望管理的项目，通过各类管理板显示出来，使管理状况众人皆知的一种管理方法。看板管理可以说是 JIT 中最独特的部分，它以看板为工具，使原材料、半成品等均按照既定的期量标准在生产作业过程中流转。看板作为管理工具，犹如连委各道工序的神经而发挥着作用。看板管理作为一种进行生产管理的方式，可以说是 JIT 最显著的特点，因此也有人将 JIT 方式称为“看板方式”。但是严格来讲，这种概念是不正确的，因为，JIT 说到底是一种生产管理理念，而看板只不过是一种管理工具。看板只有在工序一体化、生产均衡化、生产同步化的前提下才有可能发挥作用。如果错误地认为 JIT 就是看板方式，不对现有的生产管理方式做任何变动就单纯地引进看板管理，则对企业发展起不到任何作用。

2. 看板的功能

看板又称为传票卡，是传递信号的工具，它可以是一种卡片，也可以是一种信号、告示牌等。看板最初是丰田汽车公司于20世纪50年代创造的一种传递生产、运送指令的工具。经过不断发展和完善，看板如今在很多方面都发挥着重要的作用。其主要功能可概括如下：

（1）传递生产以及运送的工作指令。这是看板最基本的功能。看板中记载着生产量、时间、方法、顺序以及运送量、运送时间、运送目的地、放置场所、搬运工具等信息，从装配工序逐次向前道工序追溯。在装配线将所使用的零部件上所带的看板取下，以此再去前道工序领取；前道工序则只生产被这些看板所领走的量，后道工序的领取以及适时适量生产就是通过这些看板来实现的。

（2）防止过量生产和过量运送。看板必须按照既定的运用规则来使用，其规则之一就是"没有看板不能生产，也不能运送"。根据这一规则，各工序如果没有看板，就既不进行生产，也不进行运送；看板数量减少，则生产量也相应减少。由于看板所标示的只是必要的量，因此运用看板能够做到自动防止过量生产、过量运送。

（3）进行"目视管理"的工具。根据"看板必须附在实物上存放"和"前道工序按照看板取下的顺序进行生产"的规则，作业现场的生产优先顺序一目了然，易于管理。现场管理人员根据看板上所显示的信息，就可知道后道工序的作业进展情况、本工序的生产能力利用情况、库存情况以及人员的配置情况等。

（4）改善生产的工具。这一机能主要通过减少看板的数量来实现。看板数量的减少意味着工序间在制品库存量的减少。在运用看板的情况下，如果某一工序设备出现故障，生产出不合格产品，根据"不能把不合格品送往后道工序"的看板运用规则，后道工序所需若得不到满足，就会造成全线停工，由此可立即使问题暴露，从而必须立即采取改善措施来解决问题。如果在制品库存较高，即使设备出现故障、不良产品数目增加，也不会影响后道工序的生产，因此容易掩盖问题。JIT的目标是要最终实现无库存生产系统，而看板则提供了一个朝着这个方向迈进的工具。

3. 看板的使用规则

看板是JIT中独具特色的管理工具，其操作必须严格遵守规则，否则就起不到应有的效果。具体来说，看板操作过程中应该注意以下六个使用规则：

（1）没有看板不能生产，也不能运送。

（2）看板只能来自后道工序。

（3）前道工序只能生产取走的部分。

（4）前道工序按照看板取下的顺序进行生产。

（5）看板必须附在实物上存放。

（6）不能把不合格品送往后道工序。

4. 看板的种类及应用

看板的使用范围非常广，在实践中可根据需要选用适当的看板形式，全面而有效地使用看板。看板的形式有很多，如各种卡片、标识牌、各种颜色的小球、信号灯等。按照看板的功能差异和应用对象的不同，可分为以下几类：

（1）工序看板。即在各工序之间使用的看板。

① 取货看板。操作者按取货看板上所列数目到前道工序领取零部件，没有看板不得领取。取货看板挂在从前道工序领来的零部件的箱子上，当该零部件被使用后，取下看板，放到设置在作业场地的看板回收箱内。看板回收箱中的取货看板所表示的意思是“该零件已被使用，请补充”。现场管理人员定时来回收看板，集中起来后再分送到各个相应的前道工序，以便领取需要补充的零部件。

② 送货看板。送货看板由后道工序填写零部件取货需要量，当前道工序送货时，将收发清单带回，作为下次送货的依据。

③ 加工看板。指示某工序加工制造规定数量的看板，一般根据机械加工、装配、运输、发货、外部订货的需要情况分别编制。

④ 信号看板。在固定的生产线上作为生产指令的看板，一般是信号灯或不同颜色的小球等。

⑤ 材料看板。指进行生产时用于材料准备工作的看板。

⑥ 临时看板。生产中出现次品、临时任务或加班时用的看板，只用一次，用完后马上收回。

（2）外协看板。它是指工厂向外部订货时，用以表示外部应交零部件数量、时间等信息的一种取货看板，仅适用于固定的协作企业之间。对外订货的看板上必须记载进货单位的名称和进货时间、每次进货的数量等信息。外协看板与工序看板类似，只是前道工序不是内部的工序而是供应商，通过外协件看板的方式，从最后一道工序逐步往前推动，直至供应商。

（3）生产管理看板。

① 指示管理看板。管理者并非以口头指示，而是借管理看板使作业者明了当天的作业内容和优先顺序。管理人员可通过指示管理板分配各人、各设备的工作，对当日的作业及顺序加以确认，并将其当作作业批示而另以标示，尽可能分配时间。

② 进度管理看板。借此把握有关计划的生产进度，了解加班或交货期变更的必要性，同时可把握并调整生产的延误状况，进而确定交货期。

③ 交期管理看板。了解每种产品交货期，进行产品交货期的管理。通过交期管理板，了解产品入库的预定日与实际日，制订防止误期的对策。

思考题

根据引导案例，思考：YYB 管理有限公司的车间如何开展目视管理与看板管理？

实行目视管理与看板管理小测验

项目十 生产管理技术发展

学习目标

知识目标

- 了解准时生产（JIT）的目标、方法和措施。
- 理解精益生产（LP）的主要内容、本质特征。
- 了解敏捷制造（AM）的三要素、组织结构模型、信息系统和敏捷制造企业的特征。
- 了解最优生产技术（OPT）的基本内容、主要概念和生产排序原则。

能力目标

- 会运用准时生产（JIT）指导生产。
- 会运用精益生产（LP）理念、最优生产技术（OPT）、敏捷制造（AM）等指导生产。

素质目标

- 培养创新思维、系统思维和战略思维。
- 培养精益求精的工匠精神。

引导案例

CP公司是一家股份有限公司，为了应对激烈的市场竞争和适应企业发展的需要，CP公司引进了JIT。

此前，CP公司在生产管理方面出现了许多问题：物料浪费严重、产能不均衡、部分供需严重超负荷运转而同时部分设备闲置严重、库存量大，公司经营出现困难。公司董事长前往某公司洽谈业务时，被该公司采取的JIT及其所产生的良好效益所吸引，决定在本公司推行JIT。CP公司为此专门招聘了1名JIT专家。

专家发现CP公司主要采用传统的生产管理方法，即根据市场需求计算出每种产品的需求量和各生产阶段的生产提前期，确定每个零部件的投入出产计划，按计划发出生产和订货命令，各部门各自按计划组织生产，部门间信息交流不畅，导致物流和信息流分离，因此公司一直被大批量库存、较长生产周期、大量的废品和返工现象困扰。

为了有效推行JIT，公司成立了以董事长为首的JIT管理委员会，委员由有关领导和工程师组成；下设办公室，由JIT专家任主任，监督JIT项目实施进度，检查系统运行情况，确保JIT的顺利运行。

在外部，公司精心挑选供应商，共同推进 JIT，建立良好的合作关系。在内部，首先进行组织变革，将过去的直线职能制扁平化；其次发挥高层管理人员的作用，公司董事长亲自抓 JIT 的推行工作；最后，JIT 办公室专门组织培训课，由 JIT 专家主讲，编写培训教材，组织骨干人员深入生产一线，协助班组长有效执行 JIT。

经过 6 个月的精心准备，CP 公司实施 JIT 的条件基本成熟，正式组织实施 JIT。为此重新设计了新的流水装配布局，实施看板管理。3 个月后，成效显著：装配周期与在制品减少了 55%，质量提高了 24%，交货期由 30 天降为 2 天，库存量减少了 20%，流动资金周转增加了 25%。

问题：

1．何谓 JIT？

2．企业如何有效推行 JIT？

传统的生产管理着眼点主要在生产系统内部，即在一个开发、设计好的生产系统内，对开发、设计好的产品的生产过程进行计划、组织、指挥、协调、控制等。但是，近几十年来，随着经济、技术的发展，企业所处的环境发生了很大的变化，由此生产管理也发生了新变化和新发展。

（1）现代生产管理的范围与传统生产管理相比，变得更宽。企业所面临的诸多新课题，从企业经营决策的角度来看，其决策范围从新产品的研究与开发，生产系统的选择、设计与调整等方面向下延伸；而从生产管理的角度来看，为了更有效地控制生产系统的运行，适时适量地生产出能够最大限度满足市场需求的产品也必然要参与产品的开发与生产系统的选择、设计环节，以便使生产系统的运行前提，即产品的工艺可行性、生产系统的合理性得到保障。进一步讲，由于生产管理的结果直接影响产品的市场竞争力，在市场竞争日趋激烈的今天，生产管理也正越来越多地从其特有的职责角度去考察生产管理的结果对产品市场竞争力的贡献，并力图通过市场信息的反馈来进一步改进生产管理工作。因此，从这个意义上说，企业的经营活动与生产活动，以及经营管理与生产管理的界限越来越模糊，企业的生产与经营活动之间的内在联系更加严密，并相互渗透，朝着一体化的方向发展，构成一个完整的有机体，从而更加灵活地适应环境的变化和要求。

（2）多品种、小批量混合生产成为生产方式的主流，从而带来生产管理的新变化。20 世纪初，以福特制为代表的大批量生产方式揭开了现代化社会大生产的序幕，该生产方式所创立的生产标准化原理、作业单纯化原理以及移动装配法原理等奠定了现代化社会大生产的基础，至今仍是制造业企业的主要生产方式。但是时代发展到今天，一方面，在市场需求多样化面前这种生产方式逐渐显露出其缺乏柔性、不能灵活适应市场需求变化的弱点；另一方面，飞速发展的电子技术、自动化技术以及计算机技术等，从生产工艺技术以及生产管理方法两方面，都使大批量生产方式向多品种、小批量生产方式的转换成为可能。因此，大批量生产方式正逐渐丧失其优势，而多品种、小批量混合生产方式越来越成为主流。但是，生产方式的这种转变使得在大批量生产方式下靠增大批量降低成本的方法不再可行，生产管理面临着多品种、小批量生产与降低成本之间相矛盾的新挑战，从而给生产管理带来了从管理组织机构到管理方法上的一系列新变化，为生产管理提出了一系列新的研究课题。

（3）计算机技术给生产管理带来的变化。近几十年来，计算机技术已经给企业的经营活动以及包括生产管理在内的企业管理带来了惊人的变化，CAD、CAM、MIS、OA 以及生产系统中出现的 FMS、FA、GT、CAPP 等技术在企业中的应用极大地提高了生产和管理的自动化水平，带来了很多的便利，从而极大地提高了生产率，同时也给生产管理带来了许多新变化和新课题；CIMS 技术、ERP 技术更使得企业的经营计划、产品开发、产品设计、生产制造以及营销等一系列活动可以构成一个完整的有机系统，从而更加灵活地适应环境的变化和要求。计算机技术具有巨大的潜在效力，但是，这种潜在效力在传统的管理体制下是无法充分发挥出来的，必须建立能够与之相适应的生产经营综合管理体制，并进一步朝着经营与生产一体化、制造与管理一体化的高度集成方向发展。这将是现代生产管理的进一步发展方向。

下面主要介绍准时生产（JIT）、精益生产（LP）、敏捷制造（AM）、最优生产技术（OPT）等几种生产管理新技术。

任务 1　认识准时生产与精益生产

一、准时生产（JIT）

1. JIT 的目标和基本方法

准时生产（Just in Time，JIT）是丰田公司的大野耐一在 20 世纪 60 年代提出的一种生产方式。1973 年以后，这种方式对丰田公司度过第一次能源危机起到了突出的作用，后引起世界各国生产企业的重视，并逐渐推行开来。

JIT 与大批量生产方式相比具有许多优越性：能节省约一半的人力资源；可压缩新产品开发周期 1/3 ～ 1/2；生产过程中的在制品库存可下降 10%；工厂占用空间可减少一半；成品库存下降 75% 左右；产品质量可提高 3 倍。

JIT 作为一种生产管理技术，是各种思想和方法的集合，并且这些思想和方法都是从各个方面来实现其基本目标的。在这个体系中，包括 JIT 的基本目标以及实现这些目标的多种方法，也包括这些目标与各种方法之间的相互内在联系，如图 10-1 所示。

（1）JIT 的目标。JIT 的最终目标，也就是企业的经营目的，是获取利润，为了实现这个最终目标，“降低成本”就成为基本目标。到了 20 世纪 80 年代，市场竞争越来越激烈，个性化消费逐渐成为主流，产品的生产批量逐步缩小；在多品种、小批量需求的情况下，传统的大批量流水生产方式不再可行，因此，JIT 力图通过“彻底消除浪费”来达到这一目标。

所谓浪费，是指“只使成本增加的生产诸因素”，也就是不会带来任何附加价值的诸因素。这其中，最主要的有生产过剩（即库存）所引起的浪费、人员利用上的浪费以及不合格产品所引起的浪费。因此，为了消除这些浪费，就相应地产生了适时适量生产、弹性配置作业人数以及保证质量这样的课题。这些课题成为降低成本这一基本目标的子目标。

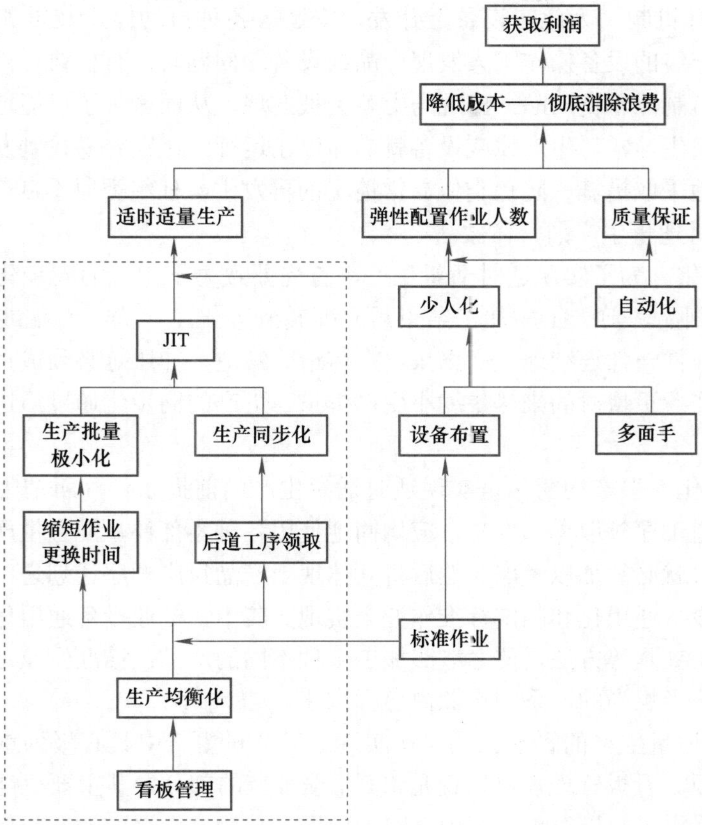

图 10-1 JIT 的构造体系

（2）JIT 的基本方法。为了达到降低成本这一基本目标，对应上述三个子目标，JIT 的基本方法也可以概括为：

① 适时适量生产。如今的社会已经从“只要生产得出来就卖得出去”时代转变为“只生产能够卖得出去的产品”的时代，对于企业来说，各种产品的产量必须能够灵活地适应市场需求的变化。否则，生产过剩会引起人员、设备、库存费用等一系列的浪费。避免这些浪费的方法就是实施适时适量生产，即只在市场需要的时候生产所需数量的产品。JIT 的这种思想与过去的有关生产及库存的观念截然不同。

② 弹性配置作业人数。在劳动力成本越来越高的今天，降低劳动费用是降低成本的一个重要方面。达到这一目的的方法是少人化，即根据生产量的变动，弹性地增减各生产线的作业人数，以及尽量用较少的人力完成较多的生产。其关键在于能否将生产量减少了的生产线上的作业人员数减下来。这种少人化策略与传统生产系统中的定员制不同，是一种全新的人员配置方法。

③ 质量保证。长期以来，人们一直认为质量与成本之间是一种负相关关系，即要提高质量，就得花人力、物力来加以保证，成本就会上升。但 JIT 却一反这一常识，通过将质量管理贯穿于每一工序之中来实现提高质量与降低成本的一致性，具体方法是自动化。这里所讲的“自动化”不是一般意义上的设备、监控系统的自动化，而是指融入生产组织中的这样两种机制：一是使设备或生产线能够自动检测不良产品，一旦发现异常或不良产品，可以自

动停止的设备运行机制。为此在设备上开发、安装了各种自动停止装置和加工状态检测装置。二是生产第一线的设备操作工人发现产品或设备的问题时，有权自行停止生产的管理机制。依靠这样的机制，不良产品一出现马上就会被发现，从而避免了可能造成的大量浪费。而且，由于一旦发生异常，生产线或设备就立即停止运行，比较容易找到发生异常的原因，从而能够针对性地采取措施，防止类似异常情况的再发生，杜绝类似不良产品的再产生。

（3）实现适时适量生产的具体做法。

① 生产同步化。为了实现适时适量生产，首先要致力于生产的同步化，即工序间不设置用于周转的在制品，前一工序加工结束后立即转到下一工序去，装配线与机加工几乎平行进行，产品被一件一件连续地生产出来。在铸造、锻造、冲压等必须成批生产的工序中，则通过尽量缩短作业更换时间来尽量缩小生产批量。生产的同步化通过后道工序领取的方法来实现。

② 生产均衡化。生产均衡化是实现适时适量生产的前提条件。所谓生产均衡化，是指总装配线在向前道工序领取零部件时，应均衡地使用各种零部件，混合生产各种产品。为此在制订生产计划时就必须加以考虑，然后将其体现于产品投产顺序计划之中。在制造阶段，均衡化通过专用设备通用化和制定标准作业来实现。其中，专业设备通用化是指通过在专用设备上增加一些工夹具等方法，使之能够加工多种不同的产品；标准作业是指将作业节拍内一个作业人员所应当担当的一系列作业内容标准化。

③ 实现适时适量生产的管理工具。在实现适时适量生产中具有极为重要意义的是作为其管理工具的看板。看板管理也可以说是 JIT 中最独特的部分，其主要机能是传递生产和运送的指令。通过看板，可以发现生产中存在的问题，从而立即采取改善对策。

2. JIT 中的生产计划和投产顺序计划

（1）JIT 中的生产计划。很多人对 JIT 有这样一种误解，认为既然是“只在需要的时候，按需要的量，生产所需的产品”，那么生产计划就无足轻重了。但实际上恰恰相反，以看板为其主要管理工具的 JIT，从生产管理理论的角度来看，是一种计划主导型的管理方式，但它又在很多方面打破了历来生产管理中被认为是常识的观念。

在 JIT 中，同样需根据企业的经营方针和市场预测制订年度计划、季度计划以及月度计划。然后再以此为基础制订出日程计划，并根据日程计划制订投产顺序计划。但与传统生产计划所不同的是，JIT 只向最后一道工序以外的各道工序出示每月大致的生产品种和数量计划，作为其安排作业的一个参考基准，而真正作为生产指令的投产顺序计划只下达给最后一道工序，如在汽车生产中，就是只下达到总装配线，其余所有的机械加工以及粗加工等工序的作业现场，没有任何生产计划表或生产指令书这样的东西，而是在需要的时候通过“看板”由后道工序顺次向前道工序传递生产指令。这一特点与传统生产管理中的生产指令下达方式完全不同。

在 JIT 中，由于生产指令只下达到最后一道工序，其余各道工序的生产指令是由看板在需要的时候向前道工序传递，这就使得：①各工序只生产后道工序所需要的产品，避免了生产不必要的产品；②因为只在后道工序需要时才生产，避免和减少了不急需品的库存量；③因为生产指令只下达给最后一道工序，最后的生产成品数量与生产指令所指示的数量是一致的，并且该生产顺序指令是以天为单位，可以做到在生产开始的前一两天才下达，从而能够反映最新的订货和最新市场需求，这对提升企业的市场竞争力无疑是大有益处的。总而言之，既然是适时适量生产，那么生产指令发出的时间就变得格外重要。因此，生产指令也应该“只在需要的时候发出”。这就是 JIT 关于生产计划的基本思想。

现在很多企业都采用 JIT，这些企业在实施 JIT 的过程中，对生产计划的制订和控制方式当然不可能完全一样，但其基本思想是相同的。

（2）JIT 中的投产顺序计划。投产顺序计划要决定混合装配线上不同产品的投产顺序，这在不同情况下必须做不同的考虑。如果各工序的作业速度不一样，就有全线停车的可能。为了避免这种情况，就必须制订使各工序的作业速度差保持最小的投产顺序计划。很多投产顺序计划制订方法都是基于这种思想的。

但是，在制订投产顺序计划时，如果也注意到混合装配线之前的各工序的生产均衡化，就应该考虑设法减少供应零部件的各工序产量以及运送量的变化，减少在制品的储存量。为了达到这个目的，混合装配线所需要的各种零部件的单位时间使用量（使用速度）就应尽可能保持不变，即在产品的投产顺序计划中，尽可能使各种零部件出现的概率（出现率）保持不变。像这样以保持各种零部件的出现率为目标的顺序计划制订方法，要想求其最优解是非常困难的，丰田汽车公司对此研究出了几种近似解法，并实际应用于投产顺序计划的制订中。由于篇幅有限，本书不再介绍这些方法。

3. 生产同步化的实现

JIT 的核心思想之一就是要尽量使工序间在制品的库存接近于零。因此，生产同步化是实现 JIT 的一个基本原则。它与历来的各个作业工序之间相互独立，各工序的作业人员在加工出来的产品积累到一定数量后一次运送到下一工序的做法完全不同，是使装配线和机加工的生产几乎同步进行，使产品实行单件生产、单件流动的一种方法。为了实现这一点，JIT 在设备布置和作业人员的配置上采取了一种全新的方法。

（1）设备布置。根据加工工件的工序顺序来布置设备，即形成相互衔接的生产线。采取这种设备布置时很重要的一点是注意工序间的平衡，否则同样会出现某些工序在制品堆积、某些工序等待的问题。这些问题可通过开发小型简易设备、缩短作业更换时间、使集中工序分散化等方法来解决。

从作业人员的角度考虑，由于实行一人多机、多工序操作，布置设备时还应该考虑使作业人员的步行时间合理。此外，还应注意场地利用的合理性。

（2）缩短作业更换时间。生产同步化的理想状态是工件在各工序之间一件一件地生产、一件一件地往下道工序传递，直至总装配线。这在装配线及机加工工序是比较容易实现的，但在铸造、冲压、模锻等工序，就不得不以批量进行。为了实现全部生产过程的准时化，需要根据这些工序的特点，使批量尽量缩小，这样一来，作业更换就会变得十分频繁，因此，在这些工序中，作业更换时间的缩短就成了实现生产同步化的关键。一般来讲，作业更换时间由三部分组成：①内部时间，指必须停机才能进行的作业更换时间；②外部时间，指即使不停机也能进行的作业更换时间；③调整时间，指作业更换完毕后为保证质量所进行的调整、检查等所需的时间。

作业更换时间的缩短主要可依靠改善作业方法、改善工夹具、提高作业人员的作业更换速度以及开发小型简易设备等方法。下列方法可作参考：①模具、工夹具的准备工作预先完成，在必须停机的内部时间内，只集中进行只有停机才能进行的工作；②把需要使用的工具和材料按照使用顺序预先准备妥当；③使更换作业简单化；④制订标准的作业更换表，按照标准的作业更换方法反复训练作业人员，以逐步加快作业速度等。

在丰田汽车公司，仅通过这样的方法，就把作业更换时间缩短到原来的 1/10 ～ 1/15。作业更换时间的缩短所带来的生产批量的缩小，不仅可以使工序间的在制品库存量减小，使生产周期缩短，而且对降低资金占用率、节省保管空间、降低成本、减少次品都有很大的作用。如上所述，达到这样的目的并不一定必须引进最先进的高性能设备或在其他方面投入大量的资金，而只需要在作业现场想办法、下功夫即可实现。而且这些具体做法也并不是 JIT 的首创，而是传统的生产管理学早就总结过的一些方法。所以，要使生产线具有能够实现 JIT 的高度柔性，并不一定要依靠 FMS 那样的高性能设备，而首先应致力于作业水平的改善。

（3）生产节拍的确定。同步化生产中的另一个重要概念是生产节拍。在 JIT 中，如果为了提高机器利用率而生产现在并不需要的产品，那么这些过剩产品所带来的损失更大。所以，重要的是“只生产必要的产品”，而绝不能因为有高速设备或为了提高设备利用率就生产现在并不需要的产品。归根结底，机器设备的利用率应以必要的生产量为基准，应使生产能力适应生产量的要求。为此，生产节拍不是固定不变的，而是随着生产量的变化而变化的。在装配流水线上，生产节拍是与传送带的速度相一致的，所以可以很容易地随着生产量的改变而改变。在机械加工工序，则主要通过作业人员所看管的设备台数或操作的工序数来改变生产节拍。一般来说，由于设备能力、作业人数以及作业能力的限制，生产节拍的变动范围在 ±10% ～ 20%，而且需要从生产能力的弹性以及有效利用两方面来适应这种变动。这种变动的控制，通过看板就可以实现。

4．弹性作业人数的实现方法——少人化

在市场需求变化多、变化快的今天，生产量的变化是很频繁的，人工费用也越来越高。因此，在劳动集约型的产业，通过削减人员来提高生产率、降低成本是一个重要的课题。JIT 就是基于这样的基本思想，打破传统的定员制观念，提出了一种全新的少人化方法，来实现随生产量变化的弹性作业人数。

少人化作为降低成本的手段之一，具有两个意义：①按照每月生产量的变动弹性增减各生产线以及作业工序的作业人数，保持合理的作业人数，从而通过排除多余人员来实现成本的降低；②通过不断地减少原有的作业人数来实现成本降低。后者也可称为省人化。这里有两个观念很重要。一个是关于人工与人数的观念。在人工的计算上，有 0.1、0.5 这样的算法，但实际上，即使是 0.1 个人工的工作，也需要 1 个人，而不可能是 0.1 个人来做。因此，即使工作量从 1 个人工减少到了 0.1 个人工，其结果也不会带来所需人数的减少，达不到降低人工费用的目的。所以，只有将人数降低下来，才有可能降低成本。另一个是关于作业改善与设备改善的观念。少人化需要通过不断地改善来实现，首先应该考虑的是彻底进行作业改善，下一步才应该是设备改善。如果为了节省人工，从一开始就致力于购买自动化设备或进行设备改善，那么其结果将不仅不会带来成本的降低，反而会因此增加成本或招致生产资金的无效投入。

（1）实现少人化的前提条件。少人化是通过对人力资源的调整或重新安排来提高生产率的。当生产量增加时，当然也要增加作业人员，但具有更重要意义的是，在生产量减少时能够将作业人数减少。例如，假定某条生产线有 5 名作业人员，如果这条生产线的生产量减为 80%，那么作业人数应相应地减为 4 人；若生产量减到 20%，作业人数应减少到 1 人。

另一方面，即使生产量没有变化，若通过改善作业能减少作业人员，就能够提高劳动生产率，从而达到降低成本的目的。为了实现这种意义上的少人化，需要以下三个前提条件：①要有适当的设备布置（联合 U 形布置）；②要有训练有素、具有多种技艺的作业人员，即多面手；③要经常审核和定期修改标准作业组合。

在联合 U 形布置中，每个作业人员的工作范围可以简单地扩大或缩小，但前提是必须有多面手的存在。标准作业组合的改变可以通过不断改善作业方法和设备来实现。这种改善活动的目的在于，即使生产量不变或增加，也要尽可能使作业人数保持最少。这三个前提条件的相互关系如图 10-2 所示。

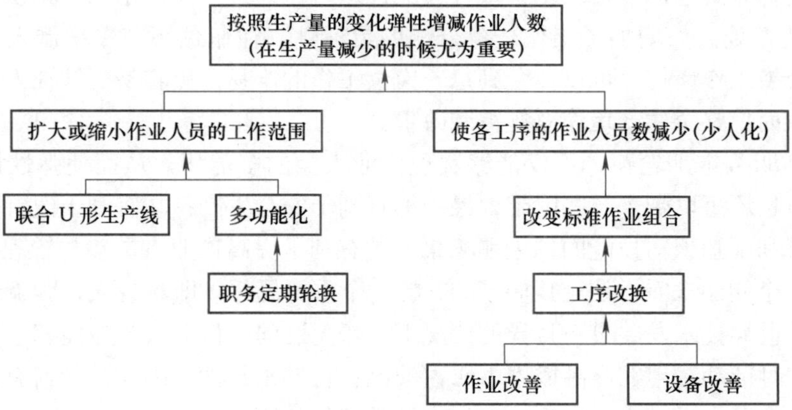

图 10-2　实现少人化的前提条件

（2）设备的联合 U 形布置。U 形布置的模型如图 10-3 所示。U 形布置的本质在于生产线的入口和出口在同一位置，可以灵活增减作业现场的作业人员。

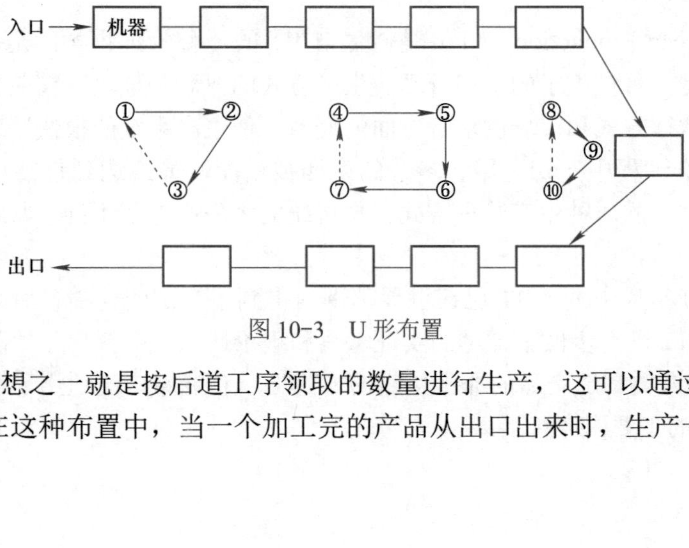

图 10-3　U 形布置

JIT 的基本思想之一就是按后道工序领取的数量进行生产，这可以通过设备的 U 形布置得以实现。因为在这种布置中，当一个加工完的产品从出口出来时，生产一个产品所需要的原材料也被从入口投入了，两方的作业是由同一作业人员按同一生产节拍进行的，既实现了生产线的平衡，也使生产线内待加工产品数保持了恒定，而且，通过明确规定各工序可持有的标准待加工数，即使出现了不平衡现象，也能很快发现，有利于对各工序进行改善。在利用 U 形布置增减作业人员时，遇到的最主要的问题是，在按照生产量重新分配各作业人员的工作时，如何处理节省出来的非整数工时。这种问题在生产增加的情况下也同样会发生。解决这个问题的方法是把几条 U 形生产线作为一条统一的生产线连接起来，使原先各条生产线的非整数工时互相吸收或化零为整，从而实现以整数形式增减作业人员。这就是所谓的联合 U 形布置。

（3）职务定期轮换。从作业人员的角度来说，实现少人化意味着生产节拍、作业内容、范围、作业组合以及作业顺序等的变更，必须根据可能变更的工作内容使他们接受教育和训练，最理想的是使全体作业人员都成为熟悉各个工序的多面手。这样的作业人员职务范围扩大也被称为“作业人员多能化”，这种多能化主要是通过职务定期轮换来实现的。这种方法可给员工提供更丰富、更多样化的工作内容，可有效改善传统工作任务的单调性和乏味性。当然，采用这种方式也需要员工掌握多种技能，这可以通过“在岗培训”来实现。这种方法还有其他一些好处，如增加了工作任务分配的灵活性，往瓶颈环节多增派人等。此外，员工通过互相交换工作岗位，可以体会到每一岗位工作的难易，更容易理解他人的不易之处，互相体谅，从而使整个生产运作系统得到改善。

通过实施职务定期轮换，不仅能够实现作业人员的多能化，从而使弹性增减作业人数成为可能，而且还可以带来一些附带效果：①有利于安全生产；②有利于改善作业现场的人际关系；③有利于知识与技能的扩大和积累；④有利于提高作业人员参与管理的积极性。

从另外一个侧面来看，这也反映了 JIT 的一个重要思想，即重视人、强调以人为中心的管理。在当今世界技术发展日新月异的情况下，毫无疑问，作业人员技能和水平的提高越来越重要，而同时劳动费用在产品成本中所占的比重也越来越大。因此，如何有效开发和利用人力资源对于企业来说，也就成为一个越来越重要的问题。

二、精益生产（LP）

1. LP 的主要内容

精益生产（Lean Production，LP）是衍生自 JIT 的一种管理哲学，是对 JIT 的进一步提炼和理论总结，是一种扩大了的生产管理、生产方式的概念和理论。精益生产是通过系统结构、人员组织、运行方式和市场供求等方面的变革，使生产系统能很快适应客户需求的不断变化，并能使生产过程中一切无用、多余的东西被精简，最终达到包括市场供销在内的生产的各方面最好结果的一种生产管理方式。与传统的大生产方式不同，其特色是“多品种、小批量”。

到 20 世纪 80 年代中期，JIT 已在世界范围内得到了一定的传播。后来有专家组成的一个研究小组，对 JIT 进一步做了详尽的实证考察和理论研究，并提出了“精益生产”理论，指出 LP 是一种“人类制造产品的非常优越的方式”，它能够广泛适用于世界各个国家的各种制造企业。LP 的主要内容包括：

（1）在生产系统方面：LP 以作业现场具有高度民主工作热情的多面手和独特的设备布置为基础，将质量控制融合到每一生产工序中去，生产起步迅速，能灵活敏捷地适应产品的设计变更、产品变换以及多品种混合生产的要求。

（2）在零部件供应系统方面：LP 在运用竞争原理的同时，与优质的零部件供应厂家保持长期稳定的全面合作关系，包括资金合作、技术合作以及人员合作，形成一种“命运共同体”，并注重培养和提高零部件供应厂家的技术能力和产品开发能力，使零部件供应系统也能够灵活敏捷地适应产品的设计变更以及产品变换。此外，通过管理信息系统的支持，零部件供应厂家也可以共享企业的生产管理信息，从而保证及时、准确地交货。

（3）在产品的研究与开发方面：LP 以并行工程和团队工作方式为研究开发队伍的主要组织形式和工作方式，以主任负责制为领导方式。在一系列开发过程中，强调产品开发、设计、工艺、制造等不同部门之间的信息沟通和并行开发。这种并行开发还扩大至零部件供应厂家，充分利用它们的开发能力，促使它们从早期开始参加开发，由此而大大缩短开发周期，降低成本。

（4）在流通方面：LP 与客户以及零售商、批发商建立一种长期的关系，使来自客户和零售商或批发商的订货与工厂的生产系统直接挂钩，销售成为生产活动的起点；极力减少流通环节的库存，并使销售和服务机能紧密结合，以迅速、周到的服务来最大限度地满足客户的需要。

（5）在人力资源方面：LP 形成一套劳资互惠的管理体制，通过 QC 小组、提案制度、团队工作方式、目标管理等一系列具体方法，调动职工进行“创造性思考”的积极性，并注重培养和训练工人以及各级管理人员的多方面技能，最大限度地发挥和利用企业组织中每一个人的潜在能力，由此提高职工的工作热情和工作兴趣。

（6）从管理理念上说：LP 总是把现有的生产方式、管理方式看作是改善的对象，不断地追求进一步降低成本、降低费用、质量完美、缺陷为零、产品多样化等目标。这样的极限目标虽然从理论上来说是不可能实现的，但这种无穷逼近的不懈追求却可以不断产生意想不到的波及效果，即不仅针对白领阶层，而且使大部分蓝领阶层的职工也提高了对工作的热情和兴趣，在工作中感受到了成功的喜悦，由此带来质量和生产率的不断提高。

总而言之，LP 是一种在降低成本的同时使质量显著提高，在增加生产系统柔性的同时也使人增加对工作的兴趣和热情的生产经营方式。可以看出，如果说 JIT 是以生产制造系统为中心展开的一种生产方式，LP 则是涉及企业整体的一种扩大了的生产经营模式。

2. LP 的核心思想

LP 的基本思想可以概括为如下几方面：

（1）追求零库存。LP 是一种追求无库存生产，或使库存达到极小的生产系统，为此而开发了包括看板在内的一系列具体方式，并逐渐形成了一套独具特色的生产经营体系。

（2）追求快速反应。为了快速应对市场的变化，精益生产者开发出了细胞生产、固定变动生产等布局及生产编程方法。

（3）企业内外环境的和谐统一。LP 成功的关键是把企业的内部活动和外部的市场（客户）需求和谐地统一于企业的发展目标。

（4）人本主义。LP 强调人力资源的重要性，把员工的智慧和创造力视为企业的宝贵财富和未来发展的原动力，具体内容包括：①充分尊重员工；②重视培训；③共同协作。

（5）库存是“祸根”。高库存是大量生产方式的特征之一。在传统生产观念中，由于设备运行的不稳定、工序安排的不合理、较高的废品率和生产的不均衡等原因，常常出现供货不及时的现象，库存被看作是必不可少的“缓冲剂”。但 LP 则认为库存是企业的“祸根”，其主要理由是库存提高了经营的成本和掩盖了企业的问题。

3. LP 的普遍意义

LP 的普遍意义首先在于，它不仅是一种基于特定社会、文化及政治背景的产物，还是在世界范围内市场需求日益多变、技术进步日新月异、竞争日趋激烈的环境下应运而生的。这样的环境特点要求工业生产向多品种、小批量的方向前进，迫使企业在激烈的竞争中寻求更灵活、效率更高的生产经营方式。LP 所强调的彻底排除浪费，最大限度地发挥“命运共同体”中每一组织、每一成员的能力和积极性，不断改善等思想以及诸多方法，都是具有普遍意义的。

LP 的核心是具有高度灵活性、高效率的生产系统。但是，企业经营的成功，并不仅仅取决于优秀的生产作业及管理系统，还必须从市场预测、产品开发，到生产作业系统、零部件供应系统，直至流通、销售的一系列企业活动的整体上去追求高效率、低成本、高质量，同时也必须在企业组织、人力资源的利用、充分调动人的积极性等企业行为中谋求经营效率的提高，这是一个综合的系统工程。精益生产理论所采用的“Lean Production”词组表达也许容易使人立即联想到生产系统内部的组织方式、生产管理方法等，但恰恰相反，这是一种用系统观点来分析、阐述的，包括经营全过程在内的全面的生产经营方式。

思考题

有人认为，既然是“只在需要的时候，按需要的量，生产所需的产品”，那么生产计划就无足轻重了。你对这个观点怎么看？

认识准时生产与
精益生产小测验

任务 2　认识敏捷制造

20 世纪 90 年代，在信息化的浪潮中，一种面向 21 世纪的新型生产方式——敏捷制造（Agile Manufacturing，AM）的设想诞生了。

AM 综合了 JIT、MRP Ⅱ和 LP 等先进生产管理模式的优点，能系统、全面地满足高效低成本、高质量、多品种、迅速及时、动态柔性等过去看来难以由一个综合生产系统来实现的生产管理目标要求。

敏捷的基本含义是机动、快速和聪明。所谓敏捷制造，是按照敏捷性要求进行的生产制造活动，敏捷企业则是按照敏捷性的要求组织运营的企业。这里所谓的敏捷性通常被理解为制造企业能够快速地满足客户要求、适应多变的市场、获取竞争优势的能力。因此，敏捷制造是在具有创新精神的组织和管理结构，先进制造技术，有技术、有知识的管理人员三大支柱的支撑下得以实施的，也就是将柔性生产技术，有技术、有知识的劳动力与能够促进企业内部和企业之间合作的灵活管理集中在一起，通过所建立的共同基础结构，对迅速改变的市场需求做出快速的反应。它代表着现代生产管理的最新发展，对我国现阶段中小企业的发展有着重要的借鉴意义。

一、敏捷制造企业的设想

敏捷制造是指制造企业采用现代通信手段，通过快速配置各种资源（包括技术、管理和人），以有效和协调的方式响应客户需求，实现制造的敏捷性。敏捷性是核心，它是企业在不断变化、不可预测的经营环境中善于应变的能力，是企业在市场中生存和领先能力的综合表现，具体表现在产品的需求、设计和制造上具有敏捷性。AM 代表了计算机集成制造系统（CIMS）发展的最新阶段。它主要通过敏捷化企业组织、并行工程环境、全球计算机网络，在全球范围内实现企业间动态联盟，快速开发新产品，满足市场需求。AM 的关键技术包括：敏捷虚拟企业的组织及管理技术、敏捷化产品设计和企业活动的并行运作、基于模型与仿真的拟实制造、可重组与可重用的制造技术、敏捷制造计划与控制、智能闭环加工过程控制、企业间的集成技术、全球化企业网、敏捷后勤与供应链等。敏捷制造企业应具有以下特征：

（1）能够迅速推出新产品。它们容易消化吸收外单位的经验和技术成果，随着客户需求的变化，不断改进产品。因此，敏捷制造企业不仅要同客户建立长期关系，而且要同商界建立长远关系。敏捷制造企业给予客户的是不断变化的产品、服务和附加信息的组合体。

（2）按照订单进行生产。敏捷制造企业通过将一些可重新编程、重新组合、连续更换的生产系统结合成一个新的、信息密集的制造系统，可做到使生产成本与批量无关，生产一万件同一型号产品的成本和生产一万件不同型号产品的成本几乎相同。因此，敏捷制造企业将按照订单进行生产。产品的重大创新伴随着对制造过程的相应改进，以便使成本的增加能够在内部得到抵消，而不是导致产品价格提高。同时，敏捷制造生产系统生产的产品在质量上也会有明显的提高，使产品在整个生命周期内都可以令客户满意。

（3）权力是分散的，而不是集中在指挥链上。敏捷制造企业不是采用以固定的专业部门为基础的静态结构，而是采用动态结构，以满足多功能项目组的需求。在敏捷制造系统中，能以最佳方式使用技术的人才成为解决问题的关键。企业的工作人员成为企业最宝贵的财富，为保持人员的技术基础，要连续进行智力投资，从而在产品的整个生命周期内保持客户对产品的信任。

敏捷制造企业的特征如表 10-1 所示。

表 10-1　敏捷制造企业的特征

特　征	设计准则	制造设备	加工过程	生产企业
可重构	封装集成的单元模块：强调系统各单元之间的独立性和作为一个独立系统功能上的完整性	传输装置和自动装夹模块	自动车床、NC 机床、定位装夹组成的加工单元	包括设计、分析、加工、装配和销售等单元
	置换兼容性：系统中的不同子系统采用标准、通用的接口标准	标准、通用的人机接口和机、电、控的接口	标准、通用的人机接口和不同加工过程之间的交互接口	统一的信息管理系统，覆盖从客户需求跟踪到产品安装、维护的全过程
	辅助工具的可置换性：系统中的某个子系统可以被方便地置换而不改变其他子系统	不同的加工模块（工具、夹具、系统参数等）	一些较轻、无须牢固定位的小设备	委托加工部门，委托加工单位资料信息库
可再用	跨层次对话：授权工作小组内外的直接交流	闭环控制的过程生产模块	完全自主的生产单元	商务资源管理，迅速地进入各项商务投标活动
	动态滞后联编：所有的各种联系、关系都被处理成临时的，不同对象之间直接、固定的联系方式的确定越慢越好	把尽可能多的设备按照客户的要求进行安装	根据车间情况实时进行加工机床和材料的作业计划的编制	根据当前市场的需求确定每个商务单元的工作计划
	分布的控制机制和信息系统：各商务单元对局部的运作负责，全局共享的局部资源	智能加工设备可记录自身的工作状态和历史数据，在完成任务后会自动发出新的任务请求	智能工作单元可及时记录其自身的工作状态和历史数据	分布、自治的企业信息集成系统，统一管理的各种数据库分布在企业不同的商务单元
可扩充	自治关系：动态规划的组织原则，开放式体系结构	实时的车间控制能适应生产计划的变化要求	动态的单元控制器使敏捷加工单元达到最大的敏捷性	基于订单的生产组织系统
	伸缩范围：一个单元内的构成元素数量无限制，可以根据需要增加或减少	机床可以组合在一起形成一个大的工作机群	加工单元可以通过增加或减少单元内设备而扩充 / 收缩其加工范围 / 能力	企业可通过委托加工等方式来扩大自身的生产能力
	冗余单元：备有一些复制的生产单元，以便在需要时可迅速扩大企业的生产能力	所有机床对电、气、水有同样的接口，可以方便地移动和安装到不同的场合	加工单元由多台同样的机床组成，每台机床具有独立的完整功能	有一个企业级的资源调配管理系统；有一个委托加工单位的信息库
	可扩展的框架体系：有一个开放式的集成环境和体系结构，保证企业原有系统和新系统的协调工作	不同厂商间采用共同的集成框架；在尽可能长的时间内保持同样的加工过程	加工单元直接共享一些其他资源：传输系统，电、气、水供应系统等	基于客户服务器的开放式体系结构

二、AM 的三要素

AM 的目标可概括为：将柔性生产技术，有技术、有知识的劳动力与能够促进企业内部和企业之间合作的灵活管理集成在一起，通过所建立的共同基础结构，对迅速改变的市场需求和市场时机做出快速响应。从这一目标中可以看出，AM 实际上主要包括三个要素：生产技术、管理技术和人力资源。

1. 生产技术

敏捷性是通过将技术、管理和人员三种资源集成为一个协调的、相互关联的系统来实现的。

（1）具有高度柔性的生产设备是创建敏捷制造企业的必要条件（但不是充分条件）。所必需的生产技术在设备上的具体体现是：由可改变结构、可测量的模块化制造单元构成的可编程的柔性机床组；“智能”制造过程控制装置；用传感器、采样器、分析仪与智能诊断软件相配合，对制造过程进行闭环监视等。

（2）在产品开发和制造过程中，能运用计算机技术和制造过程的知识基础，用数字计算方法设计复杂产品；可靠地模拟产品的特性和状态，精确地模拟产品制造过程。各项工作是同时进行的，而不是按顺序进行的。同时开发新产品，编制生产工艺规程，进行产品销售。设计工作不仅属于工程领域，也不只是工程与制造的结合。从用材料制造产品到产品最终报废的整个产品生命周期内，每一个阶段的代表都要参加产品设计。技术在缩短新产品的开发与生产周期上可充分发挥作用。

（3）敏捷制造企业是一种高度集成的组织。信息在制造、工程、市场研究、采购、财务、仓储、销售、研究等部门之间连续地流动。信息不仅要在敏捷制造企业与其客户之间连续地流动，而且还要在敏捷制造企业与其供应商之间连续地流动。在敏捷制造系统中，客户和供应商在产品设计与开发中都应起积极作用。每一个产品都可能要使用具有高度交互性的网络。同一家企业的、在实际上分散或在组织上分离的人员可以彼此合作，并且可以与其他企业的人员合作。

（4）把企业中分散的各个部门集中在一起，靠的是严密的通用数据交换标准、坚固的“组件”（许多人能够同时使用同一文件的软件）、宽带通信信道（传递需要交换的大量信息）。把所有这些技术综合到现有的企业集成软件和硬件中去，这标志着 AM 的开始。敏捷制造企业普遍使用可靠的集成技术，进行可靠的、不中断系统运行的大规模软件的更换。

2. 管理技术

（1）AM 在管理上所提出的最创新思想之一是“虚拟公司”。AM 认为：新产品投放市场的速度是当今最重要的竞争优势。推出新产品最快的办法是利用不同企业的资源，使分布在不同企业内的人力资源和物资资源能随意互换，然后把它们综合成单一的靠电子手段联系的经营实体——虚拟公司，以完成特定的任务。也就是说，虚拟公司就像专门完成特定计划的一家公司一样，只要市场机会存在，虚拟公司就存在；该计划完成了，市场机会消失了，虚拟公司就解体。能够经常形成虚拟公司的能力将成为企业一种强有力的竞争武器。只要能把分布在不同地方的企业资源集中起来，敏捷制造企业就能够随时构成虚拟公司，把综合性工业数据库与服务结合起来，以便企业能够创建并运作虚拟公司，排除多企业合作和建立标准合作模型的法律障碍。

敏捷制造企业应当把克服与其他企业合作的组织障碍作为首要任务，而不是作为最后任务。此外，需要解决因为合作而产生的知识产权问题，需要开发管理企业、调动人员工作主动性的技术，寻求建立与管理项目组的方法，以及建立衡量项目组绩效的标准，这些都是艰巨任务。

（2）敏捷制造企业应具有组织上的柔性。因为，在先进工业产品及服务激烈竞争的环境下，越来越多的产品要投入瞬息万变的世界市场上去参与竞争。产品的设计、制造、分配、服务可用分布在世界各地的资源来完成。制造企业日益需要满足各个地区的客观条件，这些客观条件不仅反映社会、政治和经济价值，而且还反映人们对环境安全、能源供应能力等问题的关心。在这种环境中，采用传统的纵向集成形式，企图关起门来什么都自己做，是注定要失败的，必须采用具有高度民主柔性的动态组织结构，根据工作任务的不同，有时可以采取内部多功能团队形式，请供应商和客户参加；有时可采用与其他企业合作的形式；有时可采用虚拟公司的形式。有效运用这些手段，就能充分利用企业的资源。

3. 人力资源

AM 在人力资源上的基本思想是：在动态竞争环境中，最关键的因素是人员。柔性生产技术和柔性管理要使敏捷制造企业的人员能够实现他们自己提出的发明和合理化建议。没有一个一成不变的原则用来规定此类企业的运行。唯一可行的长期指导原则是提供必要的物质资源和组织资源，支持人员的创造性和主动性。

在敏捷制造时代，产品和服务的不断创新与发展、制造过程的不断改进，就是企业的竞争优势。敏捷制造企业能够最大限度地发挥人的主动性。有知识的人员是敏捷制造企业中最宝贵的财富。因此，不断对人员进行教育，不断提高人员素质，是企业管理层应该积极支持的一项长期投资。每一个员工消化吸收信息、对信息中提出的可能性做出创造性响应的能力越强，企业可能取得的成功就越大。对于管理人员和生产线上具有技术专长的工人都是如此。科学家和工程师参加战略规划和业务活动，对敏捷制造企业来说是决定性因素。在制造过程的科技知识与产品研究开发的各个阶段，工程专家的协作是一种重要资源。

敏捷制造企业中的每一个人都应当认识到柔性可以使企业转变为一种通用工具，这种工具的应用仅仅取决于人们对于使用这种工具进行工作的想象力。敏捷制造企业是连续发展的制造系统，该系统的能力仅受人员的想象力、创造性和技能的限制，而不受设备限制。敏捷制造企业的特性支配着它在人员管理上所持有的、完全不同于大批量生产企业的态度。管理者与员工之间的敌对关系是不能容忍的，这种敌对关系限制了员工接触有关企业运行状态的信息。信息必须完全公开，管理者与员工之间必须建立相互信赖的关系。工作场所不仅要安全，而且对在企业每一个层次上从事脑力创造性活动的人员都要有一定的吸引力。

三、AM 的特点

1. 产品从开发到生产周期的全过程均可满足客户要求

AM 采用柔性化、模块化的产品设计方法和可重组的工艺设备，使产品的功能和性能可根据客户的具体需要进行改变，并借助仿真技术让客户很方便地参与设计，从而很快地生产出满足客户需要的产品。它对产品质量的概念是，保证在整个产品生产周期内使客户满意；企业的质量跟踪持续到产品报废，甚至直到产品的更新换代。

2. 采用多变的动态组织结构

在如今的市场，衡量竞争优势的准则在于企业对市场需求的反应速度和满足客户的能力，而要提高这种速度和能力，必须以最快的速度把企业内部的优势和企业外部不同相关企业的优势集中在一起，组成灵活的经营实体，即虚拟公司。

虚拟公司这种动态组织结构大大缩短了产品的上市时间，加速了产品的改进发展，使产品质量不断提高，也能大大降低企业开支，增加收益。虚拟公司已被认为是企业重新建造自己生产经营过程的一个步骤。

3. 战略着眼点在于长期获取经济效益

传统的大批量生产企业，其竞争优势在于规模生产，即依靠大量生产同一产品，减少每个产品所分摊的制造费用和人工费用来降低产品的成本。AM 则是采用先进制造技术和具有高度柔性的设备进行生产，这些具有高柔性、可重组的设备可用于多种产品，不需要像大批量生产那样要求在短期内回收专用设备成本等费用，而且变换容易，可在一段较长的时间内获取经济效益，所以它可以使生产成本与批量无关，做到完全按订单生产，充分把握市场中的每一个获利时机，使企业长期获取经济效益。

4. 建立新型的标准基础结构，实现技术、管理和人的集成

敏捷制造企业需要充分利用分布在各地的各种资源，要把这些资源集中在一起，以及把企业中的生产技术、管理和人集成到一个相互协调的系统中。为此，必须建立新的标准结构来支持这一集成。这些标准结构包括大范围的通信基础结构、信息交换标准等的硬件和软件。

5. 最大限度地调动、发挥人的作用

AM 提倡以“人”为中心的管理。强调用分散决策代替集中控制，用协商机制代替递阶控制机制。它的基础组织是“多学科群体”（Multi-Decision Team），是以任务为中心的一种动态组合。也就是把权力下放到项目组，提倡“基于统观全局的管理”模式，要求各个项目组都能了解全局的远景，胸怀企业全局，明确工作目标和任务的时间要求，但完成任务的中间过程则由项目组自主决定，以此来发挥人的主动性和积极性。

显然，AM 把企业的生产与管理的集成提高到一个更高的发展阶段。它把有关生产过程的各种功能和信息集成扩展到企业与企业之间的不同系统的集成。当然，这种集成在很大程度上依赖于国家和全球范围的信息基础设施。

四、AM 的组织结构模型

AM 对组织模式的要求是具有高度柔性，而高度柔性的组织模式一方面要求系统由相对独立的系统组成，另一方面要求各单元在一定条件下可以按照一定的优化规则重新组合。具体而言，柔性组织单元的基本形态包括对象单元、作业单元、流程单元和虚拟公司。

对象单元是指为生产特定产品或提供特定服务的某种类型的产业的基本因素，是带有行业特征的稳定成分，具有稳定性、基本性、独立性；作业单元是由对象单元组成的为实现一定作业目标的对象的集合，是实现企业基本功能的组织；流程单元是由作业单元组成的实现一个完整生产经营任务全过程目标的组织，具有企业目标性、过程完整性、作业顺序的有序性和并行性；虚拟公司是把分散在不同地理位置的各个流程公司，通过现代化的通信手段，以协同方式集成完成综合性任务的组织。

五、AM 的信息系统

AM 要求企业在时间、质量、价格、创新等各个方面具有竞争优势，而这些优势的核心在于如何发挥信息技术的潜力。AM 要求企业信息环境是分布式、网络化的，它强调信息系统必须是技术、管理、人三者的集成，具体要求包括在多个客户和多个供应商之间实现有效的交互，技术因素和商业因素紧密联系，能完成复杂的处理以满足高速、高效和灵活运作的需要，易于调整以适应需求的变化，可用的信息交换标准等。

思考题

结合公司实际，思考：如何利用敏捷制造思想提升生产管理水平？

认识敏捷制造
小测验

任务 3　认识最优生产技术

最优生产技术（Optimized Production Technology，OPT），顾名思义，是一种优化生产管理的技术。它是以色列物理学家艾利•高德拉特（Eli Goldratt）博士于 20 世纪 70 年代提出的，最初被称作最优生产时间表（Optimized Production Timetable），20 世纪 80 年代才改称为最优生产技术。后来 Goldratt 又进一步将它发展为约束理论（Theory of Constraints）。OPT 的两大支柱是 OPT 原理及 OPT 软件。

OPT 的倡导者强调，任何企业的真正目标是现在和未来都能够盈利。要实现这个目标，必须在增加产销率的同时，减少库存和营运费用。OPT 系统将重点放在控制整体产出的瓶颈资源上，优先处理所有瓶颈作业，并以平衡物料流动为原则，使整个系统达到产出最大的目的。作为一种新的生产方式，它吸收了 MRP 和 JIT 的长处。其独特之处不仅在于提供了一种新的管理思想，而且在于它的软件系统。

一、OPT 的基本内容

OPT 的指导思想实质上是集中精力优先解决主要矛盾，适用于单件小批生产类型。这类企业由于产品种类多、产品结构复杂，控制对象过多，因此必须分清主次，抓住关键环节。其基本内容包括以下四方面：

（1）物流平衡是企业制造过程的关键。市场对企业产品的需求是外部因素，时刻都在变化。为适应市场，企业必须以可能的低成本、短周期生产出客户需要的产品。因此，制造问题主要是物流平衡问题，即需要实现物流的同步化。

（2）瓶颈资源是产品制造的关键制约因素。按照通常的假设，在设计一个企业时，可以使生产过程中各阶段的生产能力相等，即达到能力的平衡。但这只是一个理想的状态，因为生产是一个动态的过程，随机波动时时存在，能力的平衡在实际中难以实现，也可以说是达不到的。因此，生产过程中必然会出现有的资源负荷过多，成为“瓶颈”，这就导致一个企业的制造资源存在瓶颈与非瓶颈的区别。在制造过程中，影响生产进度的是瓶颈环节。瓶颈资源实现满负荷运转，是保证企业物流平衡的基础。瓶颈资源损失或浪费 1h，制造系统即损失或浪费 1h。因此，瓶颈资源是制造系统控制的重点，为使其达到最大的产出量可采取以下措施：

① 在瓶颈工序前，设置质量检查点，避免瓶颈资源做无效劳动。

② 在瓶颈工序前，设置缓冲环节，使其不受前面工序生产率波动的影响。

③ 采用动态的加工批量和搬运批量。对于瓶颈资源，通常加工批量较大，减少瓶颈资源的装配时间和次数，提高其利用率；而较小的运输批量使工件分批到达瓶颈资源，可减少工件在工序前的等待时间，减少在制品库存。

（3）由瓶颈资源的能力决定制造系统其他环节的利用率和生产效率。

（4）对瓶颈工序的前导和后续工序采用不同的计划方法，提高计划的可执行性。根据 OPT 原理，企业在生产计划编制过程中，首先应编制产品瓶颈资源（关键件）的生产计划，在确认瓶颈资源生产进度的前提下，再编制非瓶颈资源的生产计划。

二、OPT 的主要概念

1. 识别约束

所谓瓶颈（或瓶颈资源），指的是实际生产能力小于或等于生产负荷的资源。这一类资源限制了整个企业出产产品的数量。其余的资源则为非瓶颈资源。识别企业的真正约束（瓶颈）所在是控制物流的关键。一般来说，当需求超过能力时，排队最长的机器就是“瓶颈”。要判别一个资源是否为瓶颈，应从该资源的实际生产能力与它的生产负荷（或对其的需求量）来考察。这里所说的需求量不一定是市场的需求量，而是指企业为了完成其产品计划而对该资源的需求量。

2. 瓶颈约束整个系统的出产计划

产品出产计划（Master Schedule）的建立，应该使受瓶颈约束的物流达到最优。一般按有限能力，用顺排方法对瓶颈资源排序。为了充分利用瓶颈的能力，在瓶颈工序上可采用扩大批量的方法，以减少调整准备时间，提高瓶颈资源的有效工作时间。

3. “缓冲器”的管理

其目的是防止系统内外的随机波动造成瓶颈出现等待任务的情况。一般要设置一定的“库存缓冲”或“时间缓冲（Time Buffer）”。

4. 控制进入非瓶颈的物料

进入系统非瓶颈的物料应与瓶颈的产出率同步。一般是按无限能力，用倒排方法对非瓶颈资源排序。非瓶颈资源排序的目标是使之与瓶颈资源的工序同步。倒排时，采用的提前期可以随批量变化，批量也可按情况分解。

三、OPT 的生产排序原则

OPT 管理思想具体体现在生产排序原则上，这些原则是实施 OPT 的基石，独立于软件之外，直接用于指导实际的生产管理活动。OPT 有关生产计划与控制的算法和软件也是按照这些原则提出和开发的。具体包括以下九条原则：

（1）重要的是平衡物流，不是平衡能力。

（2）只有瓶颈制约着系统的产销率。

（3）反对盲目地使所有的机器或工人忙起来。

（4）重点提高瓶颈的利用率。

（5）非瓶颈资源不应满负荷工作。

（6）产销率和库存量是由瓶颈资源决定的。

（7）转移批量可以不等于甚至多数情况是不应等于加工批量。

（8）加工批量是可变的，而不是固定不变的。

（9）提前期应该是可变的而不是固定的。考虑到系统所有的约束条件后才能决定计划进度的优先级，提前期只是排进度的结果。

四、实施 OPT 的要求及条件

OPT 强调的是车间现场，其着眼点在于企业车间现场的一些决策量上，并据此来实现对生产的计划与控制。其做法的基本点是使用一些重要的判定准则来决定每一作业的先后顺序，即使用一组“管理系数”的加权函数来确定每个作业的优先权数及批量，制订出一个合理的生产计划。这些管理系数涉及理想的产品组合、交货期、理想的安全库存水平以及瓶颈资源的使用等。

OPT 实施的关键是制订计划后的落实工作。在落实计划过程中，传统的许多做法是有害的，其中最大的威胁来自传统的成本会计的考核体系。因为成本会计体系忽视了瓶颈与非瓶颈的区别，其考核一般是通过设备和操作工人的利用率及生产成本，而不是通过整个系统的有效性来进行的，它着重于局部的优化，这必然助长了人们盲目生产的做法，其结果是无论对瓶颈资源还是对非瓶颈资源都力求充分地使用。人们为了完成工时和设备利用率就会盲目生产，最终必然导致高库存和浪费。针对这些情况，OPT 则力求从全局出发来进行考核，从原材料的采购一直追踪到产品销售。其考核体系对瓶颈与非瓶颈是分别对待的，认为对非瓶颈的考核不应以生产量为依据，而应以其生产的有效产品量来考核。按 OPT 观点，成本会计注重的是“活力”而非“利用”，而正确的做法应该是注重“利用”而非“活力”。

另外，OPT 软件的具体运行和 MRP 一样需要大量的数据支持，如产品结构文件（BOM）、加工工艺文件以及精确的加工时间、调整准备时间、最小批量、最大库存、替代设备等数据。同时，要成功地实施 OPT，还要求管理者必须对 OPT 产生的计划有信心，要改变一些旧的作业方式。

从 OPT 的实践表明，它比较适合于一些基本的、简单的产品及很大批量且所需工序较少的情况，而在单件生产车间中发挥的效果不佳。其适用条件为：①瓶颈要相对稳定；②瓶颈要保证达到 100% 的负荷能力；③需求是相对稳定的；④员工愿意且能够服从计划的调度安排。

再者，OPT 对于动态的数据以及瓶颈和接近瓶颈资源的数据要求精确。实现 OPT 还需对员工进行培训，使他们能在不同的生产岗位上及时发现问题，跟踪问题，最终用 OPT 方法来解决问题。

讨论题

调研企业的瓶颈资源，结合企业实际情况思考：如何识别瓶颈资源？

认识最优生产技术小测验

任务 4　先进生产管理技术对制造新模式演化的影响

伴随着制造新模式的产生，原有的管理技术不能有效解决制造新模式中呈现的生产管理问题，先进的生产管理技术应运而生。目前，先进生产管理技术按照作用对象可分为系统层面和执行层面两大类。其中，系统层面的技术包括新型企业资源计划技术、产品全生命周期管理技术、智能生产计划与控制技术；执行层面的技术包括任务驱动的协同资源配置与管理技术，以及基于多智能体的协同方法、基于“分解 - 自治 - 协调”的协同优化决策机制、基于工作流的协调过程管理技术。这些先进的生产管理技术能够有效地应对制造新模式中出现的新挑战。

一、先进生产管理技术发展路线

先进生产管理技术在制造新模式演化过程中发挥着重要作用。在智能制造时代，宏观层面上，制造企业需要基于“互联网 +”的协同制造模式来进行生产运作管理；此种模式以客户的个性化需求为目标导向，以互联网相关技术为手段，在产品的全生命周期内进行高效协同；而这些都可以通过先进管理技术来实现。微观层面上，通过应用先进生产管理技术，制造企业可以实现更优的资源配置，减少流程浪费和降低生产成本，提升企业运作效率和服务水平以便更快、更好地响应市场多样化的需求。值得注意的是，先进生产管理技术也经历过不断演化的过程，以便更好地满足制造新模式的需求，我们以新型企业资源计划（ERP）和产品全生命周期管理技术（PLM）为例展开论述。

ERP 是在制造资源计划Ⅱ（MRP Ⅱ）的基础上，嵌入质量管理、流程管理、数据管理、人力资源管理、数据挖掘、云计算等模块后生成的。目前，最新的 ERP 系统跳出传统企业内边界，立足于供应链管理，优化企业与企业交互资源。基于网络经济时代的新一代 ERP 系统，主要用于改善企业间业务流程以提高企业间合作共赢的能力，满足制造新模式合作全球化的需求。面对制造业模式的不断升级，企业资源系统由最初的 MRP 系统逐步过渡到如今的 ERP 系统，系统管理内容的范围不断扩大，使用的技术也在不断地更新。

PLM 是在产品数据管理（PDM）基础上发展而来的。PDM 主要用于管理所有与产品相关信息（硬件信息、文档、CAD 文件）和所有与产品相关过程（过程定义和管理）的技术。PLM 则是以产品创新为驱动的战略管理方法，应用一系列应用系统，支持企业内及企业间从产品概念设计到产品使用结束过程中产品信息的协同产生、管理、分发和使用。PLM 更适合于制造新模式的产品管理。

二、先进生产管理技术对演化过程的促进作用

不同的先进生产管理技术对制造新模式演化过程产生不同的促进作用。下面从系统层面和执行层面两个维度论述先进管理技术如何促进制造新模式的演化过程。

（一）系统层面

1. 新型企业资源计划技术

新型企业资源技术（ERP）能满足制造新模式下企业之间和企业内部各部门协同运作管理的需求。为加强企业内部和企业之间重要信息传输和共享的力度，新型企业资源技术采用全新的商业管理策略与开放应用架构，帮助企业按需构建个性化的应用系统，同时可以根据管理模式、组织结构、业务流程的变化实时自适应调整，从而实现整合和优化企业内部以及企业之间商务合作、协同运营的目标。

ERP 能充分满足制造新模式演化过程的合作全球化需求和生产透明化需求。从满足合作全球化需求的一方面来说，通过企业间组织架构重塑、系统流程组合、信息整合共享等，企业间的业务模块可以高效融合和再组织，从而加快企业间的资源调度与优化决策的效率。从满足合作全球化需求的另一方面来说，新型企业资源技术有利于打破企业间业务模式、经营状况存在差异的局面，制造企业利用开放的、个性化的、实时自适应调整的应用系统，将制造商和供应商的信息进行整合、共享，实现对资源快速的优化配置，进一步加强制造商与供应商之间的合作关系。从满足生产透明化需求方面来说，利用新型企业资源技术，制造企业能及时掌握供应商的生产、制造技术和能力，合理组织生产，从而降低产品成本，更快、更好地生产多样化的产品，满足客户定制化的需求。

2. 产品全生命周期管理技术

产品全生命周期管理技术的使用有助于完善产品设计，实现数字化、智能化的全生命周期管理产品的目标。通过实施产品全生命周期管理技术，制造企业可以对产品研发、生产、销售等环节的资源、流程和信息进行集成，协调并整合产品价值链上各环节的数据，并对产品设计过程建立优化模型，获得详细和直观的数字化产品设计内容，在缩短产品开发周期的同时保证产品质量。

产品全生命周期管理技术可以满足制造新模式产生的客户定制化需求。为满足客户定制化的需求，制造企业必须提高整个系统各个环节的柔性和快速响应能力，产品全生命周期的管理平台能够为此提供管理支持。在管理支持的微观层面上，制造企业采取并行和串行相结合方式开展生产的各个环节，提高制造过程的柔性，缩短产品研发和生产周期，降低物料

成本和提高生产效率；在管理支持的宏观层面上，制造企业统筹管理产品全生命周期的商业活动，快速协同各个环节的资源参与制造过程，从而快速响应并满足客户定制化需求。

3. 智能生产计划与控制技术

智能生产计划与控制技术主要用于制造的作业计划与调度、数据采集与跟踪监测、统计过程控制与质量管理、设备维护管理等环节，旨在提升产品生产效率和质量，减少运作成本。具体操作过程：制造企业对生产各个作业环节进行系统建模，实时采集相关数据资料，并监控生产环节重要参数指标，从而对生产各个作业环节实施动态跟踪和追溯、提前预警及改善，确保整个生产过程不间断地高效运作。

智能生产计划与控制技术可以满足制造新模式演化过程生产透明化的需求。依托于智能生产计划与控制技术，制造企业实时采集各个生产环节的数据，系统建模及优化，实现对生产各个环节及细节的透明化管理，从而提前对制造系统进行维护及更新，预警设备工作性能的变化，及时维修或更新。合理利用智能生产计划与控制计划，宏观层面上企业高层能够依据生产系统的反馈做出精准而明智的判断与决策，微观层面上企业管理者可以实现有效的预防性维护管理并依据信息设备的提示降低管理成本，提升运作效率，最终改善和提高产品质量。

（二）执行层面

1. 任务驱动的协同资源配置与管理技术

任务驱动的协同资源配置与管理技术能够实现设计 - 制造 - 服务的高效协同运作。具体操作是利用云技术对分散、异构的资源进行虚拟化和封装，协同资源动态优化配置与管理，从而更好地满足智能制造模式下多品种、大批量、定制化的生产要求。

任务驱动的协同资源配置与管理技术能够满足制造新模式演化过程的产品多样化需求。制造新模式面临的产品多样化已转化为与产品相关服务的多样化以及产品界限的多样化，制造企业需要借助于产品服务系统来提供与产品相关的覆盖产品全生命周期的服务及整体解决方案，抵御来自低成本经济体的竞争压力。融入 CPS 技术和 ICT 技术的智能 PSS 立足于产品 - 服务 - 信息的相互融合，建立产品实体价值和虚拟价值的框架结构，设计产品与增值服务的配比关系和呈现形式，从而获得实体产品与附加服务的最优匹配，提升企业差异化竞争能力。依托于任务驱动的协同资源配置与管理技术，企业可以实现智能工厂与客户零距离对话，客户全面参与产品“智造”的全过程。

2. 基于多智能体系统的协同方法

面向动态的协同任务，动态封装智能体可以形成多智能体系统。多智能体系统在实际应用时，分解动态协同的任务并指派给每一位参与任务的主体，调用自主决策模型并进行相应的配置，封装多个智能体并建立彼此之间的关系，从而实现任务驱动的多智能体协同决策。

多智能体系统的协同方法可以从模块化视角满足制造新模式演化过程的合作全球化需求。为了充分发挥国际区域优势，整合和部署全球高端研发资源来实现产品创新研发、制造，制造企业需建立全球协同的研发和技术平台。宏观层面上，制造企业建立企业研发、生产、供应链、销售、服务和财务等业务的多智能体，统一到企业间协同管理的管控平台，协调联盟整体和联盟内部个体的利益，实现合作企业间的核心业务一体化管理目标，从而加快合作全球化的步伐。微观层面上，将制造系统的各加工单元看成智能体，加工过程则构成一个半自治的多智能体系统，完成单元内加工任务的监督和控制。

3. 基于“分解 - 自治 - 协调”的协同优化决策技术

基于“分解 - 自治 - 协调”的协同优化决策技术可以解决跨企业、跨业务系统难以进行整体集中优化的问题。制造新模式演化过程中，跨企业间合作时，由于业务数据隔离，企业间相关的设计 - 制造 - 服务协同问题变成大规模复杂问题，不利于企业间的合作。借助于“分解 - 自治 - 协调”的协同优化决策，制造企业可以首先将参与协同主体的任务作为一个子问题进行局部求解，获得局部最优决策；然后基于一系列协调耦合机制，求解协同主体任务模型，获得所有子问题构成全局解的最优或近似最优，最大化满足合作各方的利益，从而完成不同企业间业务集成与共享，实现合作的共赢。

“分解 - 自治 - 协调”的协同优化决策立足于合作方的利益最大化，进一步满足制造新模式演化过程的合作全球化需求。企业间合作目的是实现利益的最大化，合作企业间任务分配、资源的付出及相关要素的占用等都会影响企业各自的利益，如何有效分配企业之间的任务、要素的使用等成为企业间合作顺利与否的前提。“分解 - 自治 - 协调”的协同优化决策立足于合作企业个体利益的子问题，运用一系列协调耦合机制，优化出所有子问题的全局最优或近似解，充分满足合作联盟整体和联盟内部个体的利益，确保全球化合作的可持续性。

4. 基于工作流的协同过程管理技术

基于工作流的协同管理技术旨在对设计制造服务协同业务过程进行自动化或半自动化管理。实际的操作流程是：把具体的流程工作任务分解，形成多个已经事先定义好的任务、角色、资源、工具和信息等，遵循已定义好的规程，协调和监控不同文档、信息等在各个操作执行人员之间传递和实施，有利于项目实施的流程化和标准化，进而提高业务协同管理的效率和质量。

工作流协同管理技术能够满足制造新模式演化过程的能耗低碳化需求。工作流程协同化的使用，宏观层面上，能够规范企业间各种资源调配操作，降低新制造模式下多种因素交织可能带来的能源消耗量；微观层面上，有助于规范制造过程的参与者如人员、机器、物料等工作内容和资源使用，降低各种资源使用不当带来的浪费，从而实现制造新模式的低能耗目标。

制造新模式演化过程有五个重要变革，一是重建组织的活动逻辑，包括组织内部端到端的并行活动逻辑和组织外部模块化结构的重塑；二是塑造集成网络，在企业价值网内实现横向集成，以数字化为手段集成端到端工程，同时在企业内部完成网络的纵向集成；三是向智能制造推进，企业发展核心是满足客户现实需求并发掘潜在需求，以需求为导向集成产品研发的各个环节，包括设计、验证和虚拟生产等；四是研发模式变革，个性化与定制化为现代生产和服务的发展趋势，以用户的个性化与运营需求为中心，以“集成研发”保证研发效率，并向服务端延伸；五是通过智能工厂的模式贯通商业闭环，围绕用户需求和价值，用“流程思维”去思考，将更加柔性、灵活且高效的工厂、供应链等组织起来。随着演化过程不断推进，新型管理技术的内容会进一步更新，以便更好地组织和管理制造新模式的演化过程。

通过引入系统层面和执行层面的各种先进管理技术，制造新模式演化过程可以更加科学、合理、高效地推进。值得注意的是，引入先进管理技术一定要立足于制造新模式演化过程遇到的新问题，培育适合于先进管理技术的土壤，即对应的组织架构、人员配备等。此外，制造新模式演化过程也会对先进的管理技术产生一定的影响，即随着制造新模式演化过程的不断推进，流程的复杂性、组织架构的灵活性、信息的传递等都对先进管理技术提出更高的要求，督促先进管理技术不断地迭代更新。总地来说，制造新模式演化与先进管理技术之间是可以相互促进的，使对方各个维度上都呈现出更好的性能。制造新模式需要更先进的管理技术来取代原来的管理技术，从而进一步促进制造新模式向高效、低成本、绿色环保的方向发展。

讨论题

先进生产管理技术对企业生产管理有怎样的影响？

先进生产管理技术对制造新模式演化的影响小测验

参 考 文 献

[1] 吴爱华，赵馨智．生产计划与控制 [M]．2 版．北京：机械工业出版社，2019．

[2] 孙宗虎．生产过程管理流程设计与工作标准 [M]．北京：人民邮电出版社，2020．

[3] 张莉莉，武刚．用友 ERP 生产管理系统实验教程 [M]．2 版．北京：清华大学出版社，2020．

[4] 崔平．现代生产管理 [M]．3 版．北京：机械工业出版社，2020．

[5] 陈福军．生产与运作管理 [M]．5 版．北京：中国人民大学出版社，2022．

[6] 崔斌，姚雨辰．生产运作管理 [M]．4 版．北京：中国人民大学出版社，2023．

[7] 王文胜．柔性生产计划管理 [M]．北京：人民邮电出版社，2023．

[8] 宋宝学．生产管理职位工作手册 [M]．4 版．北京：人民邮电出版社，2023．

[9] 欧德 • 可汗．持续改善：TOC 生产管理指南 [M]．中华高德拉特协会，译．北京：电子工业出版社，2020．

[10] 陆榕，徐亚文．企业数字化生产运营管理：微课版 [M]．北京：人民邮电出版社，2023．

[11] 刘文博，张洪革，孔月红，等．生产与运作管理 [M]．3 版．北京：清华大学出版社，2022．

[12] 耿殿明，杨建华．生产运营管理 [M]．北京：北京大学出版社，2021．

[13] 金建华，贺亮．生产现场管理 [M]．北京：北京大学出版社，2021．

[14] 朱荣允．TPM 全面生产维护精益管理实战：快速进阶 • 全员参与 • 追求双赢 [M]．北京：化学工业出版社，2023．

[15] 仝新顺，刘芳宇．生产与运作管理 [M]．北京：清华大学出版社，2020．

[16] 郑时勇．制造企业高效精益生产实施手册：视频讲解版 [M]．北京：人民邮电出版社，2022．

[17] 陈军统，蒋庆斌，王振华．智能制造生产管理与控制：初级 [M]．北京：高等教育出版社，2022．

[18] 郑丽梅，禹鑫燚，陈强．智能制造生产管理与控制：中级 [M]．北京：高等教育出版社，2022．

[19] 陈荣秋，马士华．生产运作管理 [M]．6 版．北京：机械工业出版社，2022．